스페인 문학의 사회사 ⑤

독재정치 : 국가적 노동조합주의에서 소비사회로

나남
nanam

한국연구재단 학술명저번역총서
서양편 353

스페인 문학의 사회사 ⑤
독재정치 : 국가적 노동조합주의에서 소비사회로

2013년 5월 25일 발행
2013년 5월 25일 1쇄

지은이_ 카를로스 블랑코 아기나가
훌리오 로드리게스 푸에르톨라스
이리스 사발라
옮긴이_ 정동섭
발행자_ 趙相浩
발행처_ (주) 나남
주소_ 413-120 경기도 파주시 회동길 193
전화_ (031) 955-4601 (代), FAX : (031) 955-4555
등록_ 제 1-71호(1979.5.12)
홈페이지_ http://www.nanam.net
전자우편_ post@nanam.net
인쇄인_ 유성근(삼화인쇄주식회사)

ISBN 978-89-300-8665-3
ISBN 978-89-300-8215-0 (세트)
책값은 뒤표지에 있습니다.

'한국연구재단 학술명저번역총서'는 우리 시대 기초학문의 부흥을 위해
한국연구재단과 (주)나남이 공동으로 펼치는 서양명저 번역간행사업입니다.

스페인 문학의 사회사 ⑤

독재정치 : 국가적 노동조합주의에서 소비사회로

카를로스 블랑코 아기나가
훌리오 로드리게스 푸에르톨라스
이리스 사발라 지음

정동섭 옮김

나남
nanam

스페인 문학의 사회사 ⑤

독재정치 : 국가적 노동조합주의에서 소비사회로

차 례

제 VI 부 독재정치 : 국가적 노동조합주의에서 소비사회로

제 VI 부

독재정치 : 국가적 노동조합주의에서 소비사회로

제1장

내전 직후 또는 역사에 맞선 신화들

서 문

1939년 4월 1일 프랑코 장군의 군사적 승리는 당대 유명했던 "국가적 노동조합주의적이고 전체주의적이며 전횡적이고 윤리적이며 선교적이면서도 제국주의적인" 체제의 수립을 예상케 했다. 전승자 중 하나인 디오니시오 리드루에호는 수년이 흐른 뒤 내전 직후의 모습을 다음과 같이 묘사했다.

> 주민들 중 가장 큰 비중을 차지하는 하층민들에게 여행을 위해서 '통행증'이 필요하고 보잘것없는 식량을 얻기 위해 '급식통장'이 필요했던 체제의 1940년대는 고통과 배고픔, 박해와 공포의 시대였다. 또한 이 시대는 대단히 세속화된, 존경받지 못하는 오렌지족과 돈 많은 투기꾼들로 구성된 소수의 계급에게는 행복의 시대이기도 했다. 그것은 경망스럽고도 수치스런 시기였다. …

억압과 공포가 끔찍하게 '새로운 스페인'을 낙인찍었다. 무솔리니의 외무부장관이었던 치아노(Ciano) 백작이 승리를 기념하는 순회여행 중 스페인을 방문했는데, 그는 자신의 《일기》에 1939년 7월에 마드리드에서는 날마다 200~250명의 사람들이 처형되었다고 기록하였다. 그는 또 바르셀로나에서는 매일 150여 명이, 세비야에서는 80여 명이 처형되었다고도 기록하였다. 같은 해 12월 법무부는 스페인에 공식적으로 27만 천 명의 포로가 있다고 발표하였다. 1946년에는 아직도 3개의 포로수용소와 137개의 강제노역장이 운영되고 있었다. 1940년에 프랑스의 패배 후, 나치 점령당국은 프랑코체제하의 경찰에게 공화파에 속한 유명 망명가들을 인계했는데, 그들 중 카탈루냐 자치정부 대통령인 유이스 콤판스(Lluís Companys)와 무정부주의자인 후안 페이로(Juan Peiró) 그리고 사회주의자인 훌리안 수가사고이티아(Julián Zugazagoitia) 같은 이들은 스페인에서 총살당했다. 억압적인 법령과 숙청, 정화운동이 잇따랐는데, 1939년에는 '정치책임법'(*Ley de Responsabilidades Políticas*)이, 1940년에는 '비밀결사와 공산주의 제지를 위한 특별 법원'(Tribunal Especial de Represión de la Masonería y el Comunismo)이, 그리고 1947년에는 '약탈과 테러 제지법'(*Ley de Represión del Bandidaje y Terrorismo*)이 제정되었다. 이는 실질적으로 국가를 변화시키고 스페인 국민의 행동과 사고방식을 변화시키려는 시도였는데, 이에 대해서 프랑코 자신은 1942년 1월 몬세랏 수도원(Monasterio de Montserrat)에서 다음과 같이 공표하였다.

> 수장(首長)과 국가를 지켜주는 군대, 국가를 지지하는 국민이 있을 때만 하나의 국가는 존재한다. 우리의 십자군은 우리에게 수장과 군대가 있음을 보여주었다. 이제 우리는 국민을 필요로 한다. 국민은 단합과 규율을 성취하지 못하면 존재하지 않는 것이다.

바로 그 프랑코 장군이 거의 25년이 지난 후에도 그 '국민'이 준비된 것을 아직도 의심스러워하고 있었다는 사실은 매우 흥미롭다.

> 스페인 국민들이여, 어떤 국민들이든 항상 친근하면서도 다양한 여러 악마들에 둘러싸여 있다는 사실을 기억하시오. 스페인의 악마들은 무정부주의의 정신, 부정적인 비판, 사람들 사이의 분열, 극단주의와 서로간의 적의(敵意) 등의 이름을 가지고 있소이다. … 〔1966년 11월 22일, '국가조직법'(*Ley Orgánica del Estado*) 선포식에서〕

다른 한편, '총통'의 권위 있는 말을 참고하면 이러한 사실은 명확해지는 듯하다. 하느님 자신은 여느 최고의 시대에서처럼 스페인과 함께하고 있고, 역사는 이전에 그랬듯이 계속해서 '성스러운 것'이 되고 있었던 것이다.

> 우리들의 십자군에서 교회의 축일(祝日)들과 대체로 일치하는 경이로운 일들의 연속은 하늘의 보호하심에 대한 새로운 증표이다. (지브롤터) 해협을 건넌 사건은 아프리카 성녀의 축일에 일어났고 … 브루네테 전투[1]는 우리의 수호성인인 기사단(騎士團)의 산티아고 축일에 승리의 고비를 맞이했다. 카세레스에 대한 우리 적들의 공격은 성스러운 과달루페 수도원의 성벽 앞에서 주춤했었고 … 아라곤에 대한 공격은 우리의 필라르 성녀 성전 가까이에서 와해되었다(1942년 10월 3일).

또한 예전처럼 비밀결사조직과 유대주의 같은 음침한 세력과 음모들이 스페인을 대적하고 있다. 이탈리아와 독일 같은 형제국가의 동시대적 경험과 본보기를 통해 고무된 반유대주의는 다시 꽃을 피웠다. '대원수'인 프랑코는 "유대정신"에 대해 이야기하며(1939년 5월 19일) 다음과 같이 주장하였다.

---

1) 〔역주〕 내전 기간(1937년 7월 6일~25일)에 마드리드 근교에서 있었던 전투.

> 왜 여러 나라들이 탐욕과 이윤이라는 오명으로 특징지어진 저 족속들로 하여금 그런 행동에서 멀어지게 하고 또 그들을 비난하는지에 대해서 이제 여러분들은 잘 알고 있습니다. 이제 사회에 대한 저들의 장악력이 사회의 역사적 운명의 성취에 위험과 동요의 원인이 되고 있습니다. 하느님의 은혜와 수백 년 전에 있었던 '가톨릭 국왕부처'(Reyes Católicos)의 분명한 비전 덕분에 그토록 힘겨운 일에서 자유를 얻은 우리는 탐욕스럽고 이기적인 정신의 새로운 홍왕 앞에서 무관심할 수는 없습니다. … (1939년 12월 31일).

'총통'의 조언은 글자그대로 성취되었다. 그 경고장은 전국에 유포됐는데, 그 안에는 스페인 여인의 전통적인 신중한 태도와 반(反) 스페인적이며 악마적인 계략에 대한 각성촉구가 연결돼 있었다. 그 내용 중에는 "스페인 여인이여! 의상에서 국제적인 유대주의의 노리개가 되지 마시오!"라는 부분이 있었던 것이다.

프랑코가 승전한 5개월 후, 나치가 폴란드를 침공함으로써 제 2차 세계대전이 시작되었다. 한동안 독일 무기는 성공적이고 눈부신 활약을 했다. 스페인의 국가적 노동조합주의는 히틀러가 유럽에 창조하던 신질서에 완전히 동조되는 듯했다. 두 차례에 걸쳐 유명한 회담이 있었는데, 프랑코 '총통'은 1940년 10월에는 엔다야(Hendaya) 에서 히틀러와 그리고 1941년 2월에는 보르디게라(Bordighera) 에서 무솔리니와 회담하였던 것이다. 1940년 11월에는 히믈러가 스페인을 방문했는데, 그는 바르셀로나에서 "스페인 현세대가 많은 것을 배울 수 있는 훌륭한 젊은 전사를 그 안에 품고 있는 동지"〔1940년 10월 23일자 〈국가연대〉(*Solidaridad Nacional*) 지〕로서 공식적인 환영을 받았다. 실제로 그 세대는 '게슈타포'의 수뇌로부터 무언가를 배우고 싶어하는 듯했다. 스페인에는 나치와 파시스트에 대한 선전이 범람하였다. 신문, 라디오, 영화, 책 등이 스페인인들의 눈과 귀 앞에 총동원되어 스페인인들로 하여금 관대하면서도 영웅적인 그러한 친구 나라들의 탁월함을 이해하도록 했다. 프랑코체제는 내전 당시에 받았던 도움에 대한 보답으로 독일 공장들에 많은 스페인 노동자들을 파견하였다. 이들 사이에 영원한 우정에 대한 약속들이 있었는데, 나중에는 이러한 약속들이 위험하면서도 골치 아픈 것이 되었다. 이러한 사정은 히틀러에게 보내는 프랑코의 편지에 드러나 있다.

> 나는 완전히 귀하의 편에 속해 있습니다. 역사적 공동운명으로 연합하여 귀하의 완전한 진영에 서 있는 것이지요. 이러한 상태로부터의 이반(離反)은 나의 자살과 스페인에서 내가 이끌어오며 재현했던 대의(大義)의 자살을 의미할 것입니다. 귀하의 대의가 승리할 것이라는 사실에 대한 내 믿음을 다시 귀하에게 언급할 필요가 없습니다. 나는 언제나 그 대의의 성실한 추종자일 것입니다(cf. 1946년 미국 국무성 자료).

보노(Bono) 지역의 이탈리아 육군원수 앞에서는 다음과 같은 말도 했다.

> 우리 파시스트 동지들이 아프리카 땅에서 귀하의 군대 — 귀하께서는 그 군대의 가장 힘 있는 용사이십니다 — 의 영웅적인 전통을 되풀이해 나가는 이 시기에 나는 우리 국민들이 가지고 있는 전적인 연대감을 귀하께 표현하고 싶습니다. 우리 국민들은 귀하의 군사들과 귀하의 '총통'[2]께 대단히 열광하는 바입니다(1941년 10월).

다음의 글에서 바로 그 프랑코 장군은 연합군의 완전한 패배를 확신하고 있다.

---

2) 〔역주〕 무솔리니를 의미.

> 민주주의와 자유주의는 유행지난 표현이다. 나치의 승리는 모든 이들에게 어느 정도 분명해졌다. 프랑스와 영국이 전쟁을 선포함으로써 빚어진 터무니없는 전쟁은 그 논리적 귀결에 이르렀다. 연합군은 패전한 것이다(1941년 7월 14일).

소비에트연방에 대한 침공 이후, 스페인은 '청색사단'을 파견하며 기쁘고 활기차게 그 해방사업에 가담하였다.

> 독일 병력이 유럽과 기독교가 그토록 오래전부터 열망하던 전쟁터로 향하고, 연대(連帶)에 대해 생생하게 표현하자면, 우리 젊은이들의 피가 우리 추축국(樞軸國)[3] 동지들의 피와 연합되려는 이때, 우리는 우리 조국의 운명에 대한 믿음을 새롭게 하도록 합시다. 우리 군대와 팔랑헤당은 긴밀하게 협조해 나갈 것입니다(프랑코, 1941년 7월 17일).

그러나 이러한 낙관론은 금세 무너졌다. 한편으로는 스탈린그라드에서 소비에트가 승리했고, 또 다른 한편으로는 아프리카 북부에서 연합군의 공격을 통해 결국 1943년에 무솔리니체제가 붕괴했던 것이다. 이는 세계대전의 새로운 방향을 나타내는 분명한 징후였다. 1944년에 '청색사단'은 스페인으로 돌아왔다. 이제 내부 단속을 해야 할 참이었는데, 스페인 내에는 군대와 체제의 권력에 도전하는 공화파 게릴라들이 있었던 것이다. 1945년에 나치와 파시즘이 괴멸된 그 이듬 해 프랑코체제의 가장 힘겨운 시기가 도래하였다. 1946년 2월에 프랑스는 스페인과의 국경을 봉쇄했고, 12월에 UN은 프랑코 장

3) 〔역주〕 제2차 세계대전 이전에 독일과 이탈리아의 협정을 통해 베를린-로마 추축이 형성되고 이후 독일과 일본 사이에 방공(防共)협정이 이뤄졌는데, 이는 결국 독일·이탈리아·일본의 3국 방공협정으로 발전하였다.

군을 외교적으로 고립시킬 것을 권장하여 외국 대사관들이 마드리드를 떠났던 것이다. 유명한 예외[4]를 제외하고 이러한 상황은 1950년까지 계속됐는데, 1950년 11월 UN은 스페인 정부와의 외교관계 재개를 허용했다.

이유는 자명했다. 당시는 이른바 '냉전'(冷戰)이라는 시기 — 1947년에 '트루먼 독트린'[5]이 선포되었다 — 로 미국이 이끄는 자본주의 세계가 이미 강대해진 사회주의 블록과 대립하기 시작(그리스에서의 억압과 한국전쟁)했던 것이다. 1950년 12월에 초대 미국 대사가 마드리드에 도착했는데, 어려운 스페인 경제를 위해 그는 6천 2백만 달러의 차관을 가지고 왔다. 이렇게 시작하여 1953년 9월 26일에는 '마드리드협정'(*Pacto de Madrid*)에 서명하게 되는데, 이를 통해 프랑코체제의 스페인은 워싱턴 제국주의의 농노로서 이른바 '자유세계'를 방어하기 위한 장치에 편입되었던 것이다. 이때부터 프랑코 '총통' 자신은 소비에트의 위협에 맞서 싸우는 더 없이 완벽한 '서구의 파수꾼'으로 알려지게 되었다. 바로 그 1953년 8월 바티칸과 화친조약을 맺었는데, 이를 통해 결국 가톨릭교회는 프랑코체제가 스페인 내전, 즉 '십자군'에 참여한 것을 찬양하였다. 그리하여 스페인은 1955년에 드디어 UN에 가입하였다. 예전에 있었던 나치 · 파시즘에 대한 믿음의 선포는 이제 민주주의와 친미주의에 대한 공식적인 언명들에 의해 계승되었다. 이에 대해서는 두 가지 자료를 인용하는 것으로 충분할 것이다. 다음의 자료는 1954년 10월 스페인 항구들에 미국 함대가 방문했을 때 프랑코 자신이 했던 말이다.

---

4) 〔역주〕 로마 교황청과 스위스, 포르투갈은 마드리드의 재외공관을 철수시키지 않았다.

5) 〔역주〕 공산주의 세력이 확대되는 것을 저지하기 위해 여러 나라에 대해 군사적 · 경제적 원조를 제공한다는 원칙.

> 나는 그대들의 친구인 우리나라의 이름으로 그리고 또 군인으로서 여러분들을 축하하고 미 함대와 이런 장비들과 인적 자원을 가진 미국을 축원합니다. 나는 스페인이 두 국민들 사이의 우정을 섬기고 그 책임 있는 말에 기초한 성실함이 우리 두 나라 간의 형제애, 우리 군대 간의 동지애, 그리고 사랑의 매개가 될 것을 기대합니다. 일어서자, 미국이여!

다음의 자료는 프랑코 '총통'이 1958년 6월 13일 프랑스의 〈르 피가로〉(*Le Figaro*)지에 한 말이다.

> 우리 체제의 특징은 그 수장의 전권(全權)이 아니라, 국민의 전권이다. 즉, 민주주의인 것이다.

다른 한편으로, 프랑코체제 내 정치의 굵직굵직한 노선들은 먼저는 세계대전의 변화에, 그리고 그 다음에는 냉전의 변화에 따랐다. 즉, 1942년에 스페인 의회(Cortes Españolas)가 생겼는데, 이렇게 함으로써 이러한 체계에 대중의 참여가 이루어진다는 인상을 주었다. 또한 1945년에는 '스페인 국민법'(*Fuero de los Españoles*)이 기본법으로 추대되었고 1947년에는 왕위계승법이 공포되었다. 장관들이 여러 번 교체된 것도 분명 이러한 체계를 항상 변화하는 현실에 잇따라 적응시키려는 것이었다고 볼 수 있는데, 1942년에는 세라노 수녜르(Serrano Súñer)와 몇몇 적대적인 친(親)나치주의자들이 실각되었고 비슷한 종류의 순화가 1945년에도 있었다. 그리고 1951년에는 루이스 히메네스(Ruiz Giménez) 같은 리버럴한 인사가 정부내각을 구성하기도 했는데, 이때의 정부에는 아리아스 살가도(Arias Salgado) 같은 강경한 극우파들도 있었다. 그러는 동안 스페인 국민(프랑코 '총통'에 의하면 이 국민은 1942년에는 존재하지 않았다가 1966년에는 악마들에 의해 지배되지 않기 위해서 여전히 강력한 지도를 필요로 하는 존재들이었다) 은 억압과 두려움에 맞서 프랑코체제에 대항해 저항하기도 했는데, 1944년에서 1950년 사이에 이베리아 반도의 많은 지역에서 게릴라들이 활동하였다. 또한 노동자 대중의 파업과 보이콧이 잇따랐는데, 1945년에는 카탈루냐에서, 1947년에는 비스카야에서 그리고 바르셀로나에서는 총파업이 일어나 시장과 주지사가 교체되었다. 여러 번에 걸쳐서 국가적 노동조합주의는 계급투쟁이 소멸되었음을 확신했는데, 이는 현존하는 자료로 볼 때 매우 정확한 사실 같지는 않다. 1942년 8월 21일 루고에서 있었던 프랑코 장군의 공개선언을 보아도 그렇다.

> 우리들의 십자군 전쟁은 전장으로 갔던 부자들이 더 큰 부자가 됐던 유일한 투쟁이다.

실제로, 스페인 내전은 부르주아와 자본주의 그리고 지주들을 위한 전쟁이었다. 경제분야에서 1941년은 중요한 시기였다. 일정 기간 동안 어려움에 맞서 자급자족경제를 지켜내겠다는 주된 목표를 가지고 그해에 '국가산업연구소'(Instituto Nacional de Industria)가 창설되었던 것이다. 사실 스페인은 경제적 파산지경에 처해 있었고 '마드리드협정'(1953) 은 정치·경제적으로 프랑코체제를 구원하면서 새로운 길을 보여주었다. 그 새로운 길이란 외국자본에 대한 국가의 의존인데, 미국은 모든 수위에서 매번 더 공격적으로 스페인에 침투했다. 농촌에서 도시로, 그후 또 다시 외국으로의 대량 이주는 프랑코체제하에 살았던 사람들의 사회·경제적인 생활 특징이 될 것이었다.

문화적 현실에 대해서 말하면, 영원한 스페인의 순혈적 뿌리를 모색해 언제나 획일적인 이데올로기적 정론—종교·정치적으로 뒤엉

켜 있는—을 방어함으로써 유럽 자유주의와의 모든 접촉이 공식적으로 파기되었다. 다음은 리드루에호가 기술한 것인데, 그는 홍보처 수장의 자리에서 이 모든 것을 잘 파악하고 있었다.

> 가톨릭 국왕부처나 펠리페 2세에 대한 일종의 반대가 그때 당시에는 신성모독적인 것으로 여겨졌을 것이다. 과거라는 채석장에서는 법률(*fueros*), 의회(*cortes*), 귀족자제(*donceles*), 대행자(*procuradores*), 통치자(*regidores*) 등의 정치적 명칭들뿐 아니라 공법(公法)의 원칙들과 시적인 주제와 형식들, 건축학적 모델들도 모색될 것이었다.

이미 1936년 12월에 호세 마리아 페만은 문화·교육정화위원회(Comisión Depuradora de Cultura y Enseñanza) 앞에서 "국민의 영혼을 독살하는 이들"에 맞서 다음과 같이 대담하게 선포했다.

> 그 난폭함이 너무도 놀라울 정도인 이러한 혁명의 폭도들을 구성하는 이들은 "자유교육"이라고 불린 것과 같은 기관들을 통해 믿음 없고 무정부적인 세대들을 만들어 낸 주임교수들과 평교수들의 정신적 아들들인 것이다.

안성맞춤으로 다시 사용된 메넨데스 펠라요의 말에 의하면, "이단이라는 망치" 위에서 스페인은 다시 일어났다. 1939년 11월 고등학문연구기관(Consejo Superior de Investigaciones Científicas; 이하 CSIC)의 설립은 오랜 우파 가톨릭 그룹과 결국 '오푸스 데이'[6]로 유명해지는 새로운 조직의 구성원들을 중심으로 공식적으로 그러한 열망을 실천하고 조정했다. 이 '오푸스 데이'는 안토니오 토바르(Antonio Tovar)

6) 〔역주〕 가톨릭교회에 속하는 성직자 자치단으로 스페인에서는 대학과 연구기관에 큰 영향력을 가지고 있다.

같은 팔랑헤주의자가 30년 이상이 지난 뒤 "지성에 대한 존중의 결여"가 특징이라고 평가한 모임이었다. CSIC의 설립목적은 그 설립 법령의 서론에 투명하게 드러난다.

> 그러한 숙원은, 무엇보다도 먼저, 18세기에 파괴된 학문의 고전적이고 기독교적인 일치의 회복 위에서 세워질 것이다. … 결국 우리의 영광된 봉기에 영감을 불러일으킨 생각들을 문화의 층위에 부여해야 하는 것이다. 우리의 봉기에는 세계적인 가톨릭 전통에 대한 가장 순수한 해석이 근대가 요구하는 것과 연결돼 있다.

이는 한편으로는 시대착오적인 중세적 의미로 가득 차 있는 문화의 제국주의적 개념인데, 1943년에 호세 이바녜스 마르틴(José Ibáñez Martín)이 의회에 제출한 '대학규정법'(*Ley de Ordenación Universitaria*)이 드러내는 것과 같다.

> 정치적 관점에서 정말로 중요한 것은, 많은 학문이 우리를 최고의 존재에 근접시킨다는 어거스틴의 원리에 사로잡힌 새로운 청년들을 만들기 위해, 국가의 가르침을 투명하게 하고, 학문창조와 교육으로부터 이데올로기의 중립성을 뽑아내며 인본주의를 추방하는 것이다.

한편, 1940년에는 '히스패닉연구소'(Consejo de la Hispanidad)가 설립됐는데, 세계대전에서 추축국의 패전 뒤 이 연구소는 '히스패닉문화연구소'(Instituto de Cultura Hispánica)라는 더 겸손한 이름으로 바뀌었다. '히스패닉문화연구소'는 라틴아메리카 지역에서 프랑키즘의 선전도구로 사용되었다.

이렇듯 1940년대의 스페인에는 전횡적인 사제적 이데올로기가 어지럽게 빛을 발하고 있었다. 당시의 스페인은 역사적이고 전통주의적으로 전개되는 회상에 참여하고 있었다. 1940년은 루이스 비베스(Luis Vives: 그의 이단성에 대해서는 세심한 침묵이 이루어졌다)의 사거 4백주년이자 산 후안 델 라 크루스 탄생 4백주년이 되는 해이며, '순결한 알폰소 국왕'의 사거 1,100주년이 되는 해이다. 그리고 1942년은 크리스토퍼 콜럼버스의 첫 원정여행 기념 450주년이었고 1943년은 발메스(Balmes)의 《판단》(*El Criterio*)이 출판된 지 100년이 되는 해였다. 1943~1944년은 카스티야 왕국의 건국 천 년이 되는 해였으며, 1944년에는 오푸스 데이에 의해 바르셀로나에서 창간된 잡지 〈아르보르〉(*Arbor*)가 CSIC의 공식 출간물로 변화했다. 전횡적이고 사제적인 이러한 전선(戰線)은 이데올로기적인 독점권을 위해 엄격하게 팔랑헤주의적인 것—이는 나중에 문화적으로 더욱 개방적인 것이 되었다—과 경쟁하였다. 이런 팔랑헤주의의 대표적인 인물들은 디오니시오 리드루에호, 안토니오 토바르 그리고 페드로 라인 엔트랄고인데, 이들은 〈에스코리알〉(*Escorial*, 1940)과 〈가르실라소〉(*Garcilaso*, 1943) 두 문예지를 중심으로 활동하였다. 이 두 잡지는 그 제목에서부터 제국에 대한 그리움을 상기시키며 그 향수를 드러내고 있다.[7] 정치연구소(Instituto de Estudios Políticos: 1939)와 그 잡지(1941)에서는 프랑코체제의 이 같은 두 가지 경향이 혼합되었다. 체제의 심장에서 규정된 전횡적 사제주의와 파시즘이라는 두 가지 힘의 존재는 체제에 적지 않은 문제들과 모순을 야기했다. 이에 대해서는 내전에 '십자군'이란 개념을 적용시키는 것에 대한 1942년의 논쟁이 좋은 예가 될 것이다. 이 논쟁은 또 다른 차원에서 1949년에 재개되었다. 이 1949년에 페드로 라인 엔트랄고는 자유로운 스페인 문화

---

7) 〔역주〕 엘 에스코리알(El Escorial)은 스페인 제국을 관장하던 펠리페 2세의 근무지였고, 가르실라소(Garcilaso)는 카를로스 1세의 측근으로 제국의 확장전쟁에 참여했던 군인이자 정치가, 시인이었다.

의 '회복'에 대한 진지한 최초의 시도 중 하나라고 할 수 있는《문제로서의 스페인》(*España como problema*)을 출판했다. 이 책에서 그는 98세대의 중요성과 이른바 36세대라는 것이 "정신적으로 가혹하게 산산조각 났다"는 역사적 사실을 인정한 후, "2개의 스페인"—이 이론의 마지막 옹호자는 1947년의 라몬 메넨데스 피달이었다(cf. V. 2, 서문)—의 유명한 이론을 수용하고 방어한다. 거기서 라인 엔트랄고는 리버럴한 의미에서 "스페인적인" 모든 것의 "본질적인 스페인"을 위해 화합과 조정, 회복을 촉구한다. 그리고 이에 대해 즉각적인 반응이 있었다. 〈아르보르〉는 플로렌티노 페레스 엠비드(Florentino Pérez Embid)의 가혹한 서평을 실었고 같은 해 11월에 라파엘 칼보 세레르(Rafael Calvo Serrer)는《문제없는 스페인》(*España sin problema*)을 출간했다. '오푸스 데이'의 사상가들은 이렇게 대담하면서 공개적으로 모습을 나타냈다. '오푸스 데이'의 입장, 즉 전횡적 사제주의를 분명히 보기 위해서는 칼보 세레르의 다음과 같은 글로 충분할 것이다.

> 이제 우리는 1939년에 성취한 동질성을 단호하게 유지해야 한다. … 가능하면서도 유일한 진테제(*síntesis*)는 가장 성실한 교리의 토대 위에 세워진 것이다.

1945년 오르테가 이 가셋이 마드리드에 돌아온 사건이 팔랑헤 개방성향의 승리로 여겨질 수 있다는 것도 기억해야 한다. 이는 편안한 승리였는데, 한편으로는 그 오랜 공화정의 아버지인 오르테가가 얼마 뒤 스페인은 "교양 없는 건강"을 향유하고 있다고 언급한 것도 기억하자. 게다가 오르테가는 소수 엘리트연구소인 인문학연구소(Instituto de Humanidades)에서의 활동에도 불구하고 프랑코체제에 어떤 문제도 야기하지 않고 스페인에 머물렀다. 그는 몇 년 전에 지켰던 "침묵, 위대한 브라만"(cf. V.2 서문)이라는 문구를 지켜나가면서 있었던 것이다. 1946년에는 문예지 〈인술라〉(*Ínsula*)가 출현하여 지금까지도 간행되고 있다. 검열의 문제가 없지 않았지만 이는 "기적적으로 독립한 성전(聖殿)"으로 규정된 잡지인데, 적어도 처음 몇 년간은, 이미 언급했던 팔랑헤 지식인들의 전략적인 도움이 없이는 이러한 현상이 설명될 수 없다.

문학 생산물의 엄격함에 대해 언급하면서 모든 비판적 내용이 포기되었다는 사실, 그리고 시에서는 소네트와 같은 전통적인 형식들을 향한 변화가 있었으며, 역사의 주변에 위치한 혹독하게 회피주의적인 주제의 문학이 생산되었음을 지적할 필요가 있다. 또한, 대단히 많지는 않으나 승리자들에 의한 승전문학들도 없지 않았다. 그러나 주요 장르에 해당하는 세 작품이 갑작스레 전후 문학계에 침투하여 그 열정과 문제제기로 회피문학의 목가적인 풍경을 전율시켰다. 이 세 작품은 카밀로 호세 셀라의 소설 《파스쿠알 두아르테 가족》(*La familia de Pascual Duarte*, 1942)과 다마소 알론소의 시집인 《진노의 자녀》(*Hijos de la ira*, 1944), 그리고 안토니오 부에로 바예호(Antonio Buero Vallejo)의 희곡인 《어느 계단이야기》(*Historia de una escalera*, 1949)였다. 이렇듯 소설과 시, 연극에서 거친 형태의 긴 여정이 시작되었다. 이 여정은 때로 나타났다 사라졌다를 반복하면서 1950년대, 그리고 1960년대 상당부분의 사회적 리얼리즘의 위대한 개화(開花)로 귀결되었다(cf. VI.2). 한편 망명자들, 즉 "편력하는 스페인"(cf. VI.1D)은 스페인과 거의 완전하게 의사소통이 이뤄지지 않는 가운데 그 문화적 활동을 계속하였다. 이미 언급했던 문예지 〈인술라〉는 교량역할을 하여 망명중인 많은 이들에게 지면을 제공했다. 1953년에 호세 루이스 아랑구렌(José Luis Aranguren)은 이와 관련된 주제로 두 편의 글을 썼는데, 거기에서 "이민 온 우리 지식인들은 동포들과 이야기하고 싶습니다. 그러나 동시에 분명히 그 이민자들에 '대한' 이야기도 하고 싶습니다"라고 언급했다. 그리고 실제로 아랑구렌은 그 독자들에게 망명객들의 작품에 대한 정보를 제공하는데, 망명객들을 진정한 스페인성(性) (*españolismo*)에 연결시키고 있다. 이러한 스페인성(性)이, 이미 언급한 대로, 공화파 지성에 대한 공식적인 그리고 공식화된 지속적 공격에 대한 대응의 방식으로 사용되었음을 기억할 필요가 있다. 그러나 전통의 스페인은 그 '십자군 전쟁'에서 물러나지 않았다. 1953년에 고위성직자인 안토니오 데 필다인(Antonio de Pildain)은 어느 교서에서 우나무노를 "최고 이단자이자 이단의 스승"이라고 불렀다.

1A. 먼 제국의 귀환: 〈가르실라소〉와 〈에스코리알〉. 시(詩)

이후에 인용될(cf. VI. 2A) 시인 블라스 데 오테로(Blas de Otero)는 순전히 인간적인 차원에서 내전의 결과들을 다음과 같이 요약하였다.

가지 꺾인 나무 같은 세상.
뿌리 뽑힌 세대.
폐허를 버텨내는 것 이외의
다른 운명이 없는 사람들.

1940년대 스페인에서 들렸던 첫 번째 시의 목소리들은 당연히 승리자들의 것이었다. 그럼에도 불구하고, 흥미로우면서도 분명 매력적인, 역사적이며 서정적인 자료들이 존재했는데, 이를 테면 정치범들에 의해 쓰인 시 모음집이 《해방된 뮤즈. 새로운 스페인에 있는 포로들의 시》(*Musa Redimida. Poesías de los presos en la Nueva España*, Madrid, 1940) 라는 의미심장한 제목으로 출판된 것이다. 마찬가지로 1940년 1월 해방된 수도에서 '뮤즈'(Musa Musae) 그룹이 첫모임을 가졌는데, 이는 디오니시오 리드루에호, 라파엘 산체스 마사스(Rafael Sánchez Mazas), 호세 마리아 알파로(José María Alfaro), 아드리아노 델 바예(Adriano del Valle), 호세 마리아 데 코시오(José María de Cossío), 마누엘 마차도 등의 팔랑헤주의자들과 그와 유사한 이들로 구성된 것이었다. 다음의 글은 라파엘 산체스 마사스의 것인데, 그 정선된 모임에서 행한 개회사의 일부이다.

> 사물을 신성한 것으로 부르는 것만이, 그리고 의도적으로 또는 의도함이 없이 사물에서 그 신성함의 광휘와 하늘의 악보, 그리고 사랑의 설명할 수 없는 이유를 모색하는 것이 시(詩)이다. … 종교적 미덕을 통해서만이 우리들의 온전히 관조적인 태도가 변화한다. 우주적 질서로부터 인간적인 사랑 또는 선천적인 울타리에 대한 이데아로.

〈창조하는 청춘〉(*Juventud Creadora*) 은 전승자들의 또 다른 문예지인데, 배고프고 쓸쓸한 마드리드를 배회하는 유사(類似) 보헤미안적 생활을 창조하였다. 그 마드리드에서 페데리코 데 우루티아(Federico de Urrutia)는 몇 편의 시를 발췌하여 1940년에 《영원한 독일의 시》(*Poemas de la Alemania eterna*)를 출간했는데, 에우헤니오 도르스, 호세 몬테로 알론소(José Montero Alonso), 마누엘 마차도, 알프레도 마르케리에, 프란시스코 로드리게스 마린(Francisco Rodríguez Marín), 디오니시오 리드루에호를 비롯한 여러 작가들이 이 시집에서 나치 독일에 열광적인 경의를 표했다.

전후의 첫 문예지는 〈에스코리알〉(*Escorial*, 1940) 이다. 그 1호에는 다음과 같은 추천의 글이 나타나 있다.

> 오래전부터 스페인의 지성이 머무는 전망대가 될 잡지, 예술과 문화 작업에서 물러나지 않는 스페인 정신을 보여주는 몇몇 예시들을 끌어 모을 수 있는 잡지 하나를 창간하는 것이 '팔랑헤'의 관심을 끌었었다. … 우리는 이제 여기서, 새로운 세대의 확고하고 관대한 규범하에, 그러한 조건에서 완전히 물러나지 않은 모든 스페인적인 가치, 이편저편에 봉사했던 모든 스페인적인 가치들을 소환한다. 그 범죄를 도왔었는지 그렇지 않았는지에 대해 말하는 것이 아님이 분명하다.

그러나 또한 이 창간호는 이 잡지가 "고도의 홍보지"임을 언급하고 있기도 하다. 리드루에호와 라인 엔트랄고, 토바르, 로살레스 등의 팔랑헤주의자들은 이 새로운 〈에스코리알〉의 발기인으로서 활기찬 활동을 벌였다. 〈에스코리알〉은 그 창간목적에 부합하여 전제주의에 별로 동조하지 않고 "중립적"이며 "리버럴"하기까지 한 여러 작가들—시인, 수필가, 비평가 등—의 작품에 지면을 할애하였다. 이는 승전자들의 아량과 엘리트적인 틀 안에서 독재체제가 그토록 어렵게 필요로 했던 지성인들을 동화시키기 위한 최초의 큰 시도였다. 그러나 새로운 에스코리알을 재건하려는 그러한 시도 안에서 처음의 교리적 목적과 나중의 결과들 사이에 모순이 드러나기도 했는데, 결과적으로 〈에스코리알〉은 리버럴하면서도 보수적인 전형적인 문예지였다.

두 번째 정기간행물은 엄격한 시 전문지였던 〈가르실라소〉(*Garcilas*, 1943) 였는데, 그 제목부터가 또 다시 되살아난 것처럼 여겨지는 영광을 소환하는 것이었다. 이러한 가르실라소주의는 상대적으로 때늦은 것이었는데, 가르실라소의 4백주년은 이미 1935년에 치뤄졌고, 1936년에는 헤르만 블레이베르그가 가르실라소의 노선 위에서 자신의 《사랑의 소네트들》(*Sonetos amorosos*) 을 출간하였던 것이다. 하지만 이제 '가르실라소라는 표지', 그 수사적이고 미학적이며 형식주의적이고 의고적인 표지하에 (당시 가장 충직한 추종자 중 한 사람이 나중에 말한 바에 의하면) 소네트의 홍수기를 살게 되었다. 사람들은 이제 "제국의 영웅적 시"에 대해 말했고, 꽃의 여신제가 부활되었다. 또한 어느 곳에서든 사물이 미화되고, 신과 사랑, 아름다움에 대해 말했는데, 이런 것들은 모두 대단히 강조되어서, 모두 절대적이며 슬픈 현실로부터의 도피주의로서 이야기되었다. 결국, 이것은 영광스런 과거에 대한 회상과 함께 파시스트 타입의 일종의 신비주의가 옹호하는 고전적인 형식에로의 경향이었다고, 아무런 내용 없는 순전한 형식의 연습이었다고 사람들은 말했다. 이때 내용을 가지고 좀 객관적으로 세상을 기술하거나 이야기하려고 해도, 묘사 자체가 인위적이기 때문에 사실성이 없는 장식일 뿐임이 드러났다. 호세 아구스틴 고이티솔로(José Agustín Goytisolo) 같은 시인은 〈완벽한 것들〉(*Los celestiales*)이라는 풍자시에서 모든 가르실라소주의에 대해 다음과 같이 썼다.

저들은 말했다, 놀랍도록
공허한 일들을 노래할 때라고,
일어났던 모든 것을 잊고
아름답고 공허한, 그렇지만 낭랑하고
라우드[8]처럼 곡조가 아름다운 시를 쓸 때라고.
그 시들은 생각을 잠들게 하고 바꾸고
가라앉히는 것이지. 끔찍하게도!
……
그리고 바람〔風〕은 훈장을 달았고,
마도로스와 비, 레몬 꽃에 대해 말했다.
그리고 예전처럼 고독과 평야,
두려움에 떠는 강의 하상(河床),

8) 〔역주〕 현악기의 일종.

그리고 모든 대단한 경이로움들이
결국 한 번 더 소환되었다. …

〈가르실라소〉에는 감옥에서의 정화 뒤에 '회복된' 헤르만 블레이베르그, 호세 가르시아 니에토, 비센테 가오스(Vicente Gaos), 라파엘 몬테시노스(Rafael Montesinos), 페데리코 무엘라스(Federico Muelas) 등이 활동하였다. 이러한 시의 성운(星雲)에 일종의 독특한 성좌가 있었는데, 이는 비반코, 파네로, 로살레스 그리고 리드루에호에 의해 구성된 그룹이었고 그 그룹에 헤라르도 디에고와 호세 마리아 발베르데(José María Valverde)가 추가되었다. 그들의 다양한 책 제목은 비센테 가오스의 《내 밤의 천사장(天使長)》(*Arcángel de mi noche*), 헤라르도 디에고의 《콤포스텔라의 천사들》(*Angeles de Compostela*), 비센테 가오스의 《천사의 조각, 인간과 목자》(*Retablo del ángel, el hombre y la pastora*), 루이스 로살레스의 《주님 탄생의 신성한 조각품》(*Retablo sacro del Nacimiento del Señor*), 발베르데의 《하느님의 사람》(*Hombre de Dios*), 리드루에호의 《돌에 바치는 소네트들》(*Sonetos a la piedra*), 가르시아 니에토의 《광야와 고독에 대하여》(*Del campo y la soledad*) 등 아주 의미심장하다. 라파엘 모랄레스(Rafael Morales)의 경우처럼 이따금씩 리얼리즘을 향한 경향이 나타나기도 했는데, 그렇다고 미덕추구에 대한 노력과 정체성 상실이 덜 표현된 것은 아니었다. 이 모든 시인들의 특징인 회피주의 내에서 때로 레오폴도 파네로와 디오니시오 리드루에호가 대조되어 두드러졌는데, 이들은 당시 자신들의 파시스트 이데올로기를 선명하게 표현하였다.

레오폴도 파네로(Leopoldo Panero: 1909~1962)는 이미 1953년에 《개인의 노래》(*Canto Personal*)를 썼는데, 이는 파블로 네루다의 《모두의 노래》(*Canto General*)에 대응하려는 것으로 리드루에호가 쓴 서문에는 다음과 같은 구절이 보인다.

> 세상이 불쌍한 미겔 〔에르난데스〕의 매일의 수감생활을 이야기하거나 페데리코 〔가르시아 로르카〕의 모든 핏방울들을 이야기하는 것이 우리를 아프게 하지 않는다. … 침묵 속에 지나친 20만 명의 사람들 가운데서, 그리고 100만 명의 간과된 이들 사이에서 적어도 이 두 사람의 삶이 그토록 많이 이야기되었음을 알게 된 것에 우리는 위로받기까지 한다. 그러나 카티야 숲[9]과 누렌버그, 히로시마, 그리고 전 세계의 포로수용소와 대량 폭격 뒤에 계속해서 이런 말을 한다는 것은 이제 지나친 사기극이다.

그 저자에게 국가 시 문학상(Premio Nacional de Poesía)을 안겨준 《개인의 노래》는 예전의 캄포아모르의 메아리들을 추억하게 하는, '군더더기' 이상으로는 평가할 수 없는 11음절의 3행시를 넘치도록 모아놓은 작품이었다. 그 안에서 파네로의 이데올로기는 페만의 《야수와 천사의 시》의 가장 뛰어난 지점에서처럼 빛났다. 다만 파네로의 개인적인 노래는 내전의 폭력과 그라나다에서 총살당한 로르카의 죽음, 미겔 에르난데스의 감옥에서 죽음이 정당화되던 1953년에 쓰인 것이라는 차이가 있었다.

> 하나의 전쟁은 친근한 전투이지
> 차가운 피로 된 의지가 아니다.
> 거기서 페데리코가 쓰러지고, 물은 고동친다.
> 거기서 일백만이 쓰러졌고, 대지는 나의 것.
> 어떤 이들은 쓰러지고, 어떤 이들은 남고, 아무도 오래가지 않는다.
> 그리고 단지 왕궁만이 함락되지 않았다.

---

9) 〔역주〕 약 4천5백 명의 폴란드 관리들의 시체가 발견된 러시아의 지명.

파네로는 서둘러 오래된 영광의 기억과 빛바래지 않는 인종적 특징에 다시 호소하기도 한다.

무뚝뚝한 자립심(自立心)은 우리의 스타일
5월 2일[10]은 우리의 신성한 방식
그리고 삶을 꿈꾸는 것은 우리의 영원한 피난처.
스페인은 이러하기에 (그리고 러시아인은 러시아인이기에)
오늘날 우리는 허망한 환영 속에서 진보하기보다는
그리스도 안에서 뒤처지는 걸 선호한다.

그는 사람들이 일반적으로 생각하는 것에 맞서고, 파블로 네루다가 생각했던 것에 반대하면서 파시스트들의 암살행위가 그렇지 않았다고 했다. 페만은 다음과 같이 기술했다.

탄환 하나하나에 심장 하나가 팔딱거린다.
그리고 비록 그대가 미심쩍어 믿지 않을지라도
그것은 사악한 시간에 푸엔테오베후나를 죽였다.

즉, "그것은 이름 없는 질투를 죽였던" 것이다. 다른 많은 것들 중에서도 호세 안토니오와 필라르 성녀에 대한 초혼이 파네로의 《개인의 노래》를 수놓고 있다. 흥분한 역사의 교훈에서 우리는 "마르티와 호세 안토니오가 같은 등급에 위치"하고 가르시아 로르카의 시적 가치가 스페인 팔랑헤당(Falange Española)의 창설자[11]의 시적 가치와 같은 수준이며, 인종차별은 영국인들이 고안해 낸 것이라는 사실을

10) 〔역주〕 1808년 5월 2일 나폴레옹 군대의 스페인 점령에 맞서 스페인 국민들이 항거한 날. 고야의 그림으로도 유명하다.

11) 〔역주〕 호세 안토니오 프리모 데 리베라를 지칭.

알게 된다. 내전의 승리자들은 결국 "우리는 다른 사람들"이라는 유명한 문구를 현실화했던 것이다.

우리는 용서에 대해 성숙하고,
참된 부재에 대해 기민하며
안전하면서도 불안전하다
희망의 기치를 내 건 언제나
광적인 이들. 팔랑헤의 강물들은
초원의 물처럼 홍겹다.

디오니시오 리드루에호는 1940년과 1944년에 《무장한 시》(*Poesía en armas*)의 각기 다른 두 판본을 출간했는데, 1940년 판은 내전에 대한 것(cf. V. 2E)이었고 1944년 판은 증보판으로 자신의 '청색사단' 참전경험 — 그는 의용군으로 전투에 참가했다 — 에 대한 시적인 반영을 담은 것이었다. 너무도 당시의 시대를 반영하는 이 책에 대해서 여기서는 〈베를린 병원〉(*Berlín-Hospital*), 〈핀란드에 있었던 시인 아구스틴 데 폭사에게 보내는 편지〉(*Carta al poeta Agustín de Foxá, que estaba en Fillandia*) 그리고 매우 특별한 〈스탈린그라드에서 죽은 이들을 위한 노래〉(*Canto por los muertos de Stalingrado*)를 기억하는 것으로 충분할 것이다.

대변혁의 압력하에 10만 명의 사람들이
명예로우면서도 완강한 섬처럼, 결국 쓰러졌을 때,
풍경은 내 의식 주변에서 희게 얼어붙어 있었고
최근 며칠간의 내 육체보다 더 현실적으로
내 영혼은 그대들의 성스런 제복을 입고 일어섰다.

여기서의 제복은 나치 군대의 제복을 의미한다. 그리고 가슴에 십자가를 단 "10만 명의 아름다운 천사장들"은 히틀러의 신질서를 수호하는 이들이었다.

이렇게 형식적이고 미학적인 또는 생경스럽게 이데올로기적인 분위기였던 1944년에 대단히 중요한 네 권의 출판물이 갑작스레 등장했다. 그것은 다마소 알론소의 《진노의 자녀》와 《어두운 소식》(*Oscura noticia*), 비센테 알레익산드레의 《낙원의 그늘》(*Sombra del Paraíso*), 그리고 문예지인 〈종탑〉(*Espadaña*)이었다. 이렇게 27세대의 구성원들은 본국에서 다시 살아났던 것이다.

다마소 알론소(Dámaso Alonso: 1898~1990)는 "나를 자유롭게 표현하기 위해 스페인 전쟁이라는 끔찍한 진동이 필요했다"라며 《진노의 자녀》의 동기를 아주 명쾌하게 설명한다. 그는 인간과 자신의 연대감과 인간의 비참함을 격렬하게 지적하며 인류에 의해 만들어진 고통과 불의, 범죄에 항거한 것이다.

> (최근의 통계에 의하면) 마드리드는 백만 이상이 되는 시체들의 도시다.
> ……
> 그리고 오랜 시간 동안 신께 묻는다. 왜 내 영혼이 서서히 썩어 들어가는지를,
> 왜 이 도시 마드리드에 백만 이상의 시체들이 썩어 가는가를,
> 왜 이 세상에 10억의 시체들이 썩어 가는가를. …

다마소 알론소는 98세대의 낡은 주제를 다시 사용한다.

> 어디로 도주할 텐가, 가인[12]이여, 최후의 가인이여?
> 그늘로부터 도주하며 그대는 그늘에 대항해 도주하는구나,

마치 그대의 추억으로부터 도주하듯
그대는 도망치지만,
온통 둥근 지평선으로부터
야수가 동시에 슬피 운다면
어찌 그 추억을 죽일 텐가…?

사람들 말처럼 《진노의 자녀》는 당대의 시풍을 파괴하며 아무도 말하지 않았던 잠재적 지층을 수면에 떠오르게 했던 일종의 지진과도 같은 것이었다. 그것은 형식주의를 타파했고, 의식을 뒤흔들었으며 당대의 시(詩) 웅덩이를 휘저었던 것이다. 다마소 알론소는 다시 말한다. "나는 섬세한 소수의 마지막 감각이 아닌 사람들의 가슴과 지성을 움직이기 위한 표현을 모색하고 있었다"라고. 다마소 알론소 자신은 이따금씩 자신에게 적용되는 실존주의자라는 평가를 거부하고 자신의 시를 포함해 시에 인간의 불안과 고통을 담으려는 모든 작가들의 시를 "뿌리 뽑힌 시"로 정의한다. 어느 비평가가 다마소 알론소와 함께 나타난 일정한 타입의 시적 리얼리즘의 출현이 당대에 유행했던 시 개념에 대한 변화의 시작을 의미했다고 지적한 것은 적확하다. 《진노의 자녀》의 몇 가지 기본적인 특징들은 다음과 같이 요약될 수 있는데, 그것은 지배적이었던 고전형식의 포기, 상징주의 전통에 맞선 길고 확장된 시행(詩行), 회화체같이 부정확하고 을씨년스런 일상언어의 사용, 내용에 대한 재평가, 시간성에 대한 순종, 그리고 역사적, 동시대적 인간의 문제를 반영하려는 시도 등이다.

1944년에는 비센테 알레익산드레(cf. V. 1C)의 《낙원의 그늘》도 출현했는데, 27세대의 또 다른 구성원인 알레익산드레는 이 시집에서 "인간적이면서 연대(連帶)적으로" 변신하였다. 새로운 알레익산드레

---

12) 〔역주〕 성경에 등장하는 인류 최초의 살인자로서 동생 아벨을 죽임.

는 "시는 커뮤니케이션이다"라고 단언하였다. 알레익산드레의 시 〈들판의 자식들〉(*Hijos de los campos*)은 (이미 내전 기간 동안 선보였던) 새로운 글쓰기 방식의 본보기에 해당되는 것이다.

> 나는 가장 심오한 진실처럼 그대를 본다,
> 세상의 유일하고 겸허한 주민이여,
> 고결한 표피에 대한 마지막 표현이여,
> 그 때문에 아직까지 대지는 언어로 말할 수 있다.

이후에 쓴 또 다른 시집인 《마음의 역사》(*Historia del corazón*)에서 알레익산드레는 더 멀리 나아가 자신의 개인적인 자아를 집단적인 '우리'와 혼합하기에 이른다.

> 석회석으로 바위를 닮고 싶어하는 연체동물이나 방파제처럼
> 바닷가에 머무는 것은
> 좋지 않다.
> 사람들의 위대한 심장이 맥박 치는 움직임 가운데
> 흘러내려 사라지는 행복으로
> 가득 찬 것은 순수하고 차분하다.

또한 1944년에는 지역에 기반을 둔 독립적인 새로운 잡지 〈종탑〉—이에 맞서 문화배급국(Dirección General de Difusión Cultural)의 잡지 〈이스파니카〉(*Hispánica*)가 나타났다—이 나타났는데, 조금 뒤 '사회적'이라고 불리기 시작할 시인들에 의해 주도된 이 문예지의 출현은 도피주의적인 〈가르실라소〉적 경향에 대한 분명한 도전이었다. 〈종탑〉의 중심이 되는 시인은 빅토리아노 크레메르(Victoriano Crémer)와 에우헤니오 데 노라(Eugenio de Nora)였다. 이들의 작품은 공허

하고 수사적인 형식주의에서 탈피하려는 열망을 가진 것으로 여러 번에 걸쳐 전율주의적이고 실존주의적인 극단에 빠졌다가 서서히 스스로를 정화해나갔다. 이러한 시는 크레메르에 의하면, "사람들과의 소통"에 다름 아니었고, 노라에 의하면, "의식을 창조하는 것"이었다(cf. VI. 2A).

그러나 이미 언급했던 문예지 〈인술라〉(프랑코체제의 문화적 통일성에 중요한 균열을 의미한다)가 출간되기 시작하던 해이자 어느 전쟁 심의회가 그 지도부를 판단, 처벌하기 정확하게 열두 달 전인 1946년 12월에 비밀조직인 대학생연합(Federación Universitaria de Estudiantes: FUE)이 익명의 장시(長詩)인 《포로된 민중》(*Pueblo cautivo*)을 간행했는데, 이는 은밀하면서도 대단히 강력하게 진행되었다. 이 작품은 정치적인 시이지만 1950년대에 발전하게 될 사회시의 내용과 형식에 일치하는 — 거친 검열에 의한 제한 없이 — 몇몇 특징들을 가지고 있었다.

그렇다. 시인은 자신의 신성한 명령을 잘 알고 있다.
진실을 제공하고 모든 것을 판단하는 것.
누가 질서와 규범, 그리고 혼란을 밤새 지켜낼 것인가?
힘은 신비로운 것이다. 누가 그 말을 할 것인가?
……
어쩌면 나는 그렇게 하지 않는다: 끊임없는
주검의 도시들 — 바다호스, 사라고사, 게르니카 … —
무덤으로 수놓아진 스페인의 길들
어두운 감옥들과 가장 외로운 어머니들,
사람들이 침 뱉는 조국의 모든 존재가
내게 말한다. 끝까지 버티라고.
만일 인간의 미덕이

사랑하고, 잊고, 용서하는 것이라면, 무시하라.
인간됨이 별 볼일 없는 때가 왔다.

이들이 상속받은 것은 비극이었고 그 무게는 넌더리날 정도였다. 그러나 희망이 존재했다.

우리는 도랑에서, 돌 부스러기들 사이에서, 그리고 녹슨 철책 아래
죽은 남자들, 아이들, 자매들,
우리 모든 사자(死者)들의 뒤를 잇습니다.
우리는 우리 슬픈 산 자들의 뒤를,
아름다운 산에서 아직 자유로운 짐승들의 삶 같은,
또는 혹 탄환도 경멸하는 노예 같은,
우리 어두운 삶을 잇습니다.

그러나 아닙니다, 동지들이여, 우리들은
언제나 젊은 대지의 본보기를 취할 겁니다.
죽음이 자양분을 공급한 비극의 봄,
그 몰골사나운 봄에서 우리는 꽃과 나무, 과실을 발견할 겁니다.
우리는 우리에게 필요한 것을 사랑하기 때문입니다.
우리는 배고파 텅 빈 곳에 빵을 원합니다.
우리는 모든 희락을 풀어 놓을 겁니다.
모든 심각하고 고통스러운 빈자리에
아이들과 소녀들의 미소가 꽃필 겁니다.

그리고 탄환과 장미꽃도 자기 자리를 갖도록
비옥한 대지에 씨앗을
메마른 가슴에 탄알을.

그리고 새로운 시의 물결은 모든 곳을 공격하기 시작하여, 나중에

가브리엘 셀라야(Gabriel Celaya)는 "시는 미래를 장전한 무기"라고 말했다. 1947년에 셀라야 자신과 호세 이에로(José Hierro)는 각각 《차분히 말하며》(*Tranquilamente hablando*)와 《우리들 없는 대지》(*Tierra sin nosotros*)를 출판하였다. 1950년과 1951년에 블라스 데 오테로(Blas de Otero)는 자신의 종교적 기원으로부터 방향을 바꾸기 시작하여 《잔인하게 인간적인 천사》(*Ángel fieramente humano*)와 《양심의 반복》(*Redoble de conciencia*)처럼 제목에서부터 내용이 분명하게 드러나는 시집들이 등장하였다. 그리고 블라스 데 오테로의 새로운 신앙고백도 나타났다.

> 결국 나는 인간을 위해 노래할 겁니다.
> ……
> 그대들은 이제 신의 갈망으로 위장한
> 야수이기를 그만두시오. 사람이 된 것으로 충분하니까.

1947년에 호세 루이스 이달고(José Luis Hidalgo)의 유작인 《사자(死者)들》(*Los muertos*)이 출판됐는데, 강박적으로 음산하고 비극적인 이 작품은 기독교적 실존주의 타입의 가장 폐쇄적인 주관주의를 향한 퇴보에 있는 것이 분명한 작품이었다.

결국 1952년에 《젊은 스페인 시선집》(*Antología consultada de la joven poesía española*)이 출간되었다. 9명의 시인들의 작품과 그들의 이론적 견해가 수록된 이 시선집에는 새로운 현실이 대단히 명료하게 드러나 있는데, 그것은 주관주의적인 서정시가 객관적이고 집단적인 시에 의해 굴종적으로 대체되었다는 것이다. 여기서는 그 시인들 중 2명이 한 말을 인용하는 것으로 충분할 것인데, 셀라야는 "시는 다른 기능도 있지만 세상을 변화시키는 일종의 도구이다"라고 말했고, 이에로는 "우리 시대의 기호는 집단적이고 사회적이다. 오늘날처럼 시인이 그토록 소설가적이었던 때가 없었는데 … 아마도 오늘날의 시는 서사시가 되어야 할 것이다"라고 했다. 차분하면서도 강력한 안토니오 마차도의 목소리가 울려 퍼졌는데, 그는 이미 1931년에 다음과 같이 썼다(위에서 인용된 글이다).

> 여러분, 내일 한편으로는 '객관성'으로, 그리고 또 다른 한편으로는 '형제애'로의 복귀 — 해 아래 완전히 새 것이 없습니다 — 가 가능할 겁니다.

이렇게 새로운 시의 흐름에서 코르도바의 '칸티코' 그룹과 세비야의 '라 트린체라' 그룹 그리고 매우 각별하게 미겔 라보르데타(Miguel Labordeta)를 기억해야 하는데, 이에 대해서는 나중(VI. 2A)에 다룰 것이다.

1B. 영웅주의에서 셀라(Cela)를 거쳐 무(無)로. 산문

"소설가들은 1936년 이전의 비판적 리얼리즘과 단절되었다", "《파스쿠알 두아르테 가족》(1942)에서 카밀로 호세 셀라(Camilo José Cela)에 의해 시작된 몇몇 예외를 제외하곤 평범한 작품들이 반복출현하거나 출판되지 않았다" 등이 내전 직후부터 1950년대 초까지 출간된 스페인 소설에 대한 최초의 정의들이었다. 삶의 공허함, 지역주의, 시대착오적이고 부적절한 소설형식 등이 당대의 특징이었는데, 동시에 파괴적인 검열에도 불구하고 이 시대의 문학은 새로운 리얼리즘을 향해 아주 서서히 나아가고 있었다. 이러한 변화는 더 젊은 작가들(내전 참전자들의 아들 세대)이 부각되었을 때 가속도를 내었다. 1950년대 중반 즈음에는 문학의 해빙기가 찾아왔고 사회적인 가치를 추구하는 내러티브들이 쇄도했다. 그리하여 '코스모폴리탄'적인 외국 소설들이 많이 번역되어 내전 이후의 스페인 독자들에게 제공되었는데, 이때 번역된 작가들 중 비키 바움(Vicky Baum),[13] 서머셋 모옴(Somerset Maugham),[14] 루이 브롬필드(Louis Bromfield),[15] 올도스 헉슬리(Aldous Huxley)[16] 등이 대표적이었다.

리카르도 레온(Ricardo León: 1943년 사망)이나 콘차 에스피나(Concha Espina: 1955년 사망)처럼 이전 시대에 속한 생존자들은 내전이 끝난 1939년 이후 내전 기간 중의 공화파 점령지역의 상황에 대한 '증언들'만을 제시했다. 이들은, 한 비평가가 지적했듯, 결코 부활할 것 같지 않은 문학적 고인(故人)들이었던 것이다(cf. V. 2F). 이러한 난국에서 벗어나고자 했던 유일한 이가 웬세슬라오 페르난데스 플로레스인데(cf. V. 2F) 그는 《정령의 숲》(*El bosque animado*, 1943)을 썼을 뿐 아니라, 《투우, 투우사 그리고 고양이》(*El toro, el torero y el gato*, 1946)와 《펠레그린 시스템》(*El sistema Pelegrín*, 1949) 등 이른바 국가적 축제라고 불리는 투우와 전후의 특징이 된 대중적 볼거리인 축구에 대한 풍자적인 작품들을 집필했다. 망명지에서 귀국해 1954년부터 스페인에 머물렀던 라몬 페레스 데 아얄라(Ramón Pérez

---

13) 〔역주〕 오스트리아 출신 여류소설가(1888~1960). 그녀에게 국제적 명성을 안겨 준 《호텔의 사람들》(*Menschen im Hotel*)은 할리우드에 의해 그레타 가르보가 주연한 〈그랜드 호텔〉이란 제목의 영화로 만들어지기도 했다.

14) 〔역주〕 프랑스에서 태어나 프랑스에서 사망한 영국 소설가이자 극작가(1874~1965). 1930년대 가장 인기 있는 작가 중의 하나였다.

15) 〔역주〕 미국 소설가(1896~1956). 초기작 《초가을》(*Early Autumn*, 1926)로 퓰리처상을 수상했다.

16) 〔역주〕 영국 소설가(1894~1963). 영국의 유명 생물학자 토마스 헉슬리의 손자이자 《멋진 신세계》의 작가로 유명하다.

de Ayala: 1962년 사망, cf. V. 1A)는 소설가로서는 일관된 침묵 속에 있었다. 98세대 구성원들 중에서는 피오 바로하(1956년 사망)와 아소린(1967년 사망)이, 개인적인 여러 우여곡절 끝에, '새로운 스페인' 건설에 참여하였다(cf. IV. 3A). 비록 여러 편의 장편과 단편들을 출판했지만 피오 바로하의 작품세계는 실질적으로는 고갈된 것이나 다름없었다. 그의 마지막 작품들은 유대인들과 자본가들, 볼셰비키 당원들에 대한 암시와 회피로 가득 찬 것으로, 세간의 평들이 그러하듯, 마치 작가 자신에 대한 능숙한 모방자가 집필한 듯했다. 그렇기 때문에 1944년부터 시작된 그의 《회고록》(*Memorias*)은 작가의 사상에 대한 별 볼일 없는 요약에 불과한데, 여기서 바로하의 사상은 모순적이고, 의도적으로 혼란스럽게 하며, 공격적이면서도 분노에 찬 것이었다. 바로하보다는 사회생활에 덜 회피적인 아소린은 활동적으로 신문에 기고했는데, 문학적인 주제를 다루었을 뿐 아니라 프랑코 체제를 찬양하는 글도 실었다. 전후 아소린의 소설들은 그 유명한 탈역사적 미덕을 견지했다. 그런데 디오니시오 리드루에호(Dionisio Ridruejo)에게 바치는 《작가》(*El escritor*, 1941)는 예외로서 유명한데, 이 작품에서 아소린은 자신이 왜 팔랑헤주의[17]를 받아들여 수용했는가를 명쾌하게 해명하고 있다.

> "젊은이들이여, 내가 사는 석양의 지대에서 나는 그대들의 청년기라는 정오의 지대로 나온다. … 그대들은 가장 고결한 목적에 의해 고무되고 일을 할 용기를 지니라. 창조적인 패기를 의지하라. 선입견에서 벗어나 주저함 없이 나아오라. … 그대들 자신이 행동이다. … 그대들은 지금처럼 항상 고결하고 존엄할 지어다. … 젊은이들이여, 두 발

17) 〔역주〕 정당의 폐지와 스페인의 종교적 전통에 대한 공식적 보호를 기치로 한 국가주의적 경향의 정치·사회운동.

> 로 일어서자 스페인이여!" 모든 이들이 두 발로 일어서 팔을 펴고 손을 벌린 채 외쳤다. "일어서자 스페인이여!"라고.

적어도 1939년에서 1949년 사이의 10년 동안에는 프랑코파 참전자들과 더 젊은 세대의 작가들이 소설을 통해 문학시장을 공격했다. 프랑코 장군 자신도 이미 1940년에 하이메 데 안드라데(Jaime de Andrade)라는 가명으로 제목부터가 참으로 매력적인 《혈통》(*Raza*)이라는 소설을 출간했음을 잊어서는 안 된다. 국가적 노동조합체제(*Régimen Nacional-Sindicalista*)의 하부계층으로 내려오면서 팔랑헤당은 전직 장관들, 대사들, 학술원 회원들에서부터 경찰요원들을 거쳐 청색사단(División Azul)의 의용군들과 평범한 군인들에 이르기까지 소설에 관심을 기울였다. 이러한 부류의 소설에서 첫 번째 그룹은 체제에 대한 직접적인 선전, 그리고 내전과 공화파가 점령했던 역겨운 시절에 대한 기억을 되살리려고 노력했는데, 적지 않게 세계대전에 대한 언급도 빠뜨리지 않았다.

아마도 이러한 부류 중 가장 왕성한 활동을 한 이는 호세 안토니오 히메네스 아르나우(José Antonio Giménez Arnau)일 텐데, 그는 1940년 유럽에서 나치즘과 파시즘이 팽배했던 영웅적 시기에 대한 일간지류의 보고서인 《지크프리트 라인》(*Línea Siegfried*)[18]으로 포문을 열었다. 《다리》(*El puente*, 1941)에는 강(江) — 내전 — 에 의해 분리되는 공화파와 프랑코파라는 상징적인 두 강변이 등장하는데, 이 강변들은 또 다시 상징적인 방식으로 "사람들이 질서와 정의를 향해 가도록 하는 다리 역할을 하는 우리들"에 의해 — 작가의 이러한 설명방식은 오히려 이해하기 어렵다 — 합쳐지고 있다. 《도둑의 동굴》(*La cueva de ladrones*, 1949)에서 히메네스 아르나우는 자신의 팔랑헤적인 순수

18) 〔역주〕 제2차 세계대전 전에 독일이 만든 서부 전선.

함의 시각으로 이른바 "기아의 시대"라고 불리는 기간 동안의 전후 신흥부자들의 부도덕함에 대해 신랄하게 공격하였는데, 흥미로우면서 이제는 향수가 되어버린 역사적 언쟁의 방식을 사용하였다. 《야누스의 딸》(*La hija de Jano*, 1946)과 《방울새의 노래》(*La canción del jilguero*, 1947)는 대단히 인위적이면서 복잡한 문제를 가지고 있다. 이들 작품에서 회피적 이상주의는 이미 어쩔 수 없는 방식으로 부상하고 있는데, 후자에서는 다른 작가들에서처럼 나치의 패배와 그러한 이상주의를 일치시키고 있다. 《긴 바지》(*De pantalón largo*, 1952)와 《보름달》(*Luna llena*, 1953)은 유년기와 소년기에 대한 일종의 추억을 담은 작품으로 극단적으로 통속적이며 심리화된 소설이다. 이 작품들에서는 더욱더 부르주아적이고 중산층의 가치에 경도된 작가의 고전주의가 투명하게 드러나 있다. 히메네스 아르나우는 《수탉의 노래》(*El canto del gallo*, 1954)에서 배교자 신부들 그리고 대체로 프롤레타리아적인 독재와 함께 냉전시대의 특징인 "소비에트에 대한 공포"라는 주제를 사용하였다. 또한 그는 《약속의 땅》(*La tierra prometida*, 1958)에서 공화파의 망명이라는 대주제에 접근하려 하였으나 이는 완전히 실패한 의도가 되어버렸다.

1942년 호세 마리아 알파로(José María Alfaro: 1906년생)는 《레온시오 판코르보》(*Leoncio Pancorbo*)를 출판하였는데, 이 작품은 라파엘 가르시아 세라노의 《에우헤니오》(*Eugenio*, cf. V. 2F)와 같은 이상적이고 열정적인 팔랑헤 영웅을 다룬 작품이었다. 라파엘 가르시아 세라노(Rafael García Serrano: 1917~1988)는 《충성된 보병부대》(*La fiel infantería*, 1943)와 《성(城)의 광장》(*Plaza del Castillo*, 1951)으로 작품활동을 계속했는데, 이 작품들에서는 다른 작품들에서보다 더 전쟁의 영혼을 열정적으로 찬양하고 있다. 이 두 작품은 전승자들의 애국적 폭력과 절대적인 비타협 파벌에 대한 거친 예찬이다. 가르시아 세라노는 자신의 의도를 다음과 같이 명약관화하게 설명하였다. "나는 군대에서 복무하듯 문학을 통해서 일한다. 똑같은 강도와 목적을 가지고 말이다. 그와 다른 것은 어떤 것이든 내게는 일종의 배신행위 같을 것이다." 이는, 예를 들면, 《충성된 보병부대》에 표현된 사상과 일치하는데, 이 작품에는 "우리는 즐거운 관광으로 무장하고 스페인을 다녔다. 관광은 분명 스페인에 필요한 것인데…"와 같은 표현이 발견된다. 그것은, 작가 자신이 숨기지 않고 있듯, 주변에 시체들이 늘어선 배수구들이 있던 불길한 관광으로 "우리 스페인인들이 총탄을 멋진 대화처럼 받아들이기로 결심했던 그 아침"에 일어났던 일에 의거한 것이었다.

또 다른 다작가(多作家)인 토마스 살바도르(Tomás Salvador: 1921~1984)는 1950년대 10년 동안 12권의 책을 썼는데, 그 역시 균형 잡히지 않은 작가였다. 그는 전반적으로 초보적이면서도 통속적이었고, 다루었던 모든 문제에서 일종의 거친 사실주의를 보였다. 《어둠 속의 대화》(*Diálogos en la oscuridad*, 1956)에서 그는 애정 어린 궤변과 심리학을 다루었고 《게으름뱅이》(*El haragán*, 1956)에서는 무기력하고 따분한 삶을, 《가림포》(*Garimpo*, 1952)와 《방향전환》(*La virada*, 1954)에서는 모험을, 《웅덩이》(*El charco*, 1953)와 《소매치기들》(*Los atracadores*, 1957)에서는 범죄를, 《탕헤르 호텔》(*Hotel Tánger*, 1955)에서는 세계주의를, 《250사단》(*División 250*, 1954)에서는 청색사단의 영웅성을, 《죄수의 밧줄》(*Cuerda de presos*, 1953)과 《기다란 곶》(*Cabo de vara*, 1958)에서는 감옥에 대해 다루었다. 칠레에서 프랑키즘을 선전하던 호세 마리아 소우비론(José María Souvirón: 1904~1973)은 바르셀로나에서 《무용과 눈물》(*La danza y el llanto*, 1952)을 발표했는데, 이는 내전 이전의 스페인을 무대로 말라가[19]에 있는 예수회 학교에 다녔던 옛 학생들의 삶에 대한 소설과 사실을 배합한 작품으로 당파적인 만큼이나 왜곡된 연대기이다. 호세 루이스 카스티요 푸체(José Luis Castillo Puche: 1919~2004)는 자칭 음산하고 비관적인 리얼리즘이라는 것을 과다하게 사용한다. '불행한 스페인'(*España Negra*)[20]에 대한 낡은 상투적 문구들에 뿌리내리고 바로크적 이데올로기를 지닌 그는 전율주의에 대한 지나친 왜곡에 빠졌는데, 가장 전통적이고 가톨릭 도덕적인 이러한 이데올로기는 모든 생동적인 것에 대한 파괴적 이데올로기로서 그 안에는 많은 팔랑헤 참전자들의 특징이기도 한 환멸이 존재하였다. 예를 들어, 1940년대를 통틀어 유일하게 국가주의의 억압이라는 주제를 다룬 유일한 소설인 《복수자》(*El vengador*, 1956)에는 다음과 같은 구절이 있다.

> 전쟁에서 이긴 자들만이 환멸과 무방비가 어떤 것인지를 분명히 안다. … 왜 전쟁들은 그토록 멍청하고 평화롭게 끝나며 또 다른 전쟁을 시작함으로써 종결되지 않는지 이해하지 못하게 된다.

《어깨에 죽음을 이고》(*Con la muerte al hombro*, 1954), 《길 없이》(*Sin camino*, 1956), 그리고 《그들은 가담했다》(*Hicieron partes*, 1957) 등은 카스티요 푸체가 쓴 동류(同類)의 작품들이다. 에밀리오 로메로(Emilio Romero: 1917년생)와 그의 두 소설 《결코 평화는 시작하지 않는다》(*La paz empieza nunca*, 1957)와 《부랑자가 지나쳐 가다》(*El vagabundo pasa de largo*, 1959)를 언급함으로써 팔랑헤파 소설가들에 대한 완전하지 않은 이러한 명단을 접어야 하는데, 이 소설들은 당시의 스페인에 대한 이데올로기화되고 왜곡된 모습을 그려냈다.

두 번째 부류의 팔랑헤 작가들은 — 드문 예외를 제외하곤 — 이미

---

19) 〔역주〕 스페인 남부의 항구도시.

20) 〔역주〕 스페인 내전 이후의 암울했던 시기.

앞에서 살펴본 바와 같이 가르실라소파 시인들에 의한 방식과 유사하게(cf. VI. 1A) 의식적으로 내전과 그 결과에 대해 잊고 싶어하는 이들로 구성돼 있다. 1939년에 이미 전쟁에 대한 진정한 소설〔《6킬로미터 지점이 점령되었다(*Se ha ocupado el Km. 6*)〕을 출간한 바 있는 세실리오 베니테스 데 카스트로(Cecilio Benítez de Castro: 1917년생)는 연이어서 《인물들의 반항》(*La rebelión de los personajes*, 1940)과 《창조자》(*El creador*, 1940)를 씀으로써 완전한 문학적 유희에 빠져들었는데, 이 작품들은 문학 속에 문학을 다룬 것으로 피란델로와 우나무노 사이의 문제들에 대한 반복이었다. 이러한 작품들이 출간되었을 때 성공을 거둔 것은 기이한 현상이 아닌데, 예를 들면, 《창조자》에서는 회피주의에 대한 진정한 선언이 발견된다. "우리는 기꺼이 꿈의 세계에 들어갈 수 있다. 아무것도 그렇게 하는 것을 금지하지 않는다.…" 물론 죽은 자들조차도 그런 것을 금지하지 않는다. 《네 번째 범선》(*Cuarto galeón*, 1941)은 스페인 왕위계승전쟁 기간 중의 초기 몇 년 동안을 역사적으로 재구성하려고 한 작품이다. 《말레니》(*Maleni*, 1940)는 어느 비평가에 의해 "사랑스러운 아이러니"라고 평가받은 작품인데, 섬세하고 재치 있으며 친절한 바르셀로나의 부르주아를 탐구한 것이다. 눈부신 성공을 거두었다가 오늘날에는 완전히 잊힌 또 다른 작가로 페드로 알바레스(Pedro Álvarez: 1909년생)가 있는데, 그는 1939년 전쟁소설에 대한 베르티세(Vértice) 출판사의 현상공모에 당선되었다〔V. 2F에서 언급한 대로 《백 마리의 쥐당 한 번의 허가(*Cada cien ratas un permiso*)로 당선되었다〕. 그의 이후 소설들인 《생선 광주리》(*Nasa*, 1942)와 《산 마르코스의 학생들》(*Los colegiales de San Marcos*, 1944)은 더욱 특징적인데, 바예-잉클란의 요소들과 98세대의 요소들을 혼합하고, 철저하게 거짓된 학생들의 가상적인 삶에 대한 완전히 통속적인 소재와 돈키호테적인 부활을 수반함으로써 기이하게도 네오피카레스크적인 의도를 한 소설을 구성하였다. 무엇보다도 스페인 팔랑헤당의 당원증 번호 4번인 라파엘 산체스 마사스(Rafael Sánchez Mazas: 1894~1966)는 1951년 《페드리토 데 안디아의 새로운 삶》(*La vida nueva de Pedrito de Andía*)을 출간했는데, 이 작품은 대단히 효과적인 표현과 적절하게 엄격한 형식을 가진, 관습적이고 시적인 소설로서 이른바 "관조적인 정지상태"라는 것의 범위 안에 존재한다. 한편 이 작품은 당시에 '가톨릭 소설'의 존재와 가능성에 대해 굉장한 논쟁의 장을 연 작품이었다. 아무튼 이 작품은 세상물정 모르는 도련님인 어느 소년의 삶에 대한 흔해빠진 이야기이다. 다른 많은 팔랑헤파 작가들에서처럼 산체스 마사스에서는 부르주아적 향수에 대한 각별한 관심과 감상적이고 평이한 삶에 대한 애정이 분명히 드러나는데, 이는 그러한 작가들이 태어날 때부터 속해 있던 세상에 대한 자서전적인 청산인 것이다. 이런 식의 서술을 추종하는 페드로 데 로렌소(Pedro de Lorenzo: 1917년생) 역시도 팔랑헤주의자였다. 그는, 어느 평론가가 말한 바에 의하면, 회피적인 소설가였는데 1943년 《다섯 번째 고독》(*La quinta soledad*)에서 시작하여 《잃어버린 갈증》(*La sed perdida*, 1947), 그리고 1952년 시작된 《불만자들》(*Los descontentos*) 시리즈가 그의 작품들이다.

곤살로 토렌테 바예스테르(Gonzalo Torrente Ballester: 1910~1999)에 대해서는 전쟁에 대한 국가주의적 연극을 언급할 때 좀 다루었다 (cf. V. 2F). 그는 팔랑헤 동지들의 문학적인 평범함과는 달리 훨씬 더 높이 평가된다. 토렌테 바예스테르는 이 황량하고 기계적인 소설계 내에서 진정한 주요 인물인 것이다. 그는 진정한 창조자이자 지성인이며 주변의 삶에 대한 날카로운 관찰자였다. 그의 첫 소설인 《하비에르 마리뇨》(*Javier Mariño*, 1943)는 내전과 그 문제점들에 대해 언급하는 유일한 작품인데, 파리라는 대도시적 관점에서 관찰된 것이다. '전향에 대한 이야기'라는 부제(副題)는 '국가적인' 일에 대해 회의적이었던 어느 젊은이의 개심(改心)에 대해 예고하는데, 그가 세련되고 젊은 귀족인 공산주의 아가씨를 사랑했다는 사실을 알게 된다면 여기서의 전향은 얼핏 보기보다 훨씬 더 복잡한 것이 된다. '변증법적인' 대치는 그만큼 조악한—조악함을 인정하는 것이 필요하다—것을 제외하면 이렇듯 분명하다. 주인공이 말한 것을 보도록 하자.

> 너는 혁명이고, 모든 세상 위에 펼쳐질 듯한 붉은 여명이야. 온 세상을 끌고 다닌 다음 잿더미 위에 대단한 구조물을 세울 여명이지. 그리고 나는… 내가 무엇이길 원하니? 부르주아? 파시즘? 반혁명? 나는 야유하며 너희들을 쓰러뜨리러 나오는, 너희들의 길에 서 있는 반동이지.

그리고 다음은 그 공산주의자 귀족 처녀의 대답이다.

> 조롱은 우리에게 중요하지 않아. 우리는 조롱도 넘어설 테니까. 너는 우리를 붙잡을 수 없어. 그 누구도 우리를 말릴 수 없지. 수백 년 동안 쌓여온 증오가 우리를 고무시키니까. … 모든 노예들, 배고픈 이들, 업신여겨지던 이들, 그리고 상처받은 이들이 우리와 함께 하고 있어. … 우린 너희들의 세상을 끝장내버릴 거야. 그리고 그 폐허 위에 우리의 정의를 세울 거야. … 그리고 그렇게 하기 위해 우리 심장을 끄집어내야 한다면 그렇게 할 거고, 사랑했던 많은 것들이 부서져 영원히 사라져버린다면 그렇게 되도록 내버려 둘 거야. 혁명은 냉담하고 용서하지 않는 것이니까.

어쨌든 주인공의 마지막 동기는 지나치게 복잡하지 않고 순수하게 고전적인데, 그것은 "프롤레타리아 혁명의 모든 적들이 파시스트였다면, 의심의 여지없이 그도 적이었다"라는 그의 기본적인 선언에 드러나 있다.

1946년 토렌테 바예스테르는 《과달루페 리몬의 쿠데타》(*El golpe de estado de Guadalupe Limón*)를 출간했는데, 이는 아이러니의 세계로 독자를 이끌었던 바예-잉클란의 《폭군 반데라스》(*Tirano Banderas*)가 가지고 있던 것과 유사한 주제의 작품이었다. 이 작품에서는 나이 들고 열광적인 팔랑헤주의자의 입장에서 바라 본 정치적 회피주의가 보이는데, 이는 '식자(識者)들을 위한 재미있는 이야기'로 정치에서 근엄하고 보여주기 위한 것을 비평적으로 조롱한 《이피게니아》(*Ifigenia*, 1950)에서도 그랬다. 내전 기간 동안 토렌테 바예스테르 자신이 했던 연극에 대한 파시스트적 이론화를 기억한다면(cf. V. 2F) 그의 이데올로기적 위기라고 부를 수 있을 갈등을 발견할 수 있을 것이다. 토렌테 바예스테르의 최고 야심작은 3부작으로 된 《환희와 그림자: 그분이 오다》(*Los gozos y las sombras: El señor llega*, 1957)와 《바람이 돌아가는 곳》(*Donde da la vuelta el aire*, 1960), 《슬픈 성탄절》(*La pascua triste*, 1962)이다. 이는 갈리시아의 영주급에 해당하는 이와 야비한 평민 자본가라는 인물을 중심으로 한 수준 높고 창작력 있는 작품이었지만 그 의도는 애매모호하고 혼돈스러웠다. 사람들이 말하는 대로 이 작품들의 기저에는 권력을 위해 개인적인 것 이상의 투쟁을 하는 것으로 엮여진 인간관계의 유희가 다루어져 있다. 그럼에도 불구하고, 공화파의 점령하에 있던 갈리시아 지방에서의 사건은 전후 시대에 대한 많은 함의를 가지고 있다. 실제로 이상주의는 사라졌고 이제 모든 것은 낮은 목소리로—이따금씩의 도피에도 불구하고—폐쇄적인 분위기 내에서 움직여진다. 이렇듯 폐쇄적인 분위기는 19세기에 파르도 바산에 의해 반영되었던 갈리시아를 추억하게 한다.

루이스 로메로(Luis Romero: 1916년생)는 1952년 이후 대체로 (비록 연재소설을 쓰기도 했지만) 사실주의적인 소설을 쓰는 작가이다.

《양수기(揚水機)》(*La noria*, 1952)와 《타인들》(*Los otros*, 1956) 같은 작품은 이미 명확하게 그를 사회적 리얼리즘이라는 거대한 문학적 흐름에 근접시켰는데, 이후 사회적 리얼리즘은 더 급진적인 젊은 작가들, 즉 내전에 참전하지 않은 세대에 의해 발전하게 되었다. 《양수기》는 1950년의 바르셀로나를 반영하는 소설인데, 불만족스럽고 좌절에 빠져 있으며 완전히 실패한 상태의 도덕적으로 피폐한 인물들로 인해 여러 모로 셀라의 《벌집》(*La colmena*, cf. 이후에 언급될 것이다)에 비유될 만한 작품이었다. 소설적 흥미를 자극하는 《타인들》은 당대 바르셀로나 사람들의 삶에서 크게 벗어나지 않은 주제를 다루고 있는데, 그곳에는 무정부주의의 잔존자들과 절망에 빠진 소매치기들, 공식적으로는 단순한 떼강도로 위장되었지만 정치적 테러행위를 주도했던 이들이 생존해 있다. 루이스 로메로가 처음의 팔랑헤 행적으로부터 거리를 둔 것은 수년이 지나서 나온 연대기 형식의 글에서 분명해지는데 《칠월의 사흘》(*Tres días de julio*, 1967)이란 제목의 이 글은 1936년 '국가주의자들의' 반란 초기에 일어났던 사건들을 불편부당하면서도 객관적이고 품위 있게 반영하고 있다.

팔랑헤주의와는 별도로 1939년 이후에도 주목할 만한 일련의 작가들이 출현했는데, 이들은 단순히 중류계급의 문학적 대변자들이라고 평가될 수 있을 것이다. 이들은 대체로 좌절된 중류계급의 불안정과 비참함 또는 희망을 대변하였고 그들의 앙상한 도피주의에 대해서도 글을 썼다. 이러한 도피주의 차원에서 매우 다른 3명의 작가들을 언급할 만하다. 바르톨로메 솔레르(Bartolomé Soler: 1894년생)는 이미 1936년 이전부터 알려진 작가로서 《감금된 인생》(*La vida encadenada*, 1945) 같은 사실주의풍의 작품들이나 《파타팔로》(*Patapalo*, 1949) 같은 네오피카레스크 소설류의 작품도 있지만, 파타고니아를 배경으로 한 《카루-킨카》(*Karú-Kinká*, 1946), 칠레를 다룬 《죽은 평원》(*La llanura *muerta*, 1947), 아프리카를 배경으로 한 《밀림의 굴복》(*La selva humillada*, 1952) 등 이국취향의 소설 전문가였다. 변덕스럽고 산만한 알레한드로 누녜스 알론소(Alejandro Núñez Alonso: 1907~1982)는 멕시코에서 20년을 머무른 후에 1954년 단 한 명의 주인공이 최후의 독백을 하는 《수은 방울》(*La gota de mercurio*)을 시작으로 스페인에서 문학활동을 시작했다. 이후 그는 《자줏빛 매듭》(*El lazo de púrpura*, 1956), 《다마스커스의 사나이》(*El hombre de Damasco*, 1958), 《은화(銀貨)》(*El denario de plata*, 1960) 등 로마세계를 소설로 재건하는 작품들을 발표하였는데, 이러한 유의 소설이 그의 진정한 소명인 듯하다. 갈리시아 출신의 알바로 쿤케이로(Álvaro Cunqueiro: 1911~1981)는 사실적이고 경이로운 것이라고 부를 수 있을 놀라운 소설들(사실적인 요소보다 경이로운 요소가 더 많은)의 저자이다. 비록 내전 기간(이 기간에 그는 국가주의에 대한 확고한 시적 찬양자였다) 동안 성(姓)을 스페인어로 했음에도 불구하고 그는 갈리시아어로 글을 쓴 작가였는데, 이후 그 작품들을 자기 자신이 제국의 언어[21]로 번역하였다. 그의 작품으로는 《메를린과 가족》(*Merlín y familia*, 1957), 《성가 지휘자 연대기》(*Las crónicas del sochantre*, 1959), 《율리시즈의 청년기》(*Las mocedades de Ulises*, 1960) 등이 있다. 쿤케이로는 자기 소설의 과제와 세상에 대한 생각을 "파괴작업에 종지부를 찍고 창조하고 꿈꾸면서 이를 복원하는 것이 시급하다. 그것은 분명하다"라는 말로 요약하였다.

여기서 언급하는 시기 동안 단명(短命)했지만 대단한 성공을 거둔 유행은 한편으로는 전율주의(셀라의 《파스쿠알 두아르테 가족》으로 인해 생성된 부산물이었다)를, 그리고 다른 한편으로는 통속화하고 기본

---

21) 〔역주〕 스페인어를 의미.

적인 '실존주의' — 유럽 실존주의가 스페인화된 것 — 를 당대의 소설에 합류시킨 것이었다. 이런 성향의 작가로 마누엘 산체스 카마르고(Manuel Sánchez Camargo: 1911년생)가 추억될 수 있다. 예술비평가이자 〈엘 알카사르〉(*El Alcázar*)지의 기자였던 그는 1948년 《우리는 시체(광인 바실리오의 이야기)》〔*Nosotros los muertos*(*relatos del loco Basilio*)〕를 출간했는데, 이 작품에서는 잔인하리만큼 사실적인 산문가이자 화가로서 솔라나의 작품들이 애써 자명한 방식으로 투명하게 드러났다. 또 다른 '실존주의자들'은 〈엘 에스파뇰〉(*El español*)지의 연재소설이었던 《실패자》(*El malogrado*, 1943)와 《나는 모른다》(*No sé*)의 저자인 에우세비오 가르시아 루엔고(Eusebio García Luengo: 1910~2004)와 의사이자 〈야〉(*Ya*)지의 부편집장인 마누엘 폼보 앙굴로(Manuel Pombo Angulo: 1912년생)였다. 마누엘 폼보 앙굴로는 난해하게 글을 쓰는 연재소설 작가였는데 《젊음은 돌아오지 않는다》(*La juventud no vuelve*, 1945)와 《조국 없이》(*Sin patria*, 1949) 같은 작품에서는 세계대전의 면모들을 소설화했고, 《강가에서》(*En la orilla*, 1946)에서는 그리운 과거를 시(詩)처럼 다루었으며, 연재소설이었던 《그늘진 계곡》(*Valle sombrío*, 1951)에서는 말도 못하게 가식적인 방법으로 내전 이전의 프롤레타리아를 소설화했고, 《쓴 물》(*El agua amarga*, 1952)과 《그늘 없는 태양》(*Sol sin sombra*, 1954)에서는 19세기 말의 생활을 다루었다. 또한 그는 스페인적인 방식으로 실존주의의 모범적인 특징을 보인 것으로 평가되는 《종합병원》(*Hospital general*, 1948)의 작가이기도 한데, 이 작품은 의사인 저자의 직업적 경험(질병, 고통, 죽음, 역사적인 성격을 고려하지 않은 가상적인 '인간조건')에 기초한 작품이다. 호세 수아레스 카레뇨(José Suárez Carreño: 1914~2002)는 당시에는 진정한 문학적 가치를 지닌 것으로 평가되었지만 오늘날에는 완전히 평가절하된 전형적인 작가이다. 그는 1943

년 아도나이스(Adonais) 시문학상을 수상했고 1949년에는 소설문학상인 나달(Nadal)상을, 1951년에는 희곡상인 로페 데 베가상을 수상했다. 당시에 '네오리얼리즘적'이고 '실존주의적'이라는 평가를 받았던 《최후의 시간》(*Las últimas horas*, 1950)은 빈약한 끼워 맞추기식 작품에 다름 아니다. 이 작품에는 전통적인 풍속주의가 연장되어 있고 도시의 빈곤층들에 대한 바로하식의 피카레스크주의가 있어 빈자와 부자로 구성된 마드리드, 비참하게 짓이겨진 마드리드, 오히려 세속적이라고 할 수 있는 부도덕하고 절망적인 어느 날 밤의 마드리드를 재창조하고 있다. 이 작품의 내용은 다음과 같은 '철학적' 구절을 인용하는 것으로 충분할 것이다.

> 인간은 저주받은 경험으로 가득 찬 노쇠하고 사악한 존재가 돼버렸다. 이제 사람들은 모든 걸 알고 그 때문에 아무것도 믿지 않는다. 믿지도 느끼지도 않는다. 진정한 감정은 심장을 통하지 않는 욕구와 콤플렉스에 의해 대체되었다. … 물질주의는 그저 하나의 이데올로기가 아니다. 그것은 인류의 상태인 것이다. 그래서 사랑은 결국 불가능하다. … 우리는 모든 것을 다시 시작해야 할 것이다. 인간의 영혼에 있는 경험과 시간을 지워야 할 것이다.

마지막으로 역시 수아레스 카레뇨의 작품인 《개인적인 소송》(*Proceso personal*, 1955)은 암거래상으로 변신하는 내전의 어느 '승리자'에 대한 이야기로서, 그의 부부간의 반목과 후회 그리고 결국에는 도덕적으로 경찰에 넘겨지는 내용을 담고 있다.

다리오 페르난데스 플로레스(Darío Fernández Flórez: 1909년생)는 분명 호세 수아레스 카레뇨와 유사한 면이 있다. 그가 대단한 성공을 거둔 작품은 그 시대의 성공작이라고 해야 할 《롤라, 어두운 거울》(*Lola, espejo oscuro*, 1950)인데 이는 한 창녀의 '비망록'을 다룬 것이다. 이 작품은 피할 수 없는 연재소설의 형식과 전율주의적 과장, 유사실존주의의 저 너머에서 1940년대 마드리드에서 벌어지는 삶과 투쟁에 대해 매우 구체적인 자료를 구성하고 있다. 승리자와 패배자, 신흥 부자들과 부르주아, 귀족들이 등장하는 이 작품은, 덤덤한 도덕적 무감함과 전통적인 교훈성 사이에서 갈등하면서, 표현적이고 직선적인 언어로 인간의 전면적인 영락(零落)에 대해 이야기하는 것이다. 롤라의 비망록은 그녀의 역사적 환경이라는 틀에 끼워져 세밀하게 진행된다. 내전이 시작될 때 열다섯 살이었던 주인공은 공화파의 동부 후방부대에서 있었던 일을 이야기한다. 잘 분배된 에로티즘, 내전과 전후의 풍속주의와 경제적 하강(下降)은 공식적으로는 깨끗하지만 위선적 도덕에 위장된 당시의 분위기 내에서 《롤라, 어두운 거울》이 성공한 것을 정당화까지는 아니라 하더라도, 설명은 해준다. 하지만, 마지막에 있는 '개인적인 에필로그'에서는 다음과 같은 일종의 흥미로운 도덕주의가 울려 퍼진다. "성경은 지금까지 쓰인 것 중 가장 열정적이고 반항적이며 또 가장 진정한 책이다.… 그리고 그리스도는 위선적이고 수사적이며 실용적인 현실에 대항한 투쟁에서 진리의 '총통'[22]이다." 다리오 페르난데스 플로레스는 또한 《대소동》(*Zarabanda*, 1944)의 저자이기도 한데, 이 작품은 에로티즘과 마지막의 도덕적인 언급에서 《롤라, 어두운 거울》의 분명한 선행작품이다. 그리고 《국경》(*Frontera*, 1953)도 그의 작품인데 스테레오타입화된 가짜 망명자들과 격앙된 전율주의로 된 이 작품은 눈 덮인 피레네 산맥에서 인육을 먹는 장면이 등장하기도 한다. 또한 《어느 도련님의 비망록》(*Memorias de un señorito*, 1956)은 작가 자신의 사상과 태도가 드러난 작품이다.

---

22) 〔역주〕 프랑코 장군이 총통(*caudillo*)으로 불린 것을 상기해야 한다.

리카르도 페르난데스 델 라 레게라(Ricardo Fernández de la Reguera: 1916~2000)의 경우는 좀 다르다. 의식적으로 자연주의적인 리얼리즘의 창시자였던 그는, 수아레스 카레뇨와 다리오 페르난데스 플로레스가 나름대로의 방식으로 그러했던 것처럼, 표현형식을 통제하고 전쟁과 '실존주의적' 조건에 초점 맞춘 주제를 고집했다. 그러나 그의 작품에 등장하는 전쟁은 비록 스페인 내전이긴 하지만 고립되어 전쟁 그 자체에 중심이 집중된 것이며 감정표현이 없어서 추상적이기까지 한 인간적 현상으로까지 고양된 것이었다. 실제로 이는 역사와는 무관한 회피주의적인 정화를 하는 섬세한 방식을 다룬 것으로, 반드시 스페인 내전일 필요 없이 그 어떤 전쟁에도 해당하는 것이다. 《표류하는 사람》(*Un hombre a la deriva*, 1947), 《내가 죽을 때》(*Cuando voy a morir*, 1950) 그리고 《쓰러진 육체》(*Cuerpo a tierra*, 1954) 등이 페르난데스 델 라 레게라의 가장 의미 있는 작품들이다.

진정으로 부르주아적인 소설들도 활기를 띠었는데, 이미 언급했듯, 이런 종류의 작품에서는 불안, 좌절, 퇴폐를 향해 가는 중산층의 변화를 이야기하고 있다. 세바스티안 후안 아르보(Sebastián Juan Arbó: 1902~1984)와 이그나시오 아구스티는 카탈루냐에서의 이러한 중산층 문제를 다루었다. 세바스티안 후안 아르보는 스스로가 "전원적이고 시적이며 시대와 상관없다"고 평가한 두 권의 소설 — 분명 19세기의 지역 소설적인 운치가 있었다 — 이외에 1949년에는 《회색 비문에 대해》(*Sobre las piedras grises*)를 출간했는데, 이 작품은 바르셀로나의 도시적 분위기에 연재소설적인 유사리얼리즘과 무정부주의풍을 가미한 것이었다. 이그나시오 아구스티(Ignacio Agustí: 1913~1974)는 더욱 의식적인데, 《이랑》(*Los surcos*, 1942)으로 전원적이고 이상적인 시도를 했던 그 역시 19세기부터 1936년까지의 카탈루냐 지방 중류계급의 삶을 소설화하는 일에 뛰어들었다. 그는, 팔랑헤당

소속에도 불구하고, 보수적 이데올로기를 옹호함과 동시에 일종의 '고전적 리얼리즘'을 재건하려 했다. 《재가 된 나무: 마리오나 레불》(*La ceniza fue árbol: Mariona Rebull*, 1944), 《홀아비 리우스》(*El viudo Ríus*, 1945), 《데시데리오》(*Desiderio*, 1957), 《7월 19일》(*19 de julio*, 1965) 등이 이러한 작품을 이루는데, 점차적으로 이야기의 힘과 표현력이 떨어졌다. 유사한 문제이지만 바르셀로나가 아닌 마드리드를 배경으로 한 작품이 라몬 레데스마 미란다(Ramón Ledesma Miranda: 1901년생)의 《알무데나》(*Almudena*, 1936, 이후 1944년에 재판)와 《명문가(名文家)》(*La casa de la fama*, 1951)이다. 1945년에 레데스마 미란다는 "품위 있는 작가"에 대한 자신의 생각을 다음과 같이 설명하였다.

> 작금의 작가들 대부분은 두 가지 사실을 모른다. 자기 작업의 이유와 그 품위 있는 실천 … 세상에 대한 성스러운 생각 … 무엇보다도 먼저 그 성스러운 생각, 그 수수께끼 같은 현실에 관심을 가지는 것.

스페인 중류계급의 현실에 대해 말하는 것으로 보이지 않는 그의 작품에 나타난 '수수께끼 같은 현실'은 잘 알려진, 그리고 불행하게도, 너무나 세속적인 좌표 가운데 갇혀 있다. 돌로레스 메디오(Dolores Medio: 1920~1996)는 《우리 리베로 가문》(*Nosotros los Rivero*, 1953)[23]에서 지방의 부르주아를 소재로 하고 있다. 1924~1934년 사이의 오비에도를 배경으로 하는 이 소설은 평범하기 그지없는 작품이다. 그녀는 이후에 나온 《공무원》(*Funcionario público*, 1956), 《물고기는 계속 떠다닌다》(*El pez sigue flotando*, 1959), 《어느 여선생의 일기》(*Diario de una maestra*, 1961)에서도 몇몇 인물들의 단조롭고 슬프며 침울한 분위기를 한계 없이 계속 고집했다. 엘레나 키로가(Elena

---

23) 〔역주〕 1952년 나달상 수상작.

Quiroga: 1921~1995)의 소설들은 리얼리즘, 자연주의, 연재소설과 이상주의라는 고풍(古風)적 진실—이는 훌륭한 작가인 파르도 바산의 몇 가지 면모들을 추억하게 한다—의 혼합 가운데 있지만 결국 단순하게 '매우 의고(擬古)적인' 것으로 평가받게 되었다. 그녀의 작품으로는 《울려 퍼지는 고독》(*La soledad sonora*, 1949), 《북풍》(*Viento del Norte*, 1950), 《거리에서 생긴 일》(*Algo pasa en la calle*, 1954) 등이 있다.

그러나 내전 이후 부르주아를 다룬 소설가들 중 가장 훌륭하고 재능 있는 이는 바스크 지방 출신의 대단한 다작가(多作家)인 후안 안토니오 순수네기(Juan Antonio Zunzunegui: 1901~1982)이다. 데우스토대학과 살라망카대학에서 수학했으며 학술원 회원인 그는 가장 일반적인 의미에서의 '대중'작가였다. 섬세한 관찰자로서 자료와 경험을 능숙하게 사용하며 때로 가장 전통적인 자연주의에 가까운 리얼리즘 작가이기도 한 그는 풍자와 통렬한 유머 소유자이며 작가와 창작물 사이의 거리를 성취하는 위대한 능력을 가진 사람이었다. 그는 인간을 천박하고 억압적인 존재로 보는 분명한 경향을 가진 대체로 비관적인 작가였는데, 부유하게 된 부르주아의 가치와 양식에 대해 특별하면서도 매우 개인적인 비판을 가하여 타협하지 않는 관찰자로서 자신의 망루에서 바라보는 "현재 사회의 책임에 대한 증인"이라는 평을 받기에 이르렀다. 그러나 그럼에도 불구하고, 그는 자기가 속한 사회계급을 결코 포기하지 않는 관찰자였다. 순수네기는 《치피찬데》(*El chipichande*, 1939)로써 전후 자신의 문학활동을 시작했는데, 이 작품은 제1차 세계대전과 그 이후 몇 년 동안의 번영했던 빌바오에 대한 기억을 소재로 하고 있다. 《아, 이 아이들을…》(*Ay … estos hijos!* 1942)에서는 1936년 이전의 기억을 고집하는데, 처음에는 부유한 어린이였다가 나중에는 쓸모없는 도련님이 되었으며 결국 '파시스트 운동'에 이끌리는 한 사람의 추억을 다루고 있다. 이러한 주제는 《균열》(*La quiebra*, 1947)에서도 반복된다. 이 작품은 작가의 청년기에 실제로 일어났던 일에 기초하는데, 무기력하고 실속 없는 도련님들과 만족할 줄 모르는 자본가를 등장시켜 빌바오의 어느 유명한 은행가문의 몰락을 다루고 있다. 순수네기의 사고의 특징은 '은행을 축복합시다. 그것들도 주님의 자녀이니'라는 제목이 붙여진 장(章)에서 드러나는데, 그는 아이러니하게도 여기서 그 사업장소에 대한 축복 예식을 기술하였다. 《죽음의 배》(*El barco de la muerte*, 1945)와 《궤양》(*La úlcera*, 1949)에서는 비꼬는 듯한 유머와 진절머리나는 비관주의가 지배적이다. 두 작품 모두에서 주인공은 아메리카에서 온 벼락부자인데, 첫 번째 작품의 주인공은 고향에 돌아와서 고향사람들을 저세상으로 보내는 즐거움을 만끽하기 위해 장례사업을 한다. 두 번째 작품의 주인공은 그런 주인공의 삶과 그가 세심하게 돌보는 궤양을 소재로 하고 있다. 두 경우 모두에서 순수네기는 대단히 특별한 유머를 사용하며 사람을 타락시키는 돈의 능력과 인간의 무기력함 그리고 질투를 질책하고 있다.

순수네기의 두 번째 양식으로 평가할 수 있는 것은 《배의 쥐들》(*Las ratas del barco*, 1950)과 함께 시작하는데, 이는 역사적이고 사회적인 것에 훨씬 더 구체적으로 접근한 작품이다. 이 작품의 경우에는 독특하다고 할 수 있는데, 내전과 마드리드의 사회를 주제로 한 세계를 재창조하였다. 이와 유사한 작품 선상에 《지고의 선》(*El supremo bien*, 1951)이 있다. 이 작품은 또 다시 마드리드를 배경으로 한 것으로 1880년부터 제2공화정[24]까지의 시기를 다루는데, 갈도스적인 의도와 반영을 분명히 하고 있다. 《그저 그런 삶》(*La vida como es*, 1954)

---

24) 〔역주〕 제2공화정은 공화정이 선포된 1931년 4월 14일부터 내전에서 반란군이 승리한 1939년 4월 1일까지의 기간을 의미한다.

에서는 1931년 이전의 마드리드 불량배의 생활을 소재로 하고 있다. 《이 어두운 탈주》(*Esta oscura desbandada*, 1952)에 대해 순수네기는 "(이 작품은) 현재 삶의 부도덕과 부패의 상태를 반영하고자 한 것이다. 그 때문에 나는 살라망카의 매우 우아한 지역을 소설의 공간으로 배치했다"고 말했다. 전후 중류계층 가정의 몰락하는 일상의 삶을 다룬 이 작품은 생존하기 위해 투쟁하는 악자(惡者)들과 암거래상인들, 이중세입자[25]들의 모습을 그리는데, 자료적인 가치도 있지만 "우리는 매일 더 포악해지고 더 잔인해지며 더 힘겹고 부패해 가는 이 삶을 단지 영성(靈性)과 무관심의 힘으로 견뎌낼 것이다"같이 완전히 비현실적인 메시지도 담고 있다.

메르세데스 포르미카(Mercedes Fórmica: 1918년생)는 엄밀하게 상투적인 두 편의 작품을 출간한 뒤인 1950년에 《산차의 산》(*Monte de Sancha*)을 발표했다. 내전이 다시 부각되는 이 작품은 문학적으로 별 가치가 없는 만큼이나 애매모호한 작품이다. 이보다 더 흥미는 있지만 그렇다고 문학적 가치에서 최하등급을 모면하지는 못하는 작품으로 《잃어버린 도시》(*La ciudad perdida*, 1951)가 있는데, 이 작품에서는 부르주아적이라는 기존의 주제적 도식에서 벗어난 시각으로 내전을 바라보았다. 또한 테러의 임무를 띠고 망명지에서부터 몰래 마드리드로 돌아온 반(反)파시스트 투사처럼 투쟁적인 정치·사회적 현실의 여러 가지 면모들을 문학에 접목시켰다. 이는 대단히 여러 번 사용된 통속적인 주제를 사용했는데, 마지막 부분에서는 용서와 죽음, 연재소설에서 볼 수 있는 불가능한 사랑과 변화되고 정의로운 질서의 재건, 그리고 끝으로 주제에 대한 과시가 작가에 의해 현혹적으로 제시되어 있었다.

---

25) 〔역주〕 부동산 주인으로부터 임대를 받은 후 다시 타인에게 임대하는 사람.

그러나 보수적인 시각으로 내전과 내전 이후의 세계를 성공적으로 소설화한 사람은 호세 마리아 히로네야(José María Gironella: 1917~2003) 이다. 《한 사람》(*Un hombre*, 1947)[26] 이라는 제목의 '실존주의적' 습작과 나치의 독일에 대한 별 내용 없는 또 다른 습작인 《조수(潮水)》(*La marea*, 1949) 를 출간한 후인 1953년에 히로네야는 야심에 찬 3부작의 첫 번째 부분인 《사이프러스 나무들은 신을 믿는다》(*Los cipreses creen en Dios*)[27] 를 발표했다. 이후 이 3부작은 《백만 명의 시체들》(*Un millón de muertos*, 1961) 과 《평화가 작열하다》(*Ha estallado la paz*, 1966) 로 완성되었다. 히로네야의 성공은 말 그대로 장관이었다. 《사이프러스 나무들은 신을 믿는다》는 1953년에서 1963년까지의 10년 동안 39판이 인쇄되었고, 《백만 명의 시체들》은 1961년 2월부터 1962년 5월 사이에 11만 5천 부가 인쇄되었는데 초판이 5만 부였다. 두말할 필요도 없이 스페인 대중은 공화파와 내전에 대한 소식에 굶주려 있었는데, 그들에게 제공된 것은 정부의 공식적인 시각과 잔혹한 검열에 의해 변형된 정보들이었던 것이다. 히로네야는 자신의 3부작을 출간하기에 앞서 이를 다음과 같이 소개하였다.

> 이것은 헤밍웨이, 케스틀러,[28] 말로[29] 그리고 베르나노스[30] 에 대한 응답이다. … 고통스러운 것은 스페인인의, 또는 그저 단순한 인간의 영적인 건축물이 왜곡되었다는 것이다. 이는 우리로 하여금 결점과

---

26) 〔역주〕 나달상 수상작.

27) 〔역주〕 국가문학상 수상작.

28) 〔역주〕 아서 케스틀러(Arthur Koestler: 1905~1983). 헝가리 출신의 영국 소설가·언론인.

29) 〔역주〕 앙드레 말로(André Malraux: 1901~1976). 프랑스의 소설가·정치가.

30) 〔역주〕 조르주 베르나노스(Georges Bernanos: 1888~1948). 프랑스 소설가.

> 우리들의 것이 아닌 성질들을 짊어지게 한다. … 무언가를 빠뜨리고 거짓말하는 행위는 우리를 불편하게 한다.

그리고 《백만 명의 시체들》의 서문에서는 이 작품에 대해 다음과 같이 말했다.

> (이 작품은) 스페인 밖에서 쓰인 다양한 작품들, 스페인 내전에 대해 유럽과 아메리카 대륙의 독자들이 가지고 있던 생각에 결정적인 영향을 미쳤던 그 작품들에 대한 조직적이고 정돈된 답변이고자 한다. 이러한 작품들은 말로의 《희망》, 헤밍웨이의 《누구를 위하여 종은 울리나》, 케스틀러의 《어느 스페인식 유언》, 베르나노스의 《월하(月下)의 대묘지(大墓地)》, 아르투로 바레아[31]의 3부작인 《어느 반항아의 단련》(*La forja de un rebelde*)〔《단련》(*La forja*), 《노선》(*La ruta*), 《화염》(*La llama*)으로 구성〕 등이다. 이러한 작품들은 그것들이 가질 수 있는 문학적 가치와는 별도로 깊이 있는 분석을 용납하지 않는다. 그것들은 우리 '조국'의 드라마를 제 멋대로 분할하고 민속적인 것으로 넘쳐나게 한다. 그리고 중요한 주제와 단호하게 맞서야 할 순간에는 꼬리를 감춰버린다. 때때로 이러한 작품들은 전횡적이고 부당함이라는 죄악을 저지르며 뭔가 아는 독자에게는 잘 알려진 대로 불쾌감을 느끼게 한다.

당국의 단호한 금지조치 때문에 그 당시의 스페인 독자들에게는 거의 알려지지 않았던 이러한 작가들에게 히로네야가 '대응'할 의무를

---

31) 〔역주〕 아르투로 바레아(Arturo Barea: 1897~1957). 스페인 작가. 내전 중 영국으로 망명가서 자전적 3부작인 《어느 반항아의 단련》(*La forja de un rebelde*)을 영어로 출판하였는데, 이 작품이 각국어로 널리 읽혔고 1951년에는 스페인어판도 출판되었다. 스페인 내전 문학의 대표적인 작품으로 평가된다.

느끼거나 어리둥절해져 있는 독자들 앞에서 공화파에 우호적인 작가들에 의해 조작된 진실을 '방어'할 의무 — 히로네야의 표현에 의하면 — 를 느꼈다는 흥미로운 사실은 한쪽에 접어두도록 하자. 정말 중요한 것은 — 히로네야 그리고, 의심의 여지없이, 또 다른 많은 이들이 느꼈던 "잘 알려진 대로의 불쾌감" 이외에도 — '객관화'하려는 그러한 의도와 히로네야가 위치한다고 단언하는 그 높은 도덕성이다. 이러한 사실은 놀라움을 금할 수 없게 한다. 그 '객관화'하려는 투쟁 속에서 먼저 히로네야는 검열이라는 족쇄를 극복해야 했을 것이다. 알려진 대로, 《백만 명의 시체들》은 허가판정을 받기 전에 검열관들에 의해 오랜 시간 동안 검토되었다. 히로네야의 변명에 의하면, 《백만 명의 시체들》은 정통 프랑코주의의 신봉자들인 열정에 찬 감시자들을 만족시키지 못했는데, 이들은 명확하게 이 작품이 편파적이며 당파적이라고 비난했던 것이다. 사실 히로네야의 작품은 루이스-에밀리오 칼보 소텔로에 의해 "어둡고 슬픔에 잠겼"으며 "부정적이고 황량한 논쟁"이라는 이유로 실격처리 되었다. 토렌테 바예스테르는 좀더 너그러웠는데, 그는 이 작품을 단순한 역사적 연대기 또는 르포로 규정하였던 것이다. 사실 히로네야의 3부작이 모두 이에 해당하지만 즉각적으로 몇 개의 형용사를 덧붙여야 할 것이다. 즉, 역사적 연대기이긴 하지만 왜곡되고 부정확하며 피상적이어서 결국에는 어떤 저의가 있는 역사적 연대기인 것이다. 한편으로는 가톨릭교인들과 팔랑헤당원들, 군인들이 등장하고, 다른 한편에 사회주의자들과 공산주의자들, 무정부주의자들과 비밀결사단원들이 있는데, 이들 모두는 프랑코체제의 '상투적 표현'의 가장 일반적인 규범에 의해 행동하고 있다. 히로네야가 '국민전선'의 관할지역 내에서의 바스크 사제들의 총살을 다룬 것은 스페인 내전의 전체적 사실을 반영하려는 목적을 보인 것에 다름 아니다. 그러나 그의 진정한 의도 또는 그의 한계를 보기 위해서는 헤로나의 묘지에서 우파들의 총살을 묘사한 그 장황하고 피비린내 나며 머리카락을 쭈뼛하게 하는 그 장면들 — 《사이프러스 나무들은 신을 믿는다》의 마지막 부분과 《백만 명의 시체들》의 시작 부분 — 이 묘사에 있어 상응하는 다른 장면을 가지고 있지 않다는 사실을 기억해야 한다. 이에 반해, 내전 당시 프랑코파의 수도 중 하나였던 부르고스에서 일어났던 일에 대해서 그는 재빨리 그리고 도식적으로 처리했다. 다음은 국민전선파의 '상투적 표현'의 예로서 《사이프러스 나무들은 신을 믿는다》에 나오는 무정부주의자의 사디즘에 대한 인용인데, 여기서는 헤로나에 있는 FAI[32] 의 대표를 예로 들고 있다.

> 돌연 그는 피 속에 자기 손을 담그고 싶은 충동을 느꼈다. 그것은 그 자신보다 더 강한 것이었다. 그는 몸을 숙여 상처 입은 어느 여인을 보았다. 신체의 어느 부분인지, 또 누구의 몸인지도 알 수 없었다. 그는 "철썩"이라는 소리를 듣고 싶어하며 손바닥으로 때렸다. 그런데 그런 소리가 들리지 않았고 그것이 그를 화나게 했다.

또한 '국제여단'의 지원병들에 대해서는 다음과 같이 묘사했다.

> 소심했던 그들은 이제 잔인하게 변하고 있었다. 가난한 노인에게 먹을 것을 주는 것에서 만일 자신들에게 잠자리를 제공하기를 거부하면 전 가족을 몰살하는 식으로 변하고 있었다(《백만 명의 시체들》에서).

무정부주의 조직을 '무정부주의당'(이런 이름을 가지고 있던 단체는 없었다) 이라고 명명하거나 POUM의 지도자인 안드레스 닌(Andrés

32) 〔역주〕 이베리아 반도 무정부주의자 연합(Federación Anarquista Ibérica).

Nin)을 "개인적으로 친한 트로츠키의 친구"(이 두 사람 사이의 서신교환에서 볼 수 있듯, 실제로는 그 반대였다)라고 한 것과 같은 단순한 실수들은 차치하고라도, 히로네야는 역사적 사실을 의도적으로 왜곡하고 있다. 이를 잘 보여주는 예를 하나만 들어보겠다. 1936년 10월 12일에 미얀 아스트라이 장군과 우나무노 사이에 살라망카대학에서 일어난 사건을 가볍게 다루면서 그는 다음과 같이 기술하였다.

> 미얀 아스트라이 장군이 카탈루냐와 바스크 지방에 대해 한 비난에 바로 이어 우나무노는 장군에게 이렇게 말했다. "바스크 지방과 카탈루냐 없는 분열된 스페인은 애꾸와 외팔이 같은 육체일 겁니다"(《백만 명의 시체들》에서. 우나무노가 한 말의 인용부호는 히로네야 자신이 붙인 것이다).

히로네야는 절반만 사실을 말하는 기법과 우나무노의 말을 완전히 제 멋대로 사용함으로써 군사 쿠데타와 미얀 아스트라이 장군에 대한 살라망카대학 총장[33]의 진지하고 거친 비난을 단번에 삭제해버린 것이다. 위의 인용문을 실제로 우나무노가 했던 말과 비교해 보자.

> 미얀 아스트라이 장군은 정신적으로 노쇠한 자이다. … 미얀 아스트라이 장군이 대중의 심리학 규범을 구술할 수 있다는 생각이 나를 고통스럽게 한다. 세르반테스의 정신적 위대함이 결여된 정신적 노쇠자. … 그는 자기 주변에 불구자들의 숫자가 늘어나는 것을 보고 안도감을 느끼곤 한다. … 미얀 아스트라이 장군은 자기 이미지대로 새로운 스페인을 건설하고 싶어한다. 그것은 틀림없이 부정적인 건설일 것이다. 그리고 그 때문에 불구가 된 스페인을 보고 싶어하리라. 그는 무의식적으로 그런 것을 알게 한다(cf. Ricardo de la Cierva,

33) 〔역주〕 우나무노를 가리킨다.

Historia ilustrada de la guerra civil española, II, Madrid, 1971, 75쪽; Carlos Rojas, *Diez figuras ante la guerra civil*, Barcelona, 1973, 636쪽).

히로네야 작품의 문학적 가치에 대해 말하자면, 그의 신속하고 신경질적인 문체와 여기저기에 에피소드를 끼워 넣는 행위는 그의 작품을 독자의 손에서 벗어나게 하고 볼썽사나운 연재소설이 되게 한다. 그리고 거기서 이야기·소설적인 것은 19세기 리얼리즘의 가장 통속적이고 낡은 규범에 일치한다. 히로네야의 의도와는 아주 다르게 아르투로 바레아 또는 그가 극복하고자 했던 외국 소설가들과의 전반적인 비교는 이루어질 수 없는 것이다.

카밀로 호세 셀라(Camilo José Cela: 1916~2002)는 내전 직후 떠오른 결정적인 인물이었다. 당시에 산업별 노동조합[34]의 사무직원이었던 그는 1942년 26세의 나이로 《파스쿠알 두아르테 가족》을 출간했는데, 이 소설은 당시의 문화적 상황에 커다란 스캔들을 일으켰다. 탈신화적이면서도 시적인 이 작품은 갈도스와 바로하, 바예-잉클란과 솔라나의 반향을 지니고 있어 당대사회에 대한 사실주의적 작품이기도 하였는데, 전율적이고 암울한 감상성에 거칠고 공격적인 표현력을 지니고 있었다. 이 작품에서 주인공 파스쿠알 두아르테는 의심의 여지없는 범죄자로서 자신의 친모(親母)를 살해한 1922년부터 팔랑헤체제하의 스페인에서 처형되기 전인 1937년까지 자신의 삶을 고백하고 있다. 그는 범죄자이자 희생양이기도 하였는데, 그의 악행은 그를 둘러싼 이들의 악의적 행위에 대한 반응이었던 것이다. 이는 《라사리요 데 토르메스》(*Lazarillo de Tormes*)의 구도와 매우 유사하

34) 〔역주〕 산업별 노동조합(Sindicato Vertical)은 프랑코체제 기간(1940~1975) 중 유일하게 합법적이었던 어용노조였다.

다. 작자인 셀라는 자신의 주인공에 대해 다음과 같이 언급했다.

> 아마도 다수는 그를 하이에나 같다고 여길지 모른다. … 비록 그의 영혼 깊은 곳에 도달해 보면 그가 인생에 놀라고 궁지에 몰린 그저 온순한 양이었다는 사실을 알게 될지 모르지만.

실존주의 — 《파스쿠알 두아르테 가족》과 카뮈의 《이방인》의 비교 연구도 대단히 많이 있다 — 와 자연주의적 결정론, 전율주의 등이 셀라의 이 효과적인 이야기를 구성하는데, 셀라의 소설이 언제나 그렇듯 이 작품은 현실을 해석함에서 분명 모호하게 접근하고 있다. 셀라는 나중에 따로 언급할 몇 개의 작품을 출간한 후, 1951년에는 《벌집》(*La colmena*)을 출판하는데, 이 작품은 당대 스페인을 대표하는 작품으로 평가되었고 이 작품으로 인해 스페인 문단은 현대적인 소설 작법에 참여할 수 있었다. 검열로 인해 아르헨티나의 수도인 부에노스아이레스에서 출판된 《벌집》은 1942년의 마드리드를 바라보는 하나의 시선으로 개별성과 주관성을 견지함과 동시에 집단적 실체로 변화하는 대단히 다양한 인물들을 제시하였다. 《벌집》은 시계처럼 정확한 구조를 가진 기적적인 소설이다. 그 살아있는 유기체 같은 조직 내에서 각각의 제스처와 행동, 언어 등은 아무리 다른 요소들과 독립적인 것처럼 보인다 해도 결국에는 전체적인 완결성을 이룬다. 전혀 인물들을 존중하지 않는 냉정한 거리두기, 잔인함, 여러 번에 걸쳐 매우 난폭하게 표현되거나 그저 천박하기만 한 섹스, 날마다의 생존을 위한 투쟁 등이 셀라에 의해 반영된 실제 마드리드에 존재하는 요소들임에는 틀림이 없는데, 작가는 이를 급박하면서도 다정한 관심과 놀라우리만치 일상적인 언어표현, 암울한 유머로 표현했다.

《벌집》은 보통 사실주의 작품이라고 평가되는데, 작가 자신은 그

초판 서문에 다음과 같이 기술하며 이를 긍정하고 있다.

> (이 작품은) 가혹하고 고통스럽지만 매우 친근한 일상의 현실에 대한 겸허한 그림자, 일종의 창백한 반영 이상이 아니다. 문학이라는 광기의 가면으로 삶을 위장하고 싶어하는 이들은 거짓말을 한다. 영혼을 병들게 하는 그 사악함, 수많은 이름을 가지고 있는 그 사악함은 순응주의라는 헛수고로도, 또는 수사학이나 정치학이라는 찜질요법으로도 극복되지 않는다. 나는 이 작품이 삶의 단편 그 이상 또는 그 이하가 되기를 바라지 않는다. 마치 인생이 흘러가듯, 바로 그 흘러가는 인생처럼 말을 숨기지 않고, 낯설게 느껴지는 비극도, 동정도 없이 조금씩 이야기되기를 바라는 것이다. … 지금은 내가 하는 방법보다 더 낫거나 못한 방식으로 소설을 쓸 수 없다고 생각한다. 만일 그 반대라면, 나는 직업을 바꾸리라.

1962년 바르셀로나와 멕시코에서 동시에 출간된 4판의 서문에서 셀라는 뭔가 실제로 중요한 것을 보다 더 제한적으로 언급했다.

> 이 작품은 일종의 역사에 대한 책이지 소설이 아니다. … 사람들은 정치가 역사의 무기력함을 유도하는 예술이라고 했다. 아마도 문학은 그렇게 무기력한 파도소리를 스케치하는 예술 그 이상은 아닐 것이다. 혹은 그마저도 아닐 것이다.

《벌집》이 역사인가? 그렇게 말했던 셀라가 다른 곳에서는 다음과 같이 언급했음을 잊지 않는 것이 좋을 것이다.

> 그 반영과 그 그림자가 너무 잔인하지 않도록, 지나치게 현실적이지 않도록 내가 내 잉크를 얼마나 희석시켰는지에 대해 … 아무도 의심하지 않는다.

분명 《벌집》은 스페인 정부 당국의 검열에 대한 두려움 때문은 아니었지만, 이미 언급한 대로, 아르헨티나에서 먼저 출간되었다. 역사, 현실, 증언… 자료를 잘 고려하도록 하자. 《벌집》은 1942년의 마드리드에서 일어나는 사건들이다. 1942년은 배고픔과 비참함, 암거래와 배급의 시기였다. 그러나 또한 반군 게릴라가 있었고 잔인한 억압과 감옥, 포로수용소, 총살이 있던 시기였다. 이러한 것들은 실제 있었던 사실이지만 작품에 나타나지는 않는다. 따라서 이 작품은 사실 희석된, 즉 변형된 '역사'를 다루고 있는 것이다. 《벌집》에는 당시에 많이 언급되던 '빨갱이', 배고픔, 결핵, 매춘에 대한 언급을 발견할 수 있는 것이 사실이다. 또한 내전을 추억하는 사람들, 팔랑헤 관료들, 정치, 제2차 세계대전, 당대를 풍미했던 무미건조한 문학에 대한 빈정거림 등도 발견된다. 그렇지만 그럼에도 불구하고, 그 전체는 흥미롭게도 유령 같은 것이다. 이 작품에서 서술자가 자신의 거리두기에서 벗어나는 순간은 거의 없는데, 이는 불쾌한 현실에 대한 추상적 사색에 잠기기 위한 것이다.

> 그것은 마음에 못 박히는 슬픔처럼 공중을 떠다닌다. 마음은 아프지 않다. 아무도 무슨 일이 일어났는지 결코 모른 채, 평생 한순간, 한순간을 그렇게 고통스럽게 살 수 있는 것이다.
>
> 우리는 무모한 시기를 조금 살고 있다. 그것은 깨끗한 마음을 가진 몇몇 이들이 무슨 일이 일어났는지 제대로 알지도 못한 채 담 너머에서 질색을 하고 바라보는 구경거리인 것이다.

또는 4장 끝에 나오는 다음 부분은 비참하게 투쟁한 하루를 보낸 뒤의 마드리드 사람들의 삶을 요약해 주는 듯한데, 이는 또 다시 유령적인, 닿을 수 없는 것이 등장하는 삶이다.

> 새벽 1시 30분 또는 2시가 가까워서야 도시의 낯선 마음 위로 밤이 내린다. 수천 명의 남자들이 동전 한 닢 또는 아마도 불과 몇 시간 안에 살쾡이처럼 몸을 웅크리고 그들을 기다릴 잔인한 다음 날을 생각하지 않고 자신들의 아내를 껴안고 잠을 잔다. 수백 명의 총각들은 탁월하면서 섬세하기 이를 데 없는 그 고독한 못된 짓에 빠질 것이다.
>
> 그리고 수십 명의 아가씨들은 황금빛 꿈으로 가득 찬 정신으로 기다릴 것이다. 맙소사, 무엇을 기다린단 말인가? 왜 그녀들은 그렇게 잘 속는단 말인가?

셀라의 자가당착은 분명하다. 만일 《벌집》이 소설이 아닌 역사책이라면, 그리고 결국 우리가 실제 있었던 사실을 알지 못하고 소설가 역시 우리에게 자신의 작품은 완전히 입맛에 맞게 수정된 것이라고 말했다면, 우리가 대하는 것은 변형된 역사란 말인가? 아니면 그저 단순한 픽션이라서 서술자는 자신이 흥미를 느끼지 않는 사실에 대해서는 자유롭게 배제해버린 것인가? 논의를 계속해 보자. 《벌집》의 주인공이라고 할 수 있을 시인(詩人) 마르틴 마르코는 "사회문제를 걱정하고 있다. 그는 그 어떤 것에 대해서도 명확한 생각을 가지고 있지 않으나 사회문제는 그를 근심케 한다." 나중에서야 마르틴 마르코가 내전 이전에 FUE[35]에 소속돼 있었다는 사실을 알게 되는 독자들은 적지 않게 놀라게 되는데, FUE는 말하자면 1942년 마드리드에서 오랜 이상(理想)들을 비밀리에 유지하기 위해 대단히 열정적으로 활동하고 있었던 단체였던 것이다(cf. VI. 1A). 마르틴 마르코는 자신의 전력에도 불구하고 수감되지도 않았고 또, 독자가 아는 한, 수감

35) 〔역주〕 대학생 연합(Federación Universitaria Escolar). 이는 공화파의 학생조합으로 내전 이전에 프랑코 쪽의 대학생 조합인 스페인 대학생조합(Sindicato Español Universitario)과 대립하였다.

된 적도 없다(물론 마지막에 독자가 얻을 수 있는 정보에 의하면 그가 결국에는 수감되었을 수도 있다). 오히려 그는 우파 언론인 〈운동〉지(紙)에 협력하여 〈가톨릭 여제 이사벨의 정신적 영속성에 대한 이유〉라는 글을 발표하기도 하였다. 사실이 이렇다면, 내전의 승자와 패자 모두가 하루하루 살아가기 위해 투쟁하는 세상에서 결국 마르틴 마르코가 유일하게 원했던 것은, 그가 말한 바대로, '먹고 사는' 일이었음에 틀림없다. 결국 "가장 큰 소리를 내던 이들도 매달 천 페세타를 받자마자 입을 다물었다"는 것이 진실인 것이다. … 《벌집》은 일단 모호하고 혼돈스러운 모순에 빠져 있지만 1939년 이후 쓰인 모든 문학과 거리를 두고 있는 소설이기도 하다고, 이 모든 것에도 불구하고, 그것은 개혁소설이라고 주장하는 것은 제대로 된 평가가 아니다. 우리는 바로 이 "이 모든 것에도 불구하고"라는 표현 내에서 셀라 자신이 가지고 있는 한계들뿐 아니라, 당시 극복하기 어려운 몇몇 외적 조건들의 무게가 소설을 누르고 있었다는 사실을 보아야 한다.

《파스쿠알 두아르테 가족》과 《벌집》 사이에 셀라는 다양한 책들을 출간했다. 결핵요양소에 수용된 이들의 추억과 기억, 좌절된 희망을 다루는 《요양소》(*Pabellón de reposo*, 1943)는 당시에 아주 특징적인 스페인적 현실을 다루었다. 《라사리요 데 토르메스의 새로운 모험과 불행들》(*Nuevas andanzas y desventuras de Lazarillo de Tormes*, 1944)은 모호하면서도 현대적인 스페인을 배경으로 한 새로운 피카레스크 소설이다. 《알카리아 여행》(*Viaje a la Alcarria*, 1948)은 비범하면서도 진정한 여행서인데, 이 작품으로 셀라는 한 장르의 모방할 수 없는 선도자가 되었다. 그리고 《벌집》 이후에는 근친상간적인 열정이 담겨져 있는 내적 독백을 통해 완전히 주관적인 작품이 된 《컬드웰 부인과 아들의 대화》(*Mrs. Caldwell habla con su hijo*, 1953)와 《혼혈 여인》(*La catira*, 1955)을 발표했다. 《혼혈 여인》은 베네수엘라에 대한 소설인데, 이 작품은 어느 비평가에 의해 그 미학적 붕괴마저도 균형 잡히지 않은 작품으로 평가되었다. 이후 셀라는 매너리즘에 빠져 단조롭게 스스로를 반복하는 일련의 작품들을 발표하다가 1969년에 《1936년 성 카밀로》(*San Camilo 1936*)를 출간한다. 1936년 7월의 마드리드[36]에 대하여 횡설수설 이해하기 어렵게 묘사한 이 작품에서 삶과 죽음, 정치와 인간적인 가치 등의 모든 것은 에로티즘이라는 변형된 프리즘 아래 비춰진다. 셀라는 여기서 매춘부와 성구매 남성, 동성애자들을 지겹도록 반복적으로 비웃고 있다. 1973년에는 실험적인 작품으로 평가되는 《어둠의 작업 5》(*Oficio de tinieblas 5*)가 출간되는데, 이는 세계와 삶, 성(性)에 대한 매우 개인적인 시각에 집중된 불명확하고 모호한 강렬함과 시적 산문의 총체로 여겨진다. 셀라 자신은 이 작품을 "내 노련함의 사망기록"이라고 정의했다.

1945년에 카르멘 라포렛(Carmen Laforet: 1921~2004)이라는 한 젊은 여류작가의 처녀작이 출판되었다. 《무(無)》(*Nada*)라는 제목의 이 소설은 이미 상징적인 방식으로 그 속에 사는 인물들과 세계의 공허함을 표현하였다. 당시에 대단한 성공을 거두었던 《무(無)》는 전후 소설의 또 다른 이정표였는데, 이 작품은 이미 앞에서 언급했던 유사 실존주의의 물결, 그리고 전율주의와의 접촉에 상당부분 일치되는데, 이 모든 것은 당시의 문학사에서 카밀로 호세 셀라가 먼저 출현하지 않았다면 정당화되지 못했을 것이다. 전통적 서술형식, 유려하면서도 단순하고 또 통속적인 언어적 표현으로 구성된 《무(無)》에서 독자는 폐쇄적인 세계의 숨 막힐 듯한 분위기 속으로 빨려 들어간다. 바르셀로나의 중산층 가정의 세계를 다루는 이 작품은 "더러운 고양이 오물" 냄새가 나고 "뒤틀린 수도관에서 광기가 미소짓고 있는" 아

36) 〔역주〕 스페인 내전은 1936년 7월 17일에 발발하였다.

파트에서 전개된다. 사실 이 가정의 구성원들은 비정상적인 인물들이다. 일부는 사디스트이고 일부는 마조히스트인 이들은 모두 좌절한 상태의 무기력하고 우울한 이들이다. 할머니는 예외적 인물이지만 그녀는 전횡적 인물이기도 하다. 다만 그녀의 전횡적 행위는 심각한 내적 동요를 수반하기는 하지만 다른 구성원들에 의해 수용된다. 그러한 전횡성은 가르시아 로르카의 《베르나르다 알바의 집》의 요소를 추억하게 하는데, 치마 입은 독재자(아마도 이는 더욱 역사적인 남성 독재자들에 대한 무의식적인 상징일 것이다)의 폭정에 노출돼 있는 이들 중의 한 사람이 자살하는 것을 포함해서 그렇다. 억압적이고 암울한 이 《무(無)》의 세계, 외부로의 연결됨이 없이 스스로 폐쇄적인 그 세계에서 인간들간 의사소통의 부재는 그 특징 중의 하나이다. 분명 그 사실주의적 의도에도 불구하고 이러한 인물들이 왜 거리와 도시적 삶의 변두리(인물들을 순응시키거나 왜곡시키는, 우리가 전혀 볼 수 없는 사회의 변두리)에 위치해야 하는가에 대한 논리적 설명이 절대적으로 부족하다. 아마 검열도 이 작품을 순응시키고 왜곡시켰기 때문일 것이다.

카르멘 라포렛의 두 번째 소설은 《섬과 악마들》(*La isla y los demonios*, 1952)인데, 이 작품에서 작가는 《무(無)》와의 시간적 거리에도 불구하고 성공한 처녀작의 구도를 고집했다. 즉, 비정상적인 구성원들로 이루어진 가족을 또 다시 등장시켰는데, 이미 상투화된 그 무엇처럼 미쳐서 집의 다락방에 갇혀 있는 어머니를 추억하는 것으로 충분하다. 악마들은 자명하다. 그 섬은 그란 카나리아(Gran Canaria)[37]인데, 작가의 고백에 의하면, 작가 자신의 청춘에 대한 "무시무시하면서 특별하고 반짝거리는 매혹"을 지니고 있는 장소인 것이다. 1956년에

37) 〔역주〕 아프리카에 있는 스페인령 카나리오 군도의 한 섬.

《새로운 여인》(*La mujer nueva*)이 출간되었는데, 역시 자서전적 내용에 파울라[38]의 개심(改心)을 이야기하고 있다. 실제로 이 작품은 카르멘 라포렛 자신에게 일어난 일을 다루는데, 작가는 이에 대해 "이 소설의 주제를 유발한 인간적인 사건은 1951년 12월에 일어난 기독교적 믿음에 대한 내 자신의 변화"라고 말했다. 따라서 이 작품은 가톨릭 소설이라고 할 수 있으며 동시에 소설가로서의 카르멘 라포렛의 붕괴에 대해서도 언급할 수 있을 것이다.

매우 독특한 미겔 델리베스(Miguel Delibes: 1920~2010)의 경우를 언급하는 것도 필요하다. 이미 매우 알려진 황폐한 실존적 틀에 포함된 소설가인 그는 조금씩 변화하여 전후의 답답하고 암울한 그 모든 작품들보다 훨씬 뛰어난 범주에 도달했다. 또한 그는 많은 작품에서 이후에 올 사회적 리얼리즘의 한계를 극복하였는데, 델리베스는 이러한 사회적 리얼리즘의 시대를 자신만의 오솔길로 통과했던 것이다. 《사이프러스 그림자가 늘어지다》(*La sombra del ciprés es alargada*, 1948)와 《아직은 낮》(*Aún es de día*, 1949)은 델리베스의 이러한 초기작에 해당된다. 《사이프러스 그림자가 늘어지다》는 표현방식과 스토리 전개에 있어 전통적인 방식을 따르는 작품으로 성벽에 의해 "보호되지 않고" 오히려 "갇혀" 있으며 유일한 길은 묘지와 죽음으로 향해 있는 아빌라[39] 지방의 한 도시를 무대로 한 황량하고 냉정하며 암울한 소설—이런 의미에서 《무(無)》의 면모들을 상기시킨다—이다. 이러한 모든 것은 마찬가지로 황량한 주인공의 유년기를 언급함으로써 더욱더 침울하게 되었다. 자연주의적이면서 또한 기계론적 경향

---

38) 〔역주〕 성경에서 그리스도를 핍박하던 사울이 회개하고 바울이 된 에피소드가 있는데, 파울라(Paula)는 바울의 여성형 이름이다.

39) 〔역주〕 스페인 중부지방. 그 동명(同名)의 수도(首都)는 중세시대의 성벽이 보존된 것으로 유명하다.

을 지닌 《아직은 낮》에서 델리베스는 지역 상업과 비참하고 서글픈 인물을 중심으로 지방의 경직된 분위기를 사용하며 당대 스페인의 일상 현실에서 보이는 많은 면모들에 맞춰 불행하고 평범한 삶을 보여주었다. 《길》(*El camino*, 1950)에서는 델리베스가 진정한 변신을 한 것으로 논의된다. 전통적으로 사실주의적이던 문체가 사라졌고 독자는 어느 마을에 사는 세 아이들의 순진하고 낙관적인 눈을 통해 비춰진 (또 다시 유년기의 시각에 비춰진) 세계, 시적이면서도 진정한 듯 보이는 삶과 마주친다. 그러나 이러한 삶은 위험스럽게도 일종의 시적 이상주의라는 벼랑 쪽으로 향하는데, 이 시적 이상주의는 결국 회복될 수 없는 향수에 대한 회피적 문학표현에 다름 아니다. 델리베스는 《내 사랑스런 아들 시시》(*Mi idolatrado hijo Sisí*, 1953)에서 다시 최초의 세밀함을 회복한다. 이 작품은 어느 부부의 이야기인데, 마지막에 남편은 자기 삶이 공허했음을 깨닫고 아내는 냉정하고 멍청하며 천박한 여자로 그려진다. 의도가 의심스럽지만, 델리베스 자신은 "설교에 호소하지 않고 맬서스주의를 무너뜨리고" 싶었다고 고백하였다.[40] 다른 말로 하면, 이는 가톨릭 소설의 새로운 의도를 다루고 있는 것이다.

《어느 사냥꾼의 일기》(*Diario de un cazador*, 1955), 《어느 이주자의 일기》(*Diario de un emigrante*, 1958), 《붉은 잎》(*La hoja roja*, 1959), 《쥐》(*Las ratas*, 1962), 《마리오와의 다섯 시간》(*Cinco horas con Mario*, 1966), 《어느 조난자의 비유》(*Parábola de un náufrago*, 1969) 등의 작품은 형식에 대한 지속적인 모색과 인간미의 심화라는 델리베스 노선의 이정표가 되는 작품들이다. 그러나 그럼에도 불구하고 델리베스의 소설에는 비판적 독자를 만족시키지 못하는 그 무엇이 있는데, 이

---

40) 〔역주〕 이 작품은 인구과잉을 사회악의 원인으로 보고 이를 억제하려는 맬서스주의에 대한 풍자로 평가받고 있다.

러한 것에 대한 설명은 그의 《전집(全集)》(*Obras completas*, 1963) 서문에서 찾아 볼 수 있다.

> 안정적이고 지속적인 가치를 발견하려는 것이 내 안에 늘 살아있던 근심이었는데, 그것은 자연만큼이나 거짓되지 않은 것이 없다는 것을 깨닫게 된 날까지 그랬다. 원시적인 사람들과 기본적인 존재들에 대한 내 선호와 관련된 것에 변덕은 없다. 내게 있어 소설은 사람이고, 사람은 그 진정하고 자발적인 반응에서 문명(?)의 차원에 주어지지 않고 마을에서 태어난다. … 자신의 본능을 위장하고 유행하는 양복을 입은 사람은 인간미도 모든 소설적 흥미도 없는 속 빈 강정이다.

그리고 델리베스는 다음과 같이 말함으로써 《길》의 성공에 대해 설명했다.

> 이 작품에서 우리는 어린 시절의 우리들 자신을 발견한다. 이 작품은 현대의 기술에 의해 잔인하게 무너져버린 유년기라는 세계를 재건축하는 데 도움을 준다. 그 어느 때보다도 오늘날의 인간은 어렸을 때의 의식을 회복하고 그 시기 — 아마도 유일하게 살 만한 시기일 것이다 — 를 추억하고 싶어한다. 우리는 그 시절의 매혹과 매력이 손가락 사이로 다 빠져 나갔을 때에야 그런 것들을 깨닫게 된다.

여기에 델리베스의 메시지가 있는데, 그것은 문명에 의해 파괴돼버린 행복하고 서정적인 세계에 대한 향수로서 야릇한 루소풍의 느낌을 가지고 있다. 델리베스의 최근 비소설 작품들이 자연과 생태에 대한 근심을 표명한 것은 기이한 일이 아닌 것이다. 또한 같은 논리선상에서 서술과 표현의 능력이 명백히 떨어진 그의 소설 《세뇨르 카요의 논쟁적 투표》(*El disputado voto del señor Cayo*, 1978)가 프랑코 사후(死後)의 총선거라는 현재의 스페인적 상황에 대해 비관주의적 무관심을 보이는 것도 의외가 아니다.

1C. "온실의 장미들"과 오락실. 연극

1939년에서 1949년까지 스페인의 연극무대에는 최악의 작품들이, 그리고 좀더 나은 경우라고 해도 대단할 것 없는 지극히 평범한 작품들이 공연되었다. 관객들의 수준이나 사고방식 역시 별 다른 것을 요구하지 않았다. 체제는 승리주의와 회피주의 이상의 것을 허용하지 않았다. 나이 든 베나벤테는 이제 시대와 새로운 기법 그리고 동시대의 문제들을 외면하며 승승장구했다. 그의 기품 있지만 표면적인 비평과 우아하고 재능 있는 형식, 어느 정도는 반짝이는 '사고'의 유희와 대화들은 진지한 의도와 진정으로 인간적인 문제들에 대한 전반적인 부재를 은폐했다. 그런 연극에서는 마치 스페인 그리고 전 세계가 인류가 겪었던 가장 끔찍했던 경험을 겪지 않은 것처럼 보였다. 가르시아 로르카가 자신의 그 유명한 《연극에 대한 잡담》(*Charla sobre teatro*, 1935)에서 했던 비난이 여전히 유효한 것이었다.

> 극장들은 온실의 장미들로 왕관을 만들어 쓴 사기꾼 요정(妖精)들로 가득 차 있고, 관객들은 톱밥으로 된 가슴과 의미 없는 대화들을 보고 만족해하며 박수를 보낸다. … 연극은 하나의 국가를 세우는 가장 유용하고 의미심장한 수단의 하나이며, 국가의 위대함과 위안을 표현하는 바로미터이기도 하다. 잘 방향 지워지고 감각 있는 연극 한 편은 … 불과 몇 년 안에 관객의 감수성을 변화시킬 수 있고, 투박한 짐승의 발톱이 날개를 대체해버려 괴멸된 연극 한 편은 국가 전체를 천박하게 하고 마비시켜버릴 수도 있다. … 사회의 심장박동과 역사의 고동소리, 사람들의 드라마, 그리고 웃음과 눈물과 함께 하는 그

> 런 풍경과 정신의 진면모를 수렴하지 않는 연극은 연극이라고 불릴 자격이 없다. 그것은 오락실 또는 시간을 죽이는 그 끔찍한 짓거리를 위한 장소일 뿐이다.

그 당시의 스페인 연극에는 시간을 죽이는 것보다 훨씬 더 심각한 상황이 벌어지고 있었는데, 그것은 당대 작가들이 자랑했던 비현실주의와 지극히 평범함—그 때문에 그런 작가들의 작품이 허용되었다—이었다. 이러한 비현실주의와 평범함은 필연적으로 관객들을 아주 분명하게 방향 지어진 도피주의의 분위기로 이끌어갔다.

물론 1936년 이전에 호세 마리아 페만과 에두아르도 마르키나에 의해 이미 시작된 제국적이고 민족적인 부류의 연극도 계속되고 있었다. 페만의 작품 중에서는 《군대의 수호 성모를 위하여》(*Por la Virgen Capitana*, 1940)처럼 매우 시사적인 제목이 있고, 마르키나의 작품으로는 《미망인 마리아》(*María la Viuda*, 1943)가 있다. 팔랑헤주의자들도 이런 종류의 연극에 기여했는데, 예를 들면, 곤살로 토렌테 바예스테르는 《로페 데 아기레》(*Lope de Aguirre*, 1941)를, 루이스 로살레스와 루이스 펠리페 비반코는 《스페인 최고의 여왕》(*La mejor reina de España*, 1939)을 썼다. 《스페인 최고의 여왕》에 대해서는 이미 앞(cf. V. 2F)에서 언급했었다. 그러나 분명히 정치적이었던 일시적 드라마들과는 별도로 그 기나긴 기간 동안 지속적으로 존재했다는 점에서 중요한 것은 베나벤테에 뿌리를 둔 부르주아 코미디였다. 이는 가벼운 의도를 가진 선의의 비판, 가볍게 끝나버리는 '사실주의적인' 악벽, 그리고 필연적인 '해피엔드'로 이루어진 화사한 코미디이다. 또한 이는 보통 "연극적 목공예"라고 불리는 것에 부합하는 품위 있고 우아한 유머를 가진 잘 구성된 코미디로서 중·상류계급의 장르적 분위기 내에서 이뤄지는데, 이 모든 것이 "가정(家庭)적"이라는 특징을 가지고 있다. 결국 내전 이후의 몇 년간 공연된 코미디들은 그 지적 빈곤, 이데올로기적 결핍, 스페인 사회의 실질적인 문제들에 대한 외면 등을 특징으로 했던 것이다. 그것은 권력을 가진 계급의 소비대상에 다름 아니었으며 동일한 문제들이 단조롭게 반복되는 재치 있는 대화의 수사학으로 포장된 훌륭한 생산물이었을 뿐이다. 그리고 그것은 늘, 그들, 즉 내전에서 승리한 이들이 속해 있는 그룹의 전형적인 도덕성과 함께 제시되었다. 페만과 호아킨 칼보 소텔로(Joaquín Calvo Sotelo), 호세 로페스 루비오(José López Rubio), 빅토르 루이스 이리아르테(Víctor Ruiz Iriarte), 아구스틴 데 폭사(Agustín de Foxá), 호세 안토니오 히메네스 아르나우(José Antonio Giménez Arnau), 클라우디오 델 라 토레(Claudio de la Torre), 후안 아파리시오(Juan Aparicio), 토르쿠아토 루카 데 테나(Torcuato Luca de Tena), 에드가 네빌(Eddar Neville), 하이메 데 아르미냔(Jaime de Armiñán) 등 정권의 이익을 대변하는 빛나는 작가들은 스페인의 연극무대를 점령했다. 이들 모두는 보편적인 드라마의 문제들과 기법에 있어 대단히 주변부에 위치한다는 공통분모를 이룬다. 여기서는 그런 연극의 최고 대변자라고 이야기할 수 있는 호세 로페스 루비오(1903~1996)와 빅토르 루이스 이리아르테(1912~1982)의 예를 언급하는 것으로 충분할 것이다. 먼저 우리는 그들 모두가 누구를 위하여 작품을 썼는지를 자문해야 한다. 로페스 루비오는 《바람의 질투》(*Celos del aire*, 1950)에서 이에 대한 답을 우리에게 주고 있다.

> 엔리케: … 저기 저 턱수염을 기른 신사가 내 공연에 입장권을 구입하는 유일한 분이지.
> 베르나르도: 턱수염을 기른 신사 누구를 말하는가?
> 엔리케: 누구겠는가? 끝까지 남아있는 사람이지! 난 글을 쓸 때 항

> 상 그를 생각한다네. 왜냐하면 그가 이른바 건전한 대중이라고 불리는 사람이기 때문이지.

실제로 그 "턱수염을 기른 신사"는 그 연극에 만족하는데, 동일 작품의 다른 인물이 말하는 바에 의하면 "연극은 다시 미풍양속의 학교가 되었"던 것이다. 그런 코미디의 내용이 가볍게 얽혀 있다는 것은 분명하다. 그래서 그 코미디는 부분적으로는 사건들이 꼬여 있는 예전 코미디의 현대판이라고 할 수도 있을 것이다. 관객들은 이 코미디를 이루는 속임수와 착각이 결국에는 만족스럽게 해결되리라는 사실을 잘 아는 것이다. 이 코미디는 베나벤테풍 문체로 된 재치 있는 말과 생각들, 빛나는 역설적 해명 역시 필요로 한다. 그리고 만일 그 모든 것이 "심각한" 문제에 대해 행해진다면 훨씬 더 좋은 것이다. 예를 들어, 루이스 이리아르테의 《그녀가 다른 여자일 때》(*Cuando ella es la otra*, 1952)에서 간통은 다음과 같이 표현된다.

> 그래. 그것이 간통이지. 복수란 말야. 남편은 다른 여자와 사랑에 빠졌다고 해서 아내를 속이지 않아. 글쎄! 남편들은 자기 마누라에게 복수하기 위해 다른 여자를 사랑하려고 하지. …

이러한 천박함에 대한 예로 같은 작품에 등장하는 여인들의 대화를 보도록 하자. 이는 여자의 지력(智力)과 부르주아 사회에서 여자의 역할에 대한 몇몇 상투적인 생각들에 대한 분명한 반영을 나타낸다.

> 엘리사: 러시아는 다음 전쟁을 준비하고 있어요. 상하이에서 불이 났었죠. 화약고 폭발로 50명이 사망했고요. 이번 겨울에 세계대전이 시작될까요? (태도를 바꾼다) 이봐요. 요즘 신문들이 얼마나 재미없는지 알아요?

> 페피타: 그래요, 맞아요. 아무 일도 일어나지 않으니 ….

또한 호아킨 칼보 소텔로(1905~1993)의 《프로그레소 광장의 기적》(*Milagro en la Plaza del Progreso*, 1953)에서처럼 가장 전통적인 부성애와 가부장주의의 선상에서 사회적 스타일의 훈계를 하는 것도 부족하지 않다. 이 작품에서는 결국 계급투쟁과 그 밖의 다른 것들을 극복하는 다음과 같은 목가적 사고들이 등장한다.

> 그리고 가난한 우리들이 행할 수 있는 선(善)은 너무도 작다. … 그것이 백만장자나 왕이 되는 것의 장점이다. 재물을 가진 자들 또는 권세를 가진 자들은 거의 무제한적으로 선한 일을 행할 수 있다.

그럼에도 불구하고, 비록 서서히 그리고 불확실한 방식으로이지만 이미 언급했던 몇몇 작가들은 다룰 수 없는 것으로 여겨졌던 주제를 다루기 시작했다. 가장 '드라마틱'하고 '공격적인' 작품들이 등장한 것이다. 당시 그런 분위기하에서는 볼거리로 여겨졌던 예로서 히메네스 아르나우의 《15년 전에 죽다》(*Murió hace quince años*, 1953)와 칼보 소텔로의 《성벽》(*La muralla*, 1954)을 들 수 있다. 《15년 전에 죽다》에 대해서는 "인간적인 장점이나 모호함 없이 쓰인 노골적인 정치 작품이자 완전히 조종된 작품", "심리학 작품이 되고 싶어한 작품", "결국 쉽고 섬세하며 감상적이 되어버린 작품"으로 묘사되었다. 《영과 무한함》(*El cero y el infinito*)과 《더러운 손》(*Las manos sucias*)에 대한 혼동된 독서가 히메네스 아르나우에게 영향을 준 듯하다. 망명간 스페인 공산주의자들과 내부의 테러리스트들, 프랑코파 장군들의 아들들로 러시아에 보내진 소년들이 무대에 등장하는 것 등의 모든 것은 마드리드에 있는 '스페인 극장'(Teatro Español)의 지배적 후원자인 조용하고 다정한 계급에 깊은 인상을 주었다. 그리고 매우 특별하게 그 주인공이 모스크바의 '연구소'에서 사격연습을 했다는 이야기를 했을 때, 연재소설적인 성격은 에스페르펜토적인 것이 되었다.

> 그들은 그리스도가 우리 사격연습의 표적이 되게 했다. … 대략 그런 크기의 그리스도를. 첫 강습에서는 그의 육체를 구타하는 것으로 충분했다. … 그리고 나중에는 더 많은 것을 요구했다. 총알은 손과 발의 못 자국에, 또는 옆구리의 창 자국에 근접했을 것이다.

그러나 부르주아 연극으로부터 시끌벅적한 성공을 거둔 작품은 칼보 소텔로의 《성벽》이다. 내전에서 나온 더욱 거짓 없는 사건을 훨씬 더 진정한 형식으로 다룬 이 작품은 전쟁의 와중에 공화파 지지자 소유였던 부유한 농장의 주인이 된 어느 전승자(戰勝者)의 도덕적 문제에 대해 이야기한다. 이제 죽음을 앞두고 있는 그는 기독교적 양심으로 그 훔친 것에 대한 보상을 하고 싶어하는 것이다. 이 작품과 그 주제는 진정한 논쟁을 불러일으키며 도덕주의자들과 사제 등이 참여한 채 신학적으로 토론되기도 했다. 진보적 비평가들까지 《성벽》에는 도덕적 보상에 대한 대단한 의욕이 보인다고 말하기에 이르렀다. 다른 이들은 그 작품이 재산과 가족, 종교에 대한 독특한 의미와 같은 전후 부르주아 신화의 많은 부분을 담지하고 있다고 지적했는데 그런 지적은 더 정확하다. 사실, 《성벽》의 드라마는 지옥을 두려워하는 한 남자의 도덕적 문제에 제한돼 있었던 것이다. 이런 의미에서 내전에 의해 야기된 부패에 대항한 논쟁보다는 황금세기의 예수회 드라마를 시기에 맞게 재편하려는 의도가 더 강해 보인다. 작품에서 공공연하게 말하는 것처럼 전리품이자 상징적인 '토미야르' 농장의 소유가 야기한 문제는 '내부로부터의' 비판을 수용한다. 즉, 비록 부도덕함과 위선에 대항해 반응한다고 하지만 전쟁에서 승리한 이들이 기반을 닦은 신질서의 일반원칙들을 수용하는 것이다.

그러나 현실을 왜곡하는 또 다른 작품들이 있었으니, 유머 연극이라고 불리는 것이었다. 이는 엔리케 하르디엘 폰셀라와 미겔 미우라에 의해 대표되는 것으로 때로 부조리하면서도 핍진성이 결여된 것으로 평가되었다. 내전이 발발한 1936년 이전에 이미 잘 알려진 소설가이고 또 일곱 편의 희곡을 발표한 작가였던 하르디엘 폰셀라(Jardiel Poncela: 1901~1952)는 1939년에 《왕복하는 남편》(*Un marido de ida y vuelta*)을 초연했다. 그는 그렇게 관객과 새로운 접촉을 하며 관객에게 어느 정도 수준의 웃음거리를 제공했지만, 이 작품은 그의 이전 경향과 같은 선상에 있는 한심스러운 도피주의적 성향을 유지하고 있었다. 내전이 끝난 1939년부터 사망하기까지 그는 스무 편의 작품을 선보였는데 그 중 특별히 《아몬드 나무 아래 있는 엘로이사》(*Eloísa está debajo de un almendro*, 1940), 《우리 도둑들은 명예로운 사람이다》(*Los ladrones somos gente honrada*, 1941), 《빈 집의 거주자들》(*Los habitantes de la casa deshabitada*, 1942)이 돋보인다. 하르디엘 폰셀라의 유머는 그 기원에서 추상적이며 지적인 것으로서 손쉬운 농담과 서툰 재담과는 거리가 멀다. 그것은 논리적인 부조리라고 불리는 것을 통해 순수한 비현실을 모색하고 반(反)부르주아 연극에 편입되려고 하는데(이에 대해서는 많은 경우에 관객과 비평, 그리고 검열이 부정적으로 반응했다는 것을 기억하는 것으로 충분할 것이다), 그것은 그의 작품이 "진보적인" 것임을 의미하는 것이 아니라 오히려, 1930년대 문학에서 분명히 볼 수 있었던 것처럼, 비이성적으로 파시스트화된 것임을 의미한다. 하르디엘 폰셀라 자신은 《브레이크와 후진기어가 있는 4개의 마음》(*Cuatro corazones con freno y marcha atrás*, 1936)의 서문에서 자기 작품들에 대해 다음과 같이 설명하였다.

그 작품들에서는 '핍진적이지 않은' 것이 계속해서 존재하는데, 사실

> 핍진적이지 않은 것만이 나를 매료시키고 복종시킨다. 그래서 나는 늘 내 작품에서 핍진적인 것을 용인의 대상이자 평형추로서 혐오하며 사용해왔다.

그리고 몇 년 후 1944년의 어느 학회에서 그는 다음과 같이 주장하였다.

> 그리고 핍진적이지 않을수록 연극은 더욱더 그 지향해야 할 당위에 근접할 것이다. 저기 어스름한 곳에는 일상의 삶과 가정의 문제들, 평범한 보통의 일이 있고, 이곳 수많은 빛의 유희 아래에서는 순전히 상상적인 것, 불가능하고 터무니없으며 환상적인 것이 있다. 저기에는 현실이 이곳에는 꿈이 있고, 저곳에는 자연적인 것이 있고 이곳에는 핍진적이지 않은 것이 있다. 또 저곳에는 근심과 고통, 반복되는 슬픔이 있고, 이곳에는 예술에 의해 제공된 성스러운 보상으로서 편안함과 기쁨, 웃음이 있다. …

미겔 미우라(Miguel Mihura: 1905~1977)의 경우는 20세기에 걸친 스페인 연극의 빈약한 상업화를 보여주는 예이다. 그의 처녀작인 《세 개의 실크해트》(*Tres sombreros de copa*)는 비록 1932년에 쓰였지만 이 작품을 무대에 올리려는 많은 시도들이 실패하여 20년이 지난 뒤에야 공연될 수 있었다. 그리하여 미우라는 "아무도 나를 이해해주지 않았다"라고 말했다. 실제로 하르디엘 폰셀라가 아직 연극활동을 하지 않고 있을 때인 1932년에 《세 개의 실크해트》는 연극의 관습주의를 타파하고 새로운 길을 열고 있었는데, 이 새로운 길은 불행하게도 그 어느 곳에도 이르지 못했던 것이다. 일종의 전체적이고 급진적인 유머, 얼핏 보기에 터무니없으며 의미도 없는 상황, 엉뚱한 대화 등이 실제로는 심각하고 비범한 내용을 은폐했다. 즉, 고전적이고 비인간화된 사회에 의해 눈이 가려져 의사소통과 사랑, 자유가 불가능해졌다는 사실이 은폐된 것이다. 단 하룻밤 동안의 주인공 남녀의 자유는 일종의 "조건적인 자유"로 결국 관습주의와 제도, 지배적인 도덕의 힘에 의해 파괴된다. 《세 개의 실크해트》는 특별한 작품이었다. 실제로 미우라는 1939년에서 1946년까지 칼보 소텔로, '토노'(Tono)[41] 그리고 알바로 델 라이글레시아(Alvaro de Laiglesia)와 공동으로 세 편의 익살스런 코미디를 초연했는데, '토노'와 알바로 델 라이글레시아는 공식적이며 파시스트적인 유머의 대변자였다. 이 공식적인 파시스트 유머는 내전 기간 동안 〈라 아메트라야도라〉(*La Ametralladora*)에서 시작해, 알바로 델 라이글레시아 다음에 〈라 코도르니스〉(*La Codorniz*)의 편집장이 된 미우라의 감독하에 지속되었다. 《세 개의 실크해트》를 공연한 1년 뒤인 1953년에 결국 미우라가 자립적인 창작자로서의 새로운 시기를 시작했을 때, 그는 당대 연극의 잘 알려진 서글픈 상태에 편입된 것이다. 《숭고한 결정》(*Sublime decisión*, 1955)이 예외가 될 수 있을 텐데, 19세기 말을 배경으로 한 이 작품은 독립해 한 사무실에서 일하는 중류층 여성의 상황을 용기있게 제시한다. 미우라, 토노, 라이글레시아는 알론소 미얀(J. J. Alonso Millán: 1936년생) 같이 좀더 젊은 작가와 함께 계속해서 유머를 개척할 것이었다. 그러나 그것은 이미 진정한 인간적·비판적 의미가 결여된 저속하고 서툰 수준의 것이었다. 어느 비평가가 말했듯, 그것은 그저 "코도르니스[42]의 방식으로 몸을 사리는 것"이었던 것이다.

알폰소 파소(Alfonso Paso: 1926~1978)는 이 작가 그룹의 추종자인데, 그는 어느 정도 수준의 지속적인 인기를 누렸던 비범한 인물이었다. 그는 스페인 연극분야의 대단한 다작가로 이런 의미에서 베나

---

41) 〔역주〕 '토노'는 유머작가이자 삽화가이며 극작가이기도 한 안토니오 라라 데 가빌란(Antonio Lara de Gavilán: 1896~1978)의 별명이다.

42) 〔역주〕 미우라가 〈라 코도르니스〉지의 편집장이었음과 연계되는 표현이다.

벤테나 로페 데 베가와 비교가능한 인물이었다. 또한 그는 이데올로기-작가-관객-이데올로기라는 오래된 로페적인 회로를 재창조한 사람이기도 했다. 파소는 한때 "사회적 드라마작가"로 여겨졌으나 《불쌍한 이들》(*Los pobrecitos*, 1957)의 서문에서 자신의 방식과 의도를 충분히 보여주었다.

> 결국, 우리 시대의 불쌍한 이들에게 삶은 비극보다 더 끔찍하고 섬세하며 더 어려운 그 무엇으로 변한다. 그것은 일종의 희비극(喜悲劇)으로 변하는 것이다. 그리고 늘 그렇듯 실제의 삶과 연극에서 그것은 내 관심을 끄는 유일한 장르였다.

이는 쉽게 한 장르로 분류될 수 있는데, 그것은 의도적으로 변형시킨 다큐멘터리적 리얼리즘과 도덕적 교훈이라는 전통적이며 이중적인 면모를 지닌 채 스페인의 새로운 상황에 적용돼 다시 젊어진 낡은 사이네테(*sainete*)이다. 이렇게 파소는 스페인 중류계급의 구체적인 상황을 여러 계층을 통해 "모사"(模寫)하였다. 그러나 그는 언제나 겉으로만 비판된 체계에 정착하고 이를 편안하게 받아들인다. 1958년의 어느 작품에서는 다음과 같은 식의 '농담'이 등장한다.

> 그래. 사회소설이군. 제기랄, 전혀 이해할 수 없어! 무슨 마르크슨가 하는 자가 쓴 글을 읽는 노동자가 하나 등장한다네. 이봐, 마르크스가 팔마 데 마요르카에 사는 그 돈 많은 사람 아닌가?

《봉사해야 할 이들》(*Las que tienen que servir*, 1962)에서는 지나친 애국주의가 '치코 장르'(*género chico*)[43]에서 가장 빈번하듯 스페인 국

---

43) 〔역주〕 보통 음악이 있는 대중적 성격의 가벼운 연극 장르.

기의 붉은색과 노란색이 다음과 같이 표현된다.

> 그것은 스페인 국기의 붉은색과 노란색이지. 그것은 우리가 피를 사용하기 때문에 핏빛이네. 또 노란색은 아메리카의 황금빛인데, 우리는 이렇듯 관대하게 그 황금을 써버렸지.

파소가 비이성적인 작가로 평가될 수 있었던 데는 이유가 없지 않다. 그 스스로는 다음과 같이 기술하기도 했다.

> 심각한 문제들을 이야기할 때 바보 같은 소리를 하는 사람처럼 장난치고 미소 지으며 할 수 있도록 하느님께서 사람에게 주신 그 놀라운 재능을 위해 건배합시다.

그리고 공개적으로 선언된 이러한 노선을 위해 알폰소 파소가 베르톨트 브레히트에 대해 했던 논평을 볼 수 있다. 이는 원칙에 대한 선언으로서 다른 말이 필요 없이 노골적이다.

> 과거가 되어버린 브레히트, 1917년 마르크스 혁명의 산물인 브레히트, 케케묵은 브레히트는 칼데론 델 라 바르카처럼 너무 비현재적이고 비효율적이다.

그는 마침내 다른 차원에서, 진짜 현실을 걱정하는 다른 극작가들에 대해 공격하면서 "연극을 만들 줄 모를 때 사람들은 정부에 들어간다"고 말하기도 했다.

내전 직후 스페인 연극의 연대기적인 틀을 벗어나는 위험을 무릅쓰고라도 어떤 내적인 논리성으로 인해 최근의 작가 3명을 부록의 형식으로 여기에 포함시킬 수 있는데, 하이메 살롬과 안토니오 갈라 그리고 아나 디오스다도가 그들이다. 이들은 너무 급진적이지는 않으나 자신들만의 고유한 특징으로 인해 지금까지 논의해왔던 전통적인 극작가 그룹과 변별될 수 있다. 처음에는 연재 소설작가〔1955년의 《메시지》(*El mensaje*)〕였다가 나중에는 탐정소설 장르의 개척자〔예를 들면, 1961년의 《죄인들》(*Los culpables*)〕가 된 하이메 살롬(Jaime Salom) 역시 상투적인 코미디 작가였는데 그 중에는 《변장의 궤짝》(*El baúl de los disfraces*, 1964) 처럼 시간의 흐름이라는 낡고 위험한 사건에 대한 유사철학적 영감을 가진 작품도 있었다. 그의 작품인 《한 명의 왕을 위한 아홉 번의 건배》(*Nueve brindis para un rey*)는 1975년에 초연되었다. 근대화로 포장된 《레몬 껍질》(*La piel del limón*, 1976)은 부정과 부부, 연인을 다룬 일종의 부르주아 멜로드라마이다. 1980년에는 자신의 연극을 시대에 맞추려는 의도로 《수탉의 짧은 비행》(*El corto vuelo del gallo*)을 발표했는데, 그는 여기서 프랑코 장군의 가족력(家族歷)을 극화(劇化)하려고 했다. 안토니오 갈라(Antonio Gala: 1936~)는 관습적이고 낡은 스페인 연극에 대한 개혁을 시도했는데, 이러한 태도는 그의 처녀작인 《에덴의 푸른 벌판》(*Los verdes campos del Edén*, 1963)에서부터 의욕적으로 수용되었다. 스페인 사회에 대한 아주 날카로운 비판과 모호한 상징의 사용은 1960년대 상업극에 대한 갈라의 '근대적'인 기여를 의미한다. 《11월과 약간의 풀》(*Noviembre y un poco de yerba*, 1967)에서는 이미 명백하게 반(半)터부가 된 내전의 주제가 리얼리즘과 서정주의가 혼합되고 역사와 형이상학이 혼합된 형태로 등장한다. 또 이 작품에서는 은유적 연재소설의 요소도 있는데, 작가는 이 작품을 연극적·역사적으로 불만족스러운 드라마로 사용했다. 그러나 그럼에도 불구하고 이 작품은 반(半)개발에 의해 허용된 새로운 '개방'의 한계를 예증하는 데 사용된다. 이와 마찬가지로 《어느 귀부인을 위한 반지》(*Anillos para una dama*,

1973) 에서는 정치권력이라는 '근대적' 주제 안에서 시드의 삶을 재창조하고, 《나무에 걸린 하프들》(*Las cítaras colgadas de los árboles*, 1975) 또는 《율리시즈여, 왜 달리는가?》(*¿Por qué corres, Ulises?* 1976) 에서는 투쟁기(*Edad Conflictiva*) 의 순혈적 반유대주의에 대한 내용을 다루고 있다. 1980년에 그는 감상적이고 "시적인" 《페트라 레갈라다》(*Petra Regalada*) 와 《낙원의 나이든 아가씨》(*La vieja señorita del Paraíso*) 를 초연하기도 했다. 갈라와 유사한 선상에 아나 디오스다도(Ana Diosdado: 1943년생) 가 있는데, 연극의 기교와 혼돈스런 이데올로기, 내전의 극복에 대한 인간적인 바람을 담은 《북들을 잊어라》(*Olvida los tambores*) 에서부터 자유와 희망에 대한 형이상학적이고 관습적인 드라마인 《그리고 캐시미어의 쇼올들…》(*y de Cachemira, chales*, 1976) 까지 그런 경향을 유지했다.

1962년 망명지에서 돌아와 불안정한 공식적 문화에 의해 재빨리 그리고 행복하게 동화된 알레한드로 카소나(Alejandro Casona: 1903~1965) 의 재등장을 언급하며 이 부분을 끝내도록 하자. 그때부터 스페인에서는 카소나의 오래된 시적 작품들이 공연되었다. 결국 1964년에는 그의 마지막 작품 《황금 박차의 기사》(*El caballero de las espuelas de oro*) 가 초연되었는데, 이는 케베도의 삶을 무덤덤하게 재생한 것이었다. 이렇게 해서 — 또 다시 — 국가의 구체적인 환경과 문젯거리를 담지 못하고 세계적인 연극의 주변에 있는 연극이 다시 힘을 얻어 퍼져나가게 되었다. 이는 즐겁게 사용된 회피의 방식이자 이미 언급한 '개방주의'를 다시 확인하는 것이었다. 결국 이는 "다른" 연극, 그러나 진부함에 깊이 뿌리내리고 있는 연극을 고통스럽게 이용하는 것이었다.

1D. 편력하는 스페인

1939년 초, 공화파의 패전과 함께 대략 50만 명의 스페인인들이 조국을 떠났다. 그들 중 수천 명은 프랑스의 포로수용소에서 사망했고, 그 이후에는 독일의 포로수용소에서 또 다른 많은 이들이 제 2차 세계대전의 빈곤과 배고픔 가운데 사망했다. 많은 이들이 세계대전의 기간 중 '반(反)프랑코 게릴라(*maquis*)'로서 나치에 대항해 투쟁했고, 대다수의 망명객들은 프랑스에 남았다. 멕시코는 약 2만 명의 스페인 피난민을 수용했는데, 그들 중에는 뛰어난 지성인들과 교수들의 대다수가 포함돼 있었다고 할 수 있을 것이다. 산토도밍고와 칠레, 아르헨티나에도 망명객들이 있었고, 영국과 쿠바, 푸에르토리코, 볼리비아, 콜롬비아, 베네수엘라, 파나마에도 약간의 망명객들이 있었다. 약간의 사람들은 북아프리카로 갔고, 아주 소수의 사람들은 미국과 캐나다로 도피했다. 1940년에 팔랑헤주의자인 곤살로 토렌테 바에스테르는 대략 90%의 지성인들이 외국으로 망명을 갔다고 기술했는데, 그들 중에는 110명의 대학교수들과 2백 개의 교육기관, 그리고 2천 명의 교사들이 있었다. 전쟁으로 인해 망명한 지성인들의 명단은 끝이 없을 것이며 이미 잘 알려졌을 것이다; 그럼에도 불구하고, 그들 중 몇몇을 열거하면 다음과 같다. 시(詩) : 안토니오 마차도, 후안 라몬 히메네스, 페드로 살리나스, 호르헤 기옌, 라파엘 알베르티, 루이스 세르누다, 에밀리오 프라도스, 마누엘 알톨라기레, 모레노 비야(Moreno Villa), 후안 힐-알베르트, 페드로 가르피아스, 레온 펠리페, 카를레스 리바(Carles Riba), 페레 콰르트(Pere Quart). 소설(小說) : 막스 아웁, 아르투로 바레아, 라몬 J. 센데르, 프란시스코 알라야, 벤하민 하르네스, 라파엘 디에스테, 마누엘 안두하르.

연극(演劇): 알레한드로 카소나, 하신토 그라우. 문학비평(文學批評): 안토니오 산체스 바르부도, 기예르모 데 토레, 후안 로페스-모리야스, 오메로 세리스. 철학(哲學): 호세 가오스, 호아킨 시라우, J. D. 가르시아 박카, 호세 페라테르 모라, 에우헤니오 이마스. 사회과학(社會科學); 수필: 페르난도 델 로스 리오스(Fernando de los Ríos), 루이스 히메네스 데 아수아(Luis Jiménez de Asúa), 앙헬 오소리오 이 가야르도(Ángel Ossorio y Gallardo), 마누엘 아사냐, 루이스 아라키스타인(Luis Araquistáin), 호세 베르가민, 마리아 삼브라노. 교육(教育): 알베르토 히메네스 프라우드(Alberto Jiménez Fraud), 안토니오 히메네스 란디(Antonio Jiménez Landi), 루이스 데 술루에타(Luis de Zulueta). 역사(歷史): 아메리코 카스트로(Américo Castro), 클라우디오 산체스 알보르노스(Claudio Sánchez Albornoz), 라파엘 알타미라(Rafael Altamira), 페드로 보쉬 힘페라(Pedro Bosch Gimpera), 라몬 이글레시아(Ramón Iglesia), 살바도르 데 마다리아가(Salvador de Madariaga), 비센테 요렌스(Vicente Lloréns). 과학(科學): 아르투로 두페리에르(Arturo Duperier), 아우구스토 피 수니에르(Augusto Pi Sunyer), 훌리오 레이 파스토르(Julio Rey Pastor), 세베로 오초아(Severo Ochoa), 페드로 카라스코(Pedro Carrasco), 라파엘 멘데스(Rafael Méndez). 음악(音樂): 마누엘 데 파야(Manuel de Falla), 파블로 카살스(Pablo Casals), 로돌포 알프테르(Rodolfo Halffter). 미술(美術): 파블로 피카소, 호안 미로(Joan Miró), 아우렐리오 아르테타(Aurelio Arteta). 영화(映畵): 루이스 부뉴엘(Luis Buñuel) … 페데리코 가르시아 로르카나 훌리안 수가사고이티아(Julián Zugazagoitia)처럼 총살당한 이들 이외에 미겔 에르난데스와 헤르만 블레이베르그, 호세 이에로, 마르코스 아나, 호세 루이스 가예고, 훌리안 베스테이로(Julián Besteiro), 안토니오 부에로 바예호, 앙헬 마리아 델 레라

(Ángel María de Lera) 등의 다른 많은 이들은 전승자들이 만들어 놓은 감옥에 수감되었다.

30년에 걸친 망명자들의 지적 활동은 대단한 것이었다. 그들에게 편의를 제공하고 사회·경제·문화적으로 흡수했던 그런 나라들에서는 더욱 그러했는데, 그런 나라들의 가장 좋은 예로 멕시코를 들 수 있다. 교수, 과학자, 법률가, 시인, 소설가, 번역가, 철학자, 화가들이 망명지에서 이룬 문화적 업적은 엄청났고 그들의 부재가 스페인에 남겨놓은 자리는 너무도 깊었다. 국제적인 명성의 기관들과 잡지들이 망명지에서 활기를 띠었는데, 그러한 기관의 예로 '멕시코 교육센터'(El Colegio de México)가 있고, 잡지의 예로 푸에르토리코의 〈아소만테〉(*Asomante*)와 〈라 토레〉(*La Torre*)가 있다. 이렇게 망명지에서 나타난 많은 양의 업적들에 비해, 전후 가장 어려운 시기 동안 진보문화의 내적인 연속성을 보여주기 위해 1940년대와 1950년대 초에 스페인에서 활동했던 지성인들의 이름을 열거하고 복기하는 일은 무의미하다. 사실 민중이 패배하자, 도주할 수 있었던 모든 이들과 함께—이들은 결국 적군의 수색하에 도주했다—1920년대와 1930년대 스페인의 진보적인 지성인들과 기술자들, 즉 근대 스페인의 지성인과 기술자들의 대부분이 스페인에서 빠져나갔던 것이다. 본국에 남아있는 이들은, 나머지 주민들과 똑같이, 침묵을 강요당하고 도태되어 그들의 생산물은 실질적으로 불완전한 것이었다. 망명 시인들이 "노래"를 가지고 가버렸다고 레온 펠리페가 말한 것[44]은 거짓이 아니었는데, 그들은 노래와 함께, 오랜 기간 동안, 근대화에 대한 가능성과 희망도 가져가버렸던 것이다.

---

44) 〔역주〕 레온 펠리페는 자신의 시에서 "그러나 나는 그대(프랑코)에게 세상을 허락한다. … 침묵의 세상을! / 그런데 내가 노래를 가지고 간다면 / 그대는 어떻게 밀을 수확하고 / 또 어떻게 불을 놓을 것인가?"라고 했다.

그럼에도 불구하고, 지금까지 기억된 모든 이름들, 그리고 거기에 덧붙일 수 있는 훨씬 더 많은 이름들이 전쟁에서 패배한 스페인 민중이라는 보통명사로 기록되어 있음을 결코 잊지 말아야 할 것이다. 전후 스페인에서 죽거나 포로가 되거나 굴복한 수백만의 사람들 중에는 지성인들도 많이 포함되어 있었다. 망명 간 시인, 기자, 교수, 화가, 과학자들은 (신빙성 있는 계산에 의하면) 50만의 동포들과 함께 출국했는데, 이들 동포들의 이름은 역사에 기록되지도 않았다. 혹 기록된 경우에는 마테우젠(Mauthausen)[45]의 독일 포로수용소에서 사망(1940년 8월 28일)한 최초의 스페인인인 호세 메르필 에스콜라나(José Merfil Escolana)처럼 특별히 영웅적인 익명의 형식을 취했는데, 그에 대해서는 명부의 이름만이 남아있을 뿐이다. 또는 멕시코에 상륙한 4천6백 명의 최초 피난민들 중에 있었던 40명의 "조립공" 또는 유일한 "샌들 제조공"이란 표현으로 남아있기도 하다. 대중적이고 국가적인 토대 위에 지지되지 않는 문화는 존재하기 어려웠다. 그리고 바로 그런 것이 오랜 시간 동안 힘들게 전진했던 근대 스페인 문화의 특징이었다. 그리고 그 진보적 특징은 민주정치적이고 사회적인 변화를 지향하는 모든 스페인 국민들의 전진과 분리될 수 없는 것으로 나타났다. 이것이 모순적인 제2공화정의 특징이었는데, 그 공화정이 무너지자 그 고통은 모두에게 도달했던 것이다.

망명 문인들의 산물 중 가장 알려진 것은 분명 시인들의 것이었다. 아마도 시인들의 작품이 질적인 면에서 가장 뛰어난 것에 속하면서 망명에 기대고 있을 텐데, 왜냐하면 27세대 시인들의 대다수가 계속해서 시작활동을 했고 또 그 절정기에 이르기도 했기 때문이다. 그들 중 1936년에 사망한 가르시아 로르카, 스페인에서 투옥돼 있다가

---

45) 〔역주〕 오스트리아 북부의 작은 마을.

1942년에 사망한 미겔 에르난데스, 그리고 스페인에 머물렀던 헤라르도 디에고와 비센테 알레익산드레가 빠져있었다. 27세대 시인들과 함께 모레노 비야와 페드로 가르피아스 같은 전위주의자는 멕시코에서, 기예르모 데 토레(Guillermo de Torre) 같은 이는 아르헨티나에서, 또 거장인 후안 라몬 히메네스는 푸에르토 리코와 미국에서 글쓰기를 계속하였다. 전쟁 중에는 가장 젊었던 시인들 몇 명이 망명기간 동안 알려지기도 하였다.

내전이 발발하던 1936년에 미국에 도착한 후안 라몬 히메네스(Juan Ramón Jiménez: cf. V. 1A)는 이미 자기 전(全) 작품의 대부분을 썼던 작가였다. 그럼에도 그는 시작(詩作) — 새로운 시를 쓰거나 이미 발표한 시들을 지속적으로 수정해 다시 썼다 — 을 중단하지 않아 망명 중에 자기 작품들 중 가장 의미 있는 몇 편의 시를 완성하였다. 또한 이미 우리가 언급한 바와 같이, 망명 중인 1956년에 노벨문학상을 수상했다. 노벨상 수상은 후안 라몬 히메네스 작품의 총체적 가치에 대한 인정으로서뿐만 아니라 가르시아 로르카와 마차도가 죽은 마당에 반(反)프랑코적 망명시인들이 대변하는 당시 스페인 현대시에 대한 경의의 표현이라는 의미를 가지고 있었다.

후안 라몬 히메네스가 망명 중에 쓴 작품들의 정확한 제목을 명시하는 것은 어렵다. 왜냐하면 그 작품들이 일부는 불완전하기 때문이며, 또 책으로 나타난 일부 어떤 것들〔1948년 멕시코에서 출판된 《코랄 가블레스의 로만세》(*Romances de Coral Gables*) 또는 1949년 부에노스아이레스에서 출판된 《심오한 동물》(Animal de fondo)〕은 후안 라몬 히메네스 자신이 준비한 《세 번째 시선(詩選)》(*Tercera Antolojía*)에서처럼 다른 책들의 일부분을 이루기 때문이다〔후안 라몬은 자기 작품을 다시 써 몇 년에 한 번씩 '시선집'(詩選集)에 모아 출판하는 습관이 있었다〕. 아마도, 어느 전문가가 말했듯, 《또 다른 측면에서》(*En el otro costado,*

1936~1942)와 《소원의 대상이자 소원하는 신(神)》(*Dios deseado y deseante*, 1949)만이 완전한 책일 것이다〔《코랄 가블레스의 로만세》는 후에 《또 다른 측면에서》에 수록되고 《심오한 동물》은 《소원의 대상이자 소원하는 신(神)》에 포함된다)〕. 그러나 시집 제목들이 혼란스러운 것은 별로 중요하지 않은데, 왜냐하면 1936년부터 사망하는 1957년까지의 후안 라몬 히메네스의 모든 작품이 하나의 마지막 의미를 향해 나아가기 때문이다. 그것은, 그 자신이 《세 번째 시선(詩選)》의 마지막 노트에 밝히고 있는 것처럼, "신비적 범신론자"의 것으로 평가될 시선을 통한 "아름다운 것"과의 최종적인 만남을 의미한다.

아름다움의 추구 — 이미 보았듯(V. 1A), 이로 인해 후안 라몬 히메네스는 여러 번에 걸쳐 시행(詩行)에 "그의 도피형식"을 남겨 놓았다 — 는 이 시기의 후안 라몬 히메네스의 절대적인 강박관념이었다. 이러한 미(美)에 대한 모색은 그가 미국과 푸에르토리코에 체류할 때 더욱 심했다고도 말할 수 있는데, 이런 망명지에서 그것은 아름다움을 구원하기 위한 투쟁으로, 그래서 망명이 의미하는 존재의 파괴에 맞선 자신의 시와 시각의 통일을 위한 투쟁으로 나타나는 것이다. 후안 라몬 히메네스처럼 구체적인 역사적 현실을 시에 드러내지 않는 시인, 에피소드에 거의 노출되지 않은 시인에 대해 이야기하면서 이렇게 말하는 것은 놀라울 수 있다. 그리고 사실 만일 우리도 역사를 무시한다면, 그의 작품의 처음부터 끝, 즉 1898년부터 1957년까지 중단되지 않고 견지된 시각의 절정으로서 그의 말년의 시를 읽는 것이 불가능하지 않을 것이다. 망명기간 동안 후안 라몬 히메네스가 일시적으로 포착한 아름다움을 즐겁게 노래하는 시들 — 모든 역사성으로부터 "깨끗한" — 은 많이 있다. 다음의 시는 그런 시들 중의 한 예이다.

어두운 아침에

어디서 오는지 모르는 빛 한 줄기,
보이지 않게 와서 전적인 원천이 되는 그 빛은
완벽한 것을 침입한다.

모든 것이며 그저 빛일 뿐인 빛이란 존재는
활기를 불어넣는 부지런한 빛;
신(神) 안에서의 다이아몬드 같은 의식,
하얀 불덩이 안에 있는 어느 신(神)은
어두운 아침에
지지하고, 자극하며 결정한다.

또한 〈여러 이름들 중에서 얻은 이름〉의 첫 부분은 다음과 같다.

만일 내가, 당신을 위해, 당신을 위해 한 세계를 만들었다면,
신이여, 당신은 그곳에 왔음이 분명합니다.
내 모든 세계는 내 희망이니
분명 당신은 그곳에 왔겠지요.

나는 내 희망을 언어와
말하는 이름과 쓰인 이름으로 쌓아왔습니다.
나는 모든 것에 이름을 부여했고
당신은 그 모든 명성을 취했습니다.

이런 의미에서 과거와 현재, 어제와 오늘, 이전의 나와 현재의 나 사이의 관계가 후안 라몬의 말기 시에 지속적으로 존재하는 것은 '역사'의 "사건들"과 관계없는 자기 자신의 변화를 바라보는 시인의 개인적이고 주관적인 명상을 소박하게 의미하는 것일 수 있다.

사실, 마지막 단계에서 이렇게 후안 라몬 히메네스 작품에 대한 '내밀한' 독서가 가능하다. 그러나 이런 의미에서 과격하게 추상화되

어버리지 않는 '내밀한' 독서는 없는데, 그 추상화되는 과정에서 '역사'를 "극복"하려는, '역사'의 공격 앞에서 파괴되지 않는 영속적인 형태로서 '역사'에 자신의 작품을 부여하려는 시인의 노력의 가장 의미 있는 것들이 사라져버린다. 그가 보인 그 독특한 이상주의, 그러한 투쟁은 아마 그 어떤 스페인 시인에게서도 볼 수 없는 강도로 후안 라몬 히메네스에게 나타난 것이다. 그의 작품이 내포하는 역사에 대한 부정에서 역사의 존재를 보지 못한다면, 우리는 그것이 정확하게 가지고 있는 투쟁에 대한 것도 이해할 수 없을 것이다. 그리고 무엇보다 먼저 주목할 것은 후안 라몬 히메네스가 망명기인 1936년에서 1942년 사이에 집필했던 첫 번째 책 제목이 《또 다른 측면에서》라는 것이다. 즉, 아주 구체적으로 후안 라몬 히메네스의 극단적인 관조대상인 대서양의 "다른 쪽에서"라는 의미를 가지고 있다. 시인이 "또 다른 측면"에 있음에서 시작하여(예를 들어, 《코랄 가블레스의 로만세》에서는 분명하게 플로리다에 위치해 있다), 정확하게 자신의 작품에 통일성을 부여하려는 시인의 마지막 의도, 자신의 세계관에 그 어떤 균열도 허용하지 않으려는 그의 의지가 탄생한다. 거기서 문제는 '다른 바다'가 아닌 바로 그 동일한 바다의, 동일한 아름다움의, 동일한 신(神)의 "또 다른 측면"을 다룬다는 것이다. 그 동일한 바다를 이야기할 때, 전기(傳記)적 · 역사적인 현실의 힘은 다른 것들 위에 군림한다.

> 꺼져가는 이 낙조(落照),
> 그것이 뒤에 감춘 건 무엇인가?
> 내가 하늘에서 잃어버린 것은,
> 내가 바다에서 잃어버린 것은,
> 내가 땅에서 잃어버린 것은 무엇인가?

그리고 〈저쪽에 있는 나의 반쪽〉(*Con mi mitad allí*) 이라는 제목의 시에서 그런 것은 더욱 명시적으로 나타난다.

봄이 내 몸 안에서 꽃을 꺼낼 때,
청아한 오전에 팔딱이며
내 몸은, 내 찬란한 몸에 있는 양심은
남쪽, 여기 이 남쪽에 있노라!
내 몸은 여기서
내 은빛[46] 모게르의,
내 은빛 푸에르토의,
내 은빛 카디스의,
청아한 오전에
은빛이 꿈꾸는 은빛 대답,
나는 언제나
저 바다 저편, 하늘 저편, 들판 저편을
꿈꾸는 슬픈 소년.

〈공간〉(*Espacio*) 이란 제목의 산문시 첫 부분에는 마드리드와 "내 푸엔테피냐의 집", 그리고 "세비야의 카르모나"가 나온다. 그리고 두 번째 부분에서는 미국(여기서는 워싱턴으로 가는 가교 역할을 하는 뉴욕)과 모게르, 세비야, 마드리드 사이의 대립이 아직도 고통스럽게 나타나 있다. 비록 두 "측면들" 모두에서 동일한 태양이 빛나지만, 그럼에도 불구하고 그것은 "존재하지만 부재하는 태양"으로 표현돼 있다;

---

46) 〔역주〕 후안 라몬 히메네스의 고향인 팔로 데 모게르(Palo de Moguer)는 카디스(Cádiz) 주에 속한 푸에르토 데 산타 마리아(Puerto de Santa María)의 지역이다. 카디스 해변은 '은빛'을 띠는 것으로 유명하기에 이 시에서 시인은 모게르와 푸에르토(데 산타 마리아), 카디스를 '은빛'으로 형용하는 것이다.

세 번째 부분에는 스페인어로 된 이름들이 지배적으로 등장한다. 그리고 후안 라몬 히메네스의 산문이 "시성"(詩性)과 "순수함"을 잃어버리고 조이스풍의 자유연상에 의해 이끌어지는 듯해 보이는 담론이 됨에 따라, 내전 초 며칠간의 사건에 대한 언급도 발견할 수 있다.

> 이제 내 안에는 말하고, 말하고, 또 말하는 한 사람이 있다. 나는 그의 입을 막을 수 없고, 그도 자기 입을 막을 수 없다. 나는 이 광적으로 창작(그는 스스로 자기 입을 막지도 않고 또 누군가가 자신을 그렇게 하도록 하지도 않는다) 하는 오후에 그 오후와 함께 차분하게 있고 싶다. 나는 내 침묵 안에서 침묵하기를 원한다. 그런데 나는 그를 잠잠케 하는 법을 모르고 그 역시 그 방법을 모른다. 나처럼 말하면서 또 나처럼 말하지 않는 두 번째 나여! 입을 다물라. 제기랄, 입 좀 다물라니까!

그럼에도 불구하고, 마드리드의 "밝은 포플러 나무"에 대한 추억은 그에게 "나처럼 끝내 그대 자신이 되라"고 말한다. 그리고 시인은 스스로에게 "그것은 현재가 아니라, 매번 더 간단해지는 지점(支點)이나 비교지점이다. 그리고 그것이 버리는 것과 취하는 것은 갈수록 더 커진다"라고 말한다. 그리고 다른 곳에서는 "내 운명은 나이고 나 이외에는 그 어떤 것도 그 누구도 아니다"라고도 했다. 시인은 자기의 "두 번째 나"를 침묵시키기 위해, 악화된 이기주의의 마지막 몸짓 안에서 자기 작품과 자기 존재의 합일을 구원하기 위해 이렇게 자신의 내부를 향해 후퇴한다. 거기서부터 이미 신(神)—이 신은 항상 소문자로 쓰이는데[47] 왜냐하면 그것은 시인의 시각 자체이자 아름다움이기 때문이다—과의 합일을 향한 도약이 가능하다.

47) 〔역주〕 신(神)을 대문자(*Dios*)로 쓰면 하느님을 가리키고 소문자(*dios*)로 쓰면 유일신이 아닌 다양한 신을 가리킨다.

그리고 그대는 아름다운 관능의 모든 운명들의
운명의 마술 연못이었다.
……
공중에 날 수 없는 날개,
하지만 허공 뒤에 있는
영원과 무한함에 대한
그 모든 꿈보다 더 많은
의식의 빛으로 날아오르는 날개로
내가 바람의 심오한 동물이 되는 그곳에서
내가 있는 바람의 끝자락에서
나로 하여금 그대가 그대였다고 생각하도록,
나로 하여금 내가 그대였다고 느끼도록,
나로 하여금 그대가 나였음을 향유하도록,
나로 하여금 내가 나였다고 절규하도록 당신은 그랬습니다.

하느님이 아닌 소문자 신(神)으로써 보여주는 일시적인 것의 감상적인 존재에 의한 신비적이고 범신론적인 마지막 부분은 후안 라몬 히메네스의 가장 인간적인 차원뿐 아니라 스페인어에서의 거대한 미학적 의도의 가장 뛰어난 예를 우리에게 제공한다. 이러한 미학적 의도는 모든 '역사'를 딛고 일어서려는, 아름다움으로 모든 일상성에 대해 승리하려는 의도를 가지고 있는 것이다. 이는 어쩔 수 없이 '역사'와 죽음이라는 현실에 뿌리내린 모순적인 아름다움으로서 27세대 구성원 대다수의 스승이었던 후안 라몬 히메네스의 극단적인 경우이다. 그러나 그러한 극단이 유일한 것은 아닌데, 문체와 세계관은 다양하지만 다른 망명시인들 역시 동일한 투쟁을 할 것이기 때문이다.

그리고 그것은 무엇보다도 후안 라몬 히메네스의 다음 세대인 27세대 시인 에밀리오 프라도스(Emilio Prados)에게서 보인다. 멕시코에 망명하여 그곳에서 1962년에 사망한 그는 가장 많은 작품을 발표한 망명작가 중 하나였다. 《망각에 대한 기억》(*Memoria del olvido*, 1940)과 《최소한의 죽음》(*Mínima muerte*, 1944), 《폐쇄된 정원》(*Jardín cerrado*, 1946), 《시선집》(*Antología*, 1954), 《자연의 강》(*Río natural*, 1957), 《꿈의 할례》(*Circuncisión del sueño*, 1957), 《쓰인 비석》(*La piedra escrita*, 1961) 등은 그가 멕시코에서 쓴 주요작들이다. 내전에서 잃어버린 자신의 존재를 시적으로 모색하고 발견하려는 것을 상징하는 이러한 밀도 있는 작업은 《시선집》을 중심으로 한 두 시기로 나눌 수 있는데, 단순한 모음집이 아니라 한 권의 작품처럼 구성된 이 《시선집》은 생의 마지막 3년 동안 발전하고 심화시켰던 세계관을 그가 이미 1954년에 긍정했음을 의미한다.

모든 스페인 피난민들이 그랬던 것처럼, 프라도스에게 망명 초기의 생활은 어렵고 내용이 없는 것이었다. 사지(死地)에서부터 낯선 세상으로 들어오면서 새로운 삶을 시작하는 것이 가능하다고 생각하는 것에 익숙해지는 데 오랜 세월이 흘렀다. 《최소한의 죽음》에서 그는 바로크와 신비론적 언어의 기지주의(奇知主義: *conceptismo*)를 사용하고 민요(*copla*)의 가장 섬세한 관념적 유희를 사용하며 글을 썼다.

> 존재하는 것은 내게 존재하는 것이 아니다.
> 있는 것은 나와 함께 있는 것이 아니다.

모든 망명객들처럼 추억과 향수, 그리고 자신에게 이제는 예전의 자신이 남아 있지 않다는 것을 알게 된 것에 대한 고통스런 인식 등은 피할 수 없는 것이다. 그래서 첫 탄식이 나온다.

> 거의 백리향 같은
> 거의 백리향 같은
> 꽃을 꺾기 위해 몸을 숙인다. …

그런데 그것은 꽃이 아니라
거의 백리향 같은
거의 백리향 같은 망각이다.

망명지에서의 삶은 현실처럼 받아들여지지 않아, 현실은 "스페인이 봄날이었을 때" 저편에서 잃어버린 것이 되었다.

그러나 스페인이 봄날이었을 때를
생각하면, 그저 한숨만이!

멕시코 생활 초기에 프라도스는 모든 스페인 추방자들을 특징짓는, 그 깊은 침묵 속에 있는 암울한 정신적 위기를 겪었다. 그 위기는 한편으로는 고통스럽고 불안한 지성, 혼돈스럽고 격정적이며 불균형을 이루는 이성에 근거한 것이면서, 또 다른 한편으로는 조국에 대한 향수로 인해 그저 차분해지거나 아니면 더 이상 늦출 수 없는 생존에 대한 모색으로 인해 아무렇게나 되는 대로 피상적인 활동을 하는 양자택일에 근거한 것이었다. 역사적인 환경은 한 세계의 질서를 영원히 파괴해버린 것처럼 보였고, 그러한 징후들은 의심되지 않았다. 이성은 자신의 건축이 무너져내리는 것을 보고 속임수에 빠졌음을 느끼며 스스로를 의심하지 않을 수 없는 것이다. 느닷없이 도달한 다른 세계에서 스페인인들이 자신들이면서 또 동시에 다른 이들이 될 수 있는 인생의 새로운 계획을 위해 어떤 새로운 이성이 토대 역할을 할 수 있을 것인가? 프라도스의 표현으로 하면, 어떻게 추방의 "균형을 잡을" 것인가? 수천수만 명의 일상적 행동의 가장 깊은 곳에서 "나는 살지만 사는 게 아니다"라는 소리가 강박적으로 들리는 듯하다. 길게 보면, 분명 새로운 사회에서의 현실적 가능성을 향해 살아가도록 내버려두는 것으로 해결되었다. 그러기에 모든 피난민들이 모색하는 이성적 질서가 대부분에게는 불필요한 것이 되었다. 왜냐하면 그 어떤 생각도 현실의 토대가 아닌 것이 분명하기 때문이다. 그럼에도 불구하고, 생각이란 현실분석의 견고한 싹이기에 그러한 생각에 현실을 부여할 줄 알았던 몇몇 사람들은 새로운 삶에 절망적인 의미를 부여할 생각을 모색하고 발견해냈다.

프라도스는 부정을 수용하기 시작한다. 그리고 그런 부정에 들어가면서 언젠가는 빛 가운데로 나올 것을 기대한다.

나는 내 삶에 부족한 것으로
가득 차 있는 육체를 가지고 있다,
그 육체는 정복당해 죽을 때까지
자기를 위해 위로를 모색한다.
……
그리하여, 나는 살기 위해
내 내부를 향해
죽음의 닻을 던져야 하리.

그리고 《최소한의 죽음》 안에 수록된 이후의 작품에서 보면 프라도스는 그 십자로에서 빠져나올 가능성을 예감하고 있다. 그리하여 결국 다음과 같이 외칠 때,

나는 생명으로부터 나와,
죽어가고 있으며
살아 갈
것이다.
나는 죽기 위해
살아 갈 것이다!

그는 자신을 둘러싸고 있는 일상의 생활과 자신을 연합시키는 길을 이미 멀리했던 것이다. 그리고 그런 일상의 삶은 《폐쇄된 정원》에서는 그를 그의 성숙한 세계관으로 인도할 것이었다.

지금부터 언급할 그의 모든 책들처럼 한 편의 시처럼 만들어진 시집 《폐쇄된 정원》은 짧은 시들과 진정한 서정적 폭발력, 그리고 길고 복잡한 관조가 상호보완되어 있는 작품이다. 이 시집은 여전히 고뇌하는 열정에 찬 작품인데, 여기서 시인은 이제 조국에 대한 향수 없이, 치명적인 균열을 접합하고 자신을 둘러싼 현실과 맞서기 위해 자신의 과거를 구원하려고 한다. 이러한 현실의 영향 아래, 그리고 구체적으로는 그가 거두었던 두 망명소년들(이들은 프라도스에게 후견받는 자 또는 일상적인 작업의 동료처럼 성장했다)이 성숙기에 접어듦으로써 새롭게 삶에 대한 희망이 생기는 것을 보면서 《폐쇄된 정원》의 마지막에 프라도스는 다음과 같이 썼다.

하늘, 땅, 태양, 돌들아,
마치 너희들을 볼 때
내 자신의 살점을 보는 듯이,
이제야 비로소 너희들을 바라본다.
너희들이 내 살점에서 빠져있어
나는 완전하지 못하고,
세상의 온전한 남자,
미래의 아름다운 존재라는
씨 없는 아버지가 되지 못한다.

이렇게 필요한 희망뿐 아니라 말라가(Málaga) 시절의 초기 시들에서 이미 영감을 보였던 세상에 대한 새로운 범신론적 비전도 재탄생한다. 스스로에 대해 낯선 것을 관조하는 것은 "내 자신의 살점"을 보는 것과 같다. 그때 프라도스는 과감하게 처음으로 〈물의 신비로움〉(*Misterio del agua*, 《시선집》에 있다)을 출판했다. 이 위대한 작품은 범신론으로 인해 1927년에 그의 몇몇 동료들을 기분 상하게 했는데, 그의 세대뿐 아니라 범신론을 별로 다루지 않은 모든 스페인 서정시(후안 라몬 히메네스를 배제하지 않는다)에서 가장 성취도 높은 범신론적 시각을 위한 새로운 지평을 열었다. 《자연의 강》과 《꿈의 할례》, 《쓰인 비석》은 과거·현재·미래라는 세 시기의 결합에 몰입된 시집들로 존재의 총체성을 노래하고 있다. 나와 타자, 삶과 죽음은 이제 파괴할 수 없는 단위인 것이다.

그리고 하늘에 오른 이—어제 다른 육체들을
기다렸던—는 거기서 태어나기 위해
서서히 옮겨졌다. 그는 다른 이들에게 주어져
모두와 함께 산다. 이제 그는 자기 없이
자신이 남겨 놓을 것의 운반자일 뿐이다.

그러므로 시인은 자기 자신의 이야기(그는 "내 자신에 대한 이야기"라고 한다)를 노래한다. 그러나 이는 이미 일어난 이야기이자 그와 함께 살았던 이들에 의한 그들의 이야기이다. 전쟁을 의미했던 파괴적인 시대는 그 이야기에서 영원히 봉합되어져 있다. 그리고 함께 했던 인명(人名)들은 모든 시간으로부터, 멀리 있는 죽음과 그를 둘러싼 삶으로부터 시에 피어난다.

마르가리타, 마리아,
엔리케, 안토니오 리오스,
블랑카, 카르멘, 루시아,
모든 산간지방 출신의 페드로,

모든 외침의 산(山),
모든 바람의 외침,
등심초, 샘물,
필라르, 벌거벗은 에스트레야….

시인의 특권적인 위치와 목소리가 모든 것들〔자연의 강(江), 죽음에 대항한 투쟁에서 재발견되는 파괴할 수 없는 인간미〕의 위치와 목소리가 될, 그 어느 날을 알리는 사람들과 자연, 그리고 그들의 과거와 현재가 있다. 1944년(《최소한의 죽음》)에 발표된 승리는 이제 결정적인 것이다.

나는 죽음을 굴복시켰고,
죽음과 같은 길을 갔었네.
죽음은 밖에서 다녔고,
나는 스스로의 내면에서 죽었네.

부재와 존재, 향수와 현실 사이의 유사한 갈등은 루이스 세르누다(cf. V. 1C)의 망명기 작품에서도 드러난다. 세르누다는 “거칠고 난폭한 대중”에 의해 사형에 처해진 “밝은 꽃”인 가르시아 로르카의 죽음으로 상징화된 “동족상잔의 싸움”이라는 끔찍한 고통 가운데 스페인을 떠났다. 내전 이전부터 그의 작품의 중심이었던 염세주의, 정치·역사적 분석이 결여된 형벌과 부정이 그의 망명기 작품의 기본적 특징이 될 것이었다. 처음에는 영국으로 갔다가 이후 미국, 그리고 마지막으로 멕시코에 갔는데, 거기서 1963년에 사망한 그는 이미 자기 작품의 큰 주제들이었던 것들을 천착하였다. 그의 큰 주제들은 인간의 고독, 사랑의 불가능성, 시간의 흐름, 누구를 위해 아름다움을 창조하는지 알지 못하는 시인(그의 작품은 이미 쓸모없이 서적 애호가들이

나 통속적인 평론가들의 손에 들어갈 것이다)의 '저주받은' 운명 등이었다. 세루누다에게 시인은 〔《현실과 욕망》(*La realidad y el deseo*) 결정판본의 마지막 작품 제목에 의하면〕 일종의 "순례자"이다. 모든 이들에 의해 그리고 모든 나라에 의해 거부당한 그의 역할은 "길"을 계속해서 가는 것이다.

> 율리시즈처럼 아버지를 찾는 아들도 없고,
> 기다리는 이타카도 페넬로페도 없네.[48]

그는 〈계속 앞으로 나아가고 돌아오지 말라〉라고 비통하게 표현한다.

> 이전에는 굴복하지 않았던 대지 위의 그대 두 발이여,
> 이전에는 결코 보이지 않았던 것에 맞선 그대의 두 눈이여,
> 더 쉬운 운명을 그리워 말라.

그러나 "저주받은" 시의 역사에 기록된 종합적인 내용은 언제나 그 출발점과 복귀점으로 스페인의 망명 현실, 19세기 말의 "저주받은" 전통 시인들에게서 발견할 수 없는 고유한 문화와 대지의 부재로 인한 고통을 가지고 있다. 그리고 우리가 지적한 대로, 만일 그 향수에서 지배적인 것이 염세주의(또한 적지 않은 경우에 고향에 대한 증오가 있다)라면, 언제나 그런 것은 아니다. 시인들을 죽이는 스페인의 "거칠고 난폭한" 대중에 대해 말하는 이는 "폐허" 가운데서 조국의 아들들의 "분명한 재능들" 역시도 기억하는 것이다. 그리하여 뛰어난 작품인 〈스페인 애가〉(*Elegía española*)에서 그는 다음과 같이 표현하였다.

---

48) 〔역주〕 이타카는 율리시즈의 나라이고 페넬로페는 그의 아내 이름이다.

만일 사랑에 빠진 이 두 눈이 그대의
모습을 두 번 다시 비쳐 낼 수 없다면!
만일 그대 무릎에 평화롭게 쓰러진 영혼이
슬픈 청춘이 원했을 때 생각했던 그 세상을
그대의 숲속에서
두 번 다시 꿈꿀 수 없다면!
그대, 폐허에 남아 있는 견고한 탑이여,
그대는 결코 내 인간적인 고독을 말할 수 없고
그대 안에 있는 모든 것의 부재는 잠이 든다.
그대의 바람을 내 이마 위에 지나게 하라,
죽을 때까지 그대의 빛이 내 가슴에,
죽음은 내가 아직도 원하는 유일한 영광이니.

“부유함을 자랑하기 위해 높이 올려진 도시”이면서 “숨겨진 비참함이 구석구석에서 고향도 친구도 없는 목소리로 노래를 부르는” 도시인 런던에 있는 동안, 시인은 “그의 두 팔 사이에 휑한 바람”만이 있음을 느낀다.

추억의 힘으로
기나긴 기다림만을 살아내는
나날들은
고달파라.

물론, 북구의 기후와 다른 풍경들이 도움이 되진 않는다. 고향도 친구도 없이 다른 문화, 다른 언어 가운데 길을 잃은 가운데 이 세비야 출신 시인은 “림보”에서 살고 있다고 생각하며 몇 번이고 자기가 잃어버린 청춘의 남쪽을 추억한다.

맑은 바다 곁에서 올리브 나무가 자라고
하얀 농장이 있는 그 남쪽을 나는 잘 기억한다.

그러나 세르누다는 자신의 유일한 작품집인 《현실과 욕망》의 창작을 멈추지 않아, 그 책을 구성하는 〈새벽을 기다리는 자처럼〉(*Como quien espera el alba*, 1941~1944), 〈살아도 살지 않는 삶〉(*Vivir sin estar viviendo*, 1944~1949), 〈남은 시간들〉(*Con las horas contadas*, 1950~1956), 〈키메라의 비탄〉(*Desolación de la quimera*, 1956~1962) 등을 망명지에서 썼다. 세르누다의 작품에 대해서는 19세기뿐 아니라 동시대 영국 시(예를 들면, T. S. 엘리엇)의 영향에 대해서도 논의된다. 영국시의 영향은 의심의 여지없이 두드러지고 세르누다로 하여금 시의 지평을 확장하고, 호르헤 기옌에게서 받은 깔끔한 형식과 결별하며, 늘 성취하지만은 않은 산문성을 내전 이전보다 더욱더 보여주게 해주었다. 세르누다의 가장 뛰어나고 심오한 작품이 망명기에 쓰였음은 물론이다. 만일 그의 말기 야심작들 중 〈모차르트〉나 〈루이스 데 바비에라[49]가 로헨그린[50]을 듣다〉(*Luis de Baviera escucha a Lohengrin*), 〈문학환경에서의 종족적 생존〉(*Supervivencias tribales en el medio literario*) 같은 작품들이 실패했지만 자부할 수 있는 것이라면, 절정에 이른 작품의 깊이를 평가절하할 수는 없는 것이다. 자유로운 리듬과 은유로 되었으면서 또한 동시에 고전적인 추억("샘물 옆에, 전설처럼 / 고요하게 폐쇄된 정원에")을 연상케 하는 〈그의 삶을 위한 변명〉(*Apología pro vita sua*), 〈케찰코아틀〉(*Quetzalcoatl*),[51] 〈뻐꾸기의 오솔길〉(*Vereda del cuco*), 〈밤의 양키〉(*Nocturno yanqui*)

---

49) 〔역주〕 루이스 기예르모 데 바비에라(Luis Guillermo de Baviera : 1831~1920). 막시밀리아노 데 바비에라 공작의 장남.

50) 〔역주〕 바그너(Richard Wagner)의 오페라.

51) 〔역주〕 멕시코 신화에 등장하는 신(神)의 이름.

그리고 다른 많은 작품들은 현대 스페인 서정시의 지고한 예들로 남게 될 것이다. 그리고 예를 들면, 이미 언급한 〈밤의 양키〉 이외에도 〈가족〉(*La familia*)과 〈두 쪽으로 된 스페인 그림〉(*Díptico español*)은 망명가의 시각을 보여수는 중심작품으로 기억될 것이다. 〈가족〉은 전횡적인 사랑 아래 억압적인 단위인 부르주아 가정의 방(시인 자신의 방)의 기본적인 모순에 대한 추억을 찬란하고, 노골적이면서도 감동적으로 해부한 작품이다. 그것은 근거 없이 거친 비평도 아니고, 쉽게 하는 풍자도 아니다. 그 대신, 그것은 사랑과 거부에 대한 복잡하고 모순된 감정을 다루고 있는 것이다.

새벽에 대한 꿈처럼 먼 어린 시절에
날마다 당신이 인내하며 오르던
그 무대를 기억하는가, 아직도 기억하는가?
……
그들은 당신에게 모든 것을 주었지. 무방비 상태의 동물이었을 때
그들은 당신을 우유와 외투로 보살펴 주었지.
그러고 나서, 당신의 몸이 영혼과 함께 자라날 때,
그들은 당신에게 신과 도덕을 공급해 주었지.
그리고 당신의 순진한 힘을 자신들의 법에 굴복시키기 위해
때로 당신을 조종한 뒤 즐거워했지.
그들은 당신에게 모든 것을 주었어, 그래. 당신이 원하지 않은 생명,
그리고 그 생명과 함께 힘겨운 동반자인 죽음도.

하지만 당신 안에는 어두운 동굴에 있는 짐승처럼
붙잡혀 있는 뭔가가 있지.
그건 그들이 당신에게 주지 않은 건데, 그게 바로 당신이야.
스스로 살아있다는 생각 속에 실수와 함께
자신에 대한 진실을 얻는 고독의 힘.

그렇게, 아주 자유롭게, 기계를 움직일 필요도 없이
물은 솟아올라 흘러간다.
돌이킬 수 없는 바다로. 그것이 그의 운명이지 ….

바로 그 고통스러운 모호함이 〈두 쪽으로 된 스페인 그림〉에서도 발견된다. 그럼에도 불구하고, 이 작품은 두 번째 부분에서는 당시 가장 유행했던 문학의 흐름에 맞서는 기억할 만한 것으로 다음과 같이 끝나는 갈도스(Galdós)에 대한 재독(再讀)이다.

당신에게 사실적인 것은 악당들이 군림하는
음탕하고 위축된 저 스페인이 아니고,
갈도스가 자기 책에서 창조했던
언제나 고상하고 생동감 있는 이 스페인이야.
이런 스페인은 저 스페인으로부터 우리를 위로하고 치유하지.

고독하고 "저주받은" 회의적인 세르누다는 망명지라는 죽음의 언저리에서 이렇게 관대하게 희망을 회복하는데, 이 희망은 이미 자신을 위한 것이 아니고 독자를 위한 것이다. 다른 모든 망명시인들처럼 창작에 대한 그의 변함없는 의지, 그의 언어에서, 이전에 자신의 모습이라고 믿었던 것을 결국 포기하는데, 그것은 전쟁의 죽음과 파괴 뒤에 있는 자기 자신이라는 "유령"이다.

페드로 가르피아스(Pedro Garfias: 이 시인에 대해서는 이미 전위시인으로 언급했다) 역시 영국에서 한 달(1939년 4월~5월)을 머문 뒤 멕시코에서 살다가 사망(1967년)하였다. 그는 영국에서의 짧은 체류기간 동안 아름다운 시집인 《이튼 헤이스팅스에서의 봄》(*Primavera en Eaton Hastings*)을 썼다. 물론 여기서는 모든 망명시인들에게 공통으로 해당되는 것이 그 자신의 목소리로 표현되어 있다.

그대가 멀게 느껴지고 그대의 부재가
내 황량한 고독에 머물기에,
불멸의 푸른 들판 위에 펼쳐진
오늘 오후는 얼마나 깊은지.

내전에서 무기와 시로써 투쟁했던 가르피아스가 그렇게 빨리 전쟁의 고통과 부재의 고뇌를 극복하는 건 불가능했다. 견고해 보이는 가르피아스는 "발을 딛고" 있지만 이미 꿈처럼 보이는 세상에 맞서고 있다.

꽃이 피어있는 키 큰 나무들과 함께
신록에 지친 들판들과
사방에 햇빛이 비치는
들판 위에 투명한 하늘….

망명 초기의 프라도스, 그리고 다른 많은 경우에서처럼 가르피아스는 스페인과 동떨어진 것을 표현하는 것을 불가능하게 여긴다. 영국에서부터 그에게는 단지 고통과 절규만이 남아 있는 것이다.

자기 운명을 버리고 우연을 계산된 성질로 움직이는
대중의 한가운데에서 홀로 있네.
일하고 놀고 일요일에 쉬고
한 주 내내 양치기 개의 경계하는 시선으로
먼 곳을 감시하는 대중들.
……
프란시스코 제단 사제 같은 섬세함으로 자신들의 꽃과
새와 금붕어를 키우고, 인도를 노예로 만든 대중들,
오늘 밤 잠든 대중들 한가운데에서 홀로
나는 울며 절규했네.

……
어미 소를 잃어버린 어린 송아지 같은 내 울음.

예외적인 것은 아니었지만 이미 멕시코에서 페드로 가르피아스의 삶은 사라지고 궤도를 벗어난다. 그는 학교에서 가르쳤고, 외판원으로 일하기도 했으며 지나치게 술을 마셨다. 또 강연을 하고, 여기저기에서 관대하게 즉흥시를 낭송했지만 그 작품들을 제대로 모아 놓지는 않았다. 그리하여 생활도, 시(詩)도 망가지게 되었다. 따라서 비록 가르피아스가 멕시코에 잘 적응하고 현지 사람들을 사랑했던 스페인 사람들 중 하나였지만, 북부에서 남부에 이르는 그의 작품에서 남아 있는 것은 언제나 그리고 거의 절대적으로 향수이다.

빛은 가버렸다. 이 빛은 같은 목소리로
노래하지도 않고 같은 하늘로 자라지도 않으니까.

페드로 가르피아스는 그를 아는 모든 사람들에게 대단히 사랑받았던 사람이었다. 너무 상냥하고 관대하며 보헤미안적이고 부지런하며 영국에서 쓴 작품("나는 길을 갔다가 다시 돌아오며 / 개처럼 내 삶을 경주한다")에서처럼 무너진 사람이었던 그는 자신이 한 일 또는 할 수 없었던 일로 인해 모든 망명자들 중 가장 생생하며 고통스러운 상징의 하나가 되었다.

후안 레하노(Juan Rejano: 1903~1976)는 좀더 젊었는데, 그의 작품은 1939년 이후에 성숙해졌다. 그리고 그의 작품은 비록 상대적으로 짧지만, 망명의 특징을 가지고 있는 것이다. 레하노는 다른 천8백 명의 승객들(그들 중에는 가르피아스도 있었다)과 함께 1939년에 시나이아(Sinaia)호를 타고 멕시코에 도착했다. 그는 다른 망명작가들이나 멕시코 작가들과 함께 다양한 문화활동(폰도 데 쿨투라 출판사,

세네카 출판사 등)에 참가했고, 거의 처음부터 1976년 사망할 때까지 〈엘 나시오날〉(*El Nacional*) 지(紙)의 문화파트 부록을 이끌었다. 당시의 〈엘 나시오날〉지는 오늘날처럼 친(親)정부적일 뿐 아니라 카르데나스주의[52]적이며 혁명적인 성격의 신문이었다. 레하노가 그곳에서 일하게 된 것은 우연이 아니었다. 언제나 공산주의자였던 그는 정치투쟁과 멕시코 생활에 신중하게 접근함으로써 향수를 극복하려고 하는 이들 중의 하나였다. 또 그는 스페인·멕시코의 진보문화 형태를 동등하게 연결·유지하려고 끊임없이 노력하는 이들 중의 하나이기도 하였다.

그렇다고 해서 그의 작품에 고통스러운 추억이나 깨진 희망에 대한 수동적인 관조, 기억 속의 생생한 풍경이 없는 것은 아니다. 아마도 이런 의미에서 《헤닐 강(江)과 올리브 나무》(*El Genil y los olivos*, 1944)는 비록 매우 전통적이지만 그가 멕시코에서 쓴 책 중 가장 아름다운 것일 것이다.

> 그라나다에서 팔마까지,
> 하늘을 통해 걸어가누나,
> 헤닐 강(江)이여,
> 그토록 경쾌한
> 그대 물에 비친 하늘은 참으로 아름답구나.

그러나 세르누다와 프라도스, 또는 모든 이들에게 그랬듯, 그것은 산재된 추억에서만 사는, 사는 것으로 볼 수 없고 (실제로는) 과거에도 받아들일 수 없는 새로운 삶에서만 사는 잃어버린 세계이다. 망명

52) 〔역주〕 멕시코의 대통령이었던 라사로 카르데나스 델 리오(Lázaro Cárdenas del Río)의 정치적 노선을 의미한다.

자는, 가혹하게도, "세상의 밖", "내 이성과 내 감각의 바깥"에 있는 것이다.

나는 내 몸을 저 멀리 화톳불 사이에 놓고 왔네,
그리고 이 깊은 여름의 무릎에
내 그늘을 가져와서는 거기서 몸을 떠네.
땅도 나무도
새의 가죽 아래
숨어 고동치는 호흡도,
꽃가지도, 물과 구더기까지도
나를 모른다.
이토록 깊고 이토록 순결한
이 새로운 환경에서
나는 누구인가?

레하노에게서는 후안 라몬 히메네스와 에밀리오 프라도스의 특징인 비이성과 고통을 부인하는 그러한 초월성이 없다. 그러나 그에게는 가르피아스의 혼란도 역시 없고, 세르누다의 세계에 있는 "저주받은" 거부를 지속적으로 시도하지도 않는다. 그 대신, 기억("모든 것, 내 이마에 있는 모든 것!")과 멕시코에서의 생활 사이의 고상하고 금욕적인 균형이 있다. 아마도 다른 어떤 작품에서보다 《경의의 서(書)》(*Libro de los homenajes*, 1961)에서 공동생활에 대한 깊은 느낌이 잘 반영되어 있을 것인데, 이 작품에서 레하노는 스페인, 멕시코, 쿠바, 칠레 등에서 살아 있거나 이미 죽어버린 동료들에게 자신의 친절한 손을 건네고 있다. 1941년에 쓰인 그 첫 번째 시는 후안 레하노뿐 아니라 멕시코에 피난 온 모든 스페인인들의 삶을 직접적이면서도 분명한 방식으로 표현하고 있다.

〈이름〉

만일 내가 감사를 표현한다면, 사랑을 표현한다면,
몇 가지 표시만을 할 것이다. 몇 가지 표시만을. 그리고 아무것도 하지 않을 것이다.

나는 빵, 자유를 쓸 수도 있는데,
단어들이 부서진다.

나는 속으로 사람과 대중을 쓰는데,
그러면 그 이야기는 이미 어떤 느낌을 갖는다.
가장 심오한 것은 언제나 이름에 있다.
멕시코, 카르데나스.[53)]

후안 레하노는 스페인에 돌아갈 준비를 하던 1976년에 사망했다. 망명기 그의 작품의 대부분은 1975년 멕시코에서 그가 직접 준비하고 편집한 《대지의 날개》(*Alas de la tierra*)에 수록돼 있다.

레온 펠리페(León Felipe: cf. V. 2A)는 특별한 경우인데, 몇몇 비평가들은 그를 망명의 특징을 가장 잘 보여주는 작가로 보았다. 내전 이전에 그가 해외에서 오래 살았고 프랑키즘에 맞서 싸우기 위해 1936년에 파나마(그는 그곳에서 교수이자 공화국의 문화담당관이었다)에서 귀국했다는 사실은 이미 이야기되었다. 물론, 1939년에 있던 그의 새로운 출국은 이전의 것과는 매우 다른 징후를 갖는다; 이제 그 자신의 의지가 그를 움직이는 것이 아니라, 다른 이들처럼 어쩔 수 없이, 다른 이들처럼 고통과 눈물에 젖어 그렇게 된 것이었다. 그럼에도 불구하고, 만일 추방지에서의 적응에 대해 말할 수 있다면, 그

53) 〔역주〕 이미 위에서 언급한 멕시코 대통령 이름.

는 망명에 잘 적응한 유일한 시인이었다. 스페인과 미국에서 쓰인 그의 초기 두 작품들(1920년과 1929년)은《여행자의 시(詩)와 기도》(*Versos y oraciones de caminante*)라는 동일한 제목을 가지고 있다. 레온 펠리페는 늘 편력하는 카스티야인이었고, 그의 새로운 편력에서 그는 스스로를 몇 번이고 돈키호테와 비교했다. 그는 멕시코에 도착해 몇 년 동안 그곳의 문화생활에 참여했고 다른 라틴아메리카 국가로의 긴 여행을 했다〔조카였던 유명 멕시코 투우사 카를로스 아루사(Carlos Arruza)의 관대한 도움이 있었다〕. 그는 강연을 하고, 시를 읽으며 중앙아메리카를 달려 칠레에 도착했고 볼리비아에 올라갔다가 아르헨티나로 갔다. 그러나 결국 멕시코로 돌아와 거기서 죽을 때(1968년)까지 살았다. 이 모든 일들과 매우 개방적인 그의 기질에서 우리가 레온 펠리페의 국제주의(*internacionalismo*)라고 부를 수 있는 것이 피어난다. 그것은 다른 민족들의 희망과 삶에 융화되는 관습으로 매우 특별하게는 라틴아메리카 사람들을 지칭하고 개별적으로는 멕시코를 의미하는 것이다.

그럼에도 불구하고, 카스티야 지방의 여관과 선술집들에서 쓰인 그의 처녀작에서부터 그의 생각의 중심은 스페인이다. 그러나 그의 망명기 작품에 슬픔과 향수가 지배적이지는 않다. 98세대 스타일인 풍경과 역사·사상에 대한 관조가 내전 이전의 그의 시를 지배했다면, 내전 이후에는 성경적이고 돈키호테적인 의분이 핵심이었다. 또 마지막으로 "2개의 스페인" 사이에 있는 동족상잔 전쟁의 주제도 중심 아이디어였다.

> 2개의 스페인이 있다. 군인의 스페인과 시인의 스페인. 동족을 죽이는 칼의 스페인과 떠도는 노래의 스페인. 2개의 스페인과 하나의 노래가 있다. 그리고 이것은 떠돌이 시인의 노래다.

프랑코여, 농장은 그대의 것,
집도,
말(馬) 도,
그리고 총도.
내 것은 대지의 오랜 목소리.
그대는 모든 것을 갖고 나를 벌거숭이로 만들어
세상을 떠돌게 하였다.
그러나 나는 그대에게 세상을 허락한다. … 침묵의 세상을!
그런데, 내가 노래를 가지고 간다면
그대는 어떻게 밀을 수확하고
또 어떻게 불을 놓을 것인가?

그럼에도 불구하고, 시인은 단지 역사 그리고 역사 안에서 인류가 노래하는 것을 만들고 해체하는 '바람'〔風〕의 도구일 뿐이기에 시인이 "가지고 간" 이 노래는 특별한 자부심을 불러일으키는 동기도, 특권도 아니다.

한 번도 시인은 없었다.
이 오랜 노래는 바람이 쓴 것이니.

거기서 레온 펠리페의 독특한 반(反) 미학주의가 있다.

하지만, 그 시인들은 말〔語〕에 대해 무슨 말을 하고 있는가?
언제나 그들은 디자이너들의 토론 속에 있다.
넉넉하게 할지, 좀 빠듯하게 할지 …,
가운으로 할지, 예복으로 할지 …
말은 한 장의 벽돌이다. 내 말이 들리는가?… 수석 사제님, 내 말이 들리나요?

> 한 장의 벽돌. 탑을 올리기 위한 벽돌… 그리고 탑은 높아야 한다.
> 높아야… 높아야…

그래서 바람이 가져가고 데려온 사람, 어쩔 수 없이 스페인적이면서 또한 아메리카적인 그의 방식이 있다.

> 대지로서의 스페인은 이제 그곳에서
> 아직도 정의를 찾는 이들을 구하기 위해서만큼은 중요하지 않다.
> 그리고 오늘 나는 피의 스페인을 위해 모든 것을 건다.
> 이런 스페인은… 바람과 빛의 위도(緯度)에 있다. …
> 그리고 내가 멕시코의 …, 과테말라의 …,
> 니카라과의 …, 코스타리카의 …, 콜롬비아의 …,
> 베네수엘라의 …, 페루의 …, 볼리비아의 …,
> 칠레의 …, 아르헨티나의 …, 우루과이의 …, 아니
> '아메리카의 시민'이 된다는 소식을 알리는
> 기이한 하늘의 목소리를 들을 때, 나는 왁자지껄한 기쁨으로 충만하다.

따라서 그 '바람'〔風〕이 그로 하여금 안토파가스타(Antofagasta)[54]에서 라 파스(La Paz)[55]까지를 기차로 관통하는 높은 계곡이나 멕시코의 사회투쟁 또는 체 게바라(그리고 또한 베트남 인민)를 노래하도록 하는 것은 이상하지 않다. 그리고 그는 항상 격앙됨으로 인해 흐트러진 방식으로 적확한 표현과 부적확한 표현을 사용하는데, 생각을 너무 분명하게 드러내지는 않는다. 그는 정열적인 후글라르이며 그 자신이 폭풍이며 모든 것을 위해 언제나 큰 소리를 내는 시인이다. 자신의 목소리를 자기 나라의 모든 국민의 목소리와 동일시하며

---

54) 〔역주〕 칠레의 북부 도시.
55) 〔역주〕 볼리비아의 수도.

어느 날 그는 "왜 스페인 사람은 그렇게 큰 소리로 말하는가?"라고 묻는다. 그 질문에 대한 대답은 너무 지나치게 애국적이며 궤도에서 벗어난 것으로 망명시의 가장 흥미로운 순간의 하나로 남아있다.

> 스페인어의 이 격앙된 어조는 이미 오래된 것으로 일종의 혈통적 결함이다. 오래되었고 치료할 수 없는 결함. 그것은 일종의 연대기적 질병인 것이다.
>
> 우리 스페인 사람들은 고르지 못하고 생살로 된 약한 목청을 가지고 있다. 우리는 찢어진 목소리로 고함쳐서 영원히 목소리가 거칠게 됐는데, 왜냐하면 역사에서 세 번을, 세 번을, 세 번을 목이 잠기게 해서 후두가 찢어져버렸기 때문이다.
>
> 첫 번째는 우리가 이 대륙을 발견해서 어쩔 수 없이 "육지다! 육지다! 육지다!"라고 소리칠 필요가 있을 때였다.
>
> ......
>
> 두 번째는, 라 만차(La Mancha) 출신의 허술한 유령이 조악하게 옷을 입고 세상에 나왔을 때인데, 그는 부러진 창을 들고 종이로 챙을 만든 모자를 쓰고 바람을 향해 사람들이 잊어버린 빛의 언어를 날렸다. "정의! 정의! 정의!"라고.
>
> ......
>
> 또 다른 절규는 더 최근의 것이다. 나는 성당의 합창단석에 있었다. 나는 아직도 목이 잠겨 목소리가 탁하다. 그것은 목사(牧舍)를 준비하기 위해, 양치기들을 선동하기 위해, 세계를 깨우기 위해 1936년에 마드리드 언덕 위에서 우리가 지른 고함이다. "이봐요, 늑대가 와요!"라고.
>
> ......
>
> … 그런데 그들은 아직 현학적인 이들처럼 질문하기만 한다. "그런데 왜 스페인 사람은 그렇게 큰 소리로 말을 하는가?"라고.
>
> 그럼에도 불구하고, 스페인 사람은 큰 소리로 말하지 않는다. 내가 이미 그렇게 말하지 않았는가? 그 말을 다시 반복하겠다. 스페인

> 사람은 정확히 인간적인 수준에서 말한다. 그리고 스페인 사람 목소리가 크다고 생각하는 것은 듣는 이가 우물 밑바닥에서부터 듣기 때문이다.

호세 마리아 카스테옛의 그 유명한 시선집 《스페인 시의 20년, 1939-1959》(*Veinte años de poesía española, 1939-1959*)에서 레온 펠리페가 선두에 나오는 것은 우연이 아닌 듯하다. 이 시선집에서 스페인의 새로운 시인들은 그들의 도전, '사회시', '저항시'를 모아 놓았는데, 그렇게 함으로써 망명자들이 가져갔던 '노래'를 회복하는 것, 즉 억압에 맞서 두 종류의 망명—외부로의 망명과 스페인 본토 내에서의 망명—의 목소리를 모으려는 것이었다.

페드로 살리나스와 호르헤 기옌의 경우는 다른 듯하다. 기옌과 살리나스를 함께 묶는 것은 이제 오랜 관습이 됐는데, 왜냐하면 이들은 27세대 중 가장 의미 있는 카스티야 지방 사람들이고, 그들의 긴 우정 때문이기도 하며 또 교직에 머문 경력으로 인해 스페인과 망명지에서 유사한 삶을 산 것 같기 때문이다. 사실, 우리가 보아오고 또 잘 알려진 바에 의하면, 그들의 시 작품은 매우 다르다. 그 때문에 우리는 지금까지 그들 사이를 불필요하게 연결시키는 것을 피해 온 것이다. 그럼에도 불구하고, 망명지에서 그들의 작품은 많이 달랐지만 많은 것들이 이들을 한데 묶는 듯하다. 먼저, 루이스 세르누다가 상대적으로 잠깐 미국을 거쳐 갔다는 것을 제외하면, 이들이 미국에 정착한 유일한 27세대 시인들이었다는 사실을 들 수 있다. 게다가, 망명기간 동안 그들이 긴밀하게 공유한 것은 전문적인 것뿐 아니라, 매우 특별한 개인적 친밀함에서도 그러했다. 이 두 시인들은 그들처럼 미국에 망명 온 제한된 수의 지성인들(아메리코 카스트로, 앙헬 델 리오, 프란시스코 가르시아 로르카, 페르난도 델 로스 리오스, 후안 센테노, 비센테 요렌스, 호아킨 카살두에로…)과의 일상생활을 공유하는 것뿐 아니라, 자신들이 재현하는 문화, 전통과는 전적으로 다른 영어권 세계에서 스페인어를 사용해 시를 쓰는 독특한 시인들—후안 라몬 히메네스와 함께—이었다고 생각할 수 있다. 이는 멕시코와 칠레, 또는 부에노스 아이레스로 피난 간 지성인들과 작가들의 경우와는 대단히 다른 것이다. 기엔과 살리나스에 있어 일상적인 언어와의 투쟁(살리나스는 기예르모 데 토레에게 "언어가 다른 나라에서 거주하는 우리 같은 이들은 두 번 추방된 이들"이라고 썼다), 즉각적인 독자들이 친구들과 전문적인 스페인·중남미 연구자들뿐인 한 편의 시를 쓰려는 의지와의 투쟁은 고통스럽고도 진지한 것이다. 남미여행 중에 살리나스가 기쁨에 차서 내면의 친구인 기엔에게 "거기에서는" 사람들이 그들을 알고, 그들의 시를 읽은 사람이 있었다고, 남미대륙에는 자신들의 언어가 살아 있었다고 너무도 기뻐하며 편지를 썼던 건 이상한 일이 아닌 것이다. 또한 후안 라몬 히메네스처럼 살리나스도 푸에르토리코에서 자기 생애 최고의 3년을 보냈다는 사실도 놀랍게 받아들여지지 않을 것이다.

살리나스와 기엔은 매우 특별한 의미에서 위에서 언급했던 시인 그룹과 차이를 가지고 있다. 그들에게는 전쟁으로 인한 생활의 단절과 향수, "스페인에 대한 고통"도 적지 않지만, 희한하게도, 추방에 대한 고뇌는 덜 직접적이고, 덜 분명하며, 덜 지배적인 방법으로 망명의 첫 작품에 반영돼 있다. 그들은 그 모든 어려움을 무릅쓰고 시간의 파괴에 맞서 날마다 자신들의 작품을 일으켰다고 말할 수 있을 것이다.

이미 언급한 대로, 페드로 살리나스(Pedro Salinas, cf. V. 1C)는 미국의 웰슬리(Wellesley) 대학과 계약을 해 1936년 여름에 스페인을 떠났다. 다른 이들처럼, 그 역시 내전이 머지않아 끝나고 내전이 발발한 7월 18일 전에 이미 했던 그 계약이 끝나면 귀국하리라 생각했었다. 그러나 그는 돌아오지 못했다. 그는 미국에서 망명기를 보내다가 1951년 그곳에서 사망해, 리오 피에드라스(Río Piedras) 대학에서 가르치며 행복한 3년(1943~1946)의 시간을 보냈던 푸에르토리코에 매장되었다. 사실, 그의 주요 시 작품은 이미 스페인에서 쓰였지만, 망명기간 동안 소설, 단편, 수필과 희곡 이외에 《명상의 대상》(*El contemplado*, 1946)과 《더욱 분명한 모든 것과 다른 시들》(*Todo más claro y otros poemas*, 1949) 등 두 권의 시집을 써 출간했다. 또한 그의 사후(死後)에 출간되지 않은 시들을 모아 《신뢰》(*Confianza*, 1955)가 출간되었고 이를 모아 1971년에는 《시 전집》(*Poesías completas*)이 출판되었다.

그의 미국 도착과 《명상의 대상》의 출현 사이에 일상의 일을 하며 보낸 10년의 세월이 있다. 그 일상의 일은 비록 좋은 친구들과 함께 하는 것이었지만 대단히 외로운 것이었다. 그의 산문작품과 희곡에서 스페인에 대한 향수, 언어에 대한 지속적인 염려, 출생에서부터 청춘기까지의 마드리드 생활에 대한 끊임없는 기억이 두드러진 것처럼, 친구와 가족에 대한 추억들이 이 시집에 있다. 그럼에도 불구하고, 미국에서의 시집 두 권에서는 그것 중 거의 아무것도 분명하지 않다. 《명상의 대상》은 다양한 주제로 된 찬란한 시집인데, 여기서 살리나스는 이전에 사랑했던 여인 앞에서처럼 아름다운 존재의 본질을 모색한다.

> 바다는 푸르름을 찾아 바다로 가
> 한 푸름에 그 푸르름들을 올린다.
> 그 넓은 공간은 부조화스런 돛 없이
> 단 한 가지 색깔로 충분하다.

물론, 필연적으로 대단한 완벽("하나의 완벽함에서 / 더 완벽한 계획을 향해 / 그대는 즐겁게 도주한다"), 그토록 단순하고 신비로운 아름다움이 '역사'적 현실에 대항하는 것으로 나타난다. 이 시집의 마지막에 〈신의 도시〉(*Civitas Dei*)가 있는데 이는 어떻게 그 명상이 "교역의 도시, 적(敵)의 도시"인 한 "도시"에 의해 포위되었는가를 이해할 수 있는 장시(長詩)이다. 이 작품에서는 서두름과 숫자들, "월급을 바라보는 눈들"이 명상을 방해한다. 또는 오랜 시간이 지나면 결국 지지할 수 없는 특권적인 순간으로 그것을 변화시킨다.

그러나 다른 망명시인들과는 달리, 시인을 괴롭히는 역사적 현실에서 스페인의 비극에 대한 추억은, 어떤 방식으로든, 분명하게 나타나지 않는다. 자동차, 영화, 비행기는 1920, 1930년대에는 가장 이목을 집중시키는 상징이었는데, 근대성의 다양한 면모들에 늘 관심 있었던 살리나스는 미국에서 그러한 상징들의 생산과 소비의 현실에 부딪친다. 〈신의 도시〉는 그런 상징들을 다룬다. 그러나 《더욱 분명한 모든 것》(*Todo más claro*)의 중요한 시인 〈강변의 남자〉(*Hombre en la orilla*)에서는 그런 것을 다루는 방식이 더욱 급진적이다. 강변의 남자는 이제 이전에는 모르던 근대세계의 면모들에 맞서 나가는 시인이다. 이런 면모들은 속도의 어지러움, 종점이 늘 죽음인 자동차로 "굴러"가기 같은 것들이다. 그러나 자기들이 "O 앞에" 있다는 걸 모르는 자본주의 세계의 안달하는 주민들은 사고팔고, 미장원에 가는 하찮은 것에서 속는다. 〈경고의 야상곡〉(*Nocturno de los avisos*) 또는 '타임스퀘어'에서 본 상업광고들에서 시인은 문명에 대한 전적인 거부에 도달하는데, 이는 풍자적으로 맞설 수 있는 것이다. 위스키, 담배, 치약, 코카콜라 광고들. 내전부터 시인은 출구가 잘 보이지 않는 다른 세계에 들어선 것이다.

'럭키 스트라이크,[56] 럭키 스트라이크'. 반짝임이여!
그런데 모든 것이 그렇게 될 것인가?
입술 사이의 한숨인가,
노래 없는 모방인가,
연기에서 무(無)로의 이동인가?

〈강변의 남자〉는 "이 강은 저것이 아니다"라는 주의를 기울일 만한 행(行)으로 시작한다. 이는 호르헤 만리케의 그것도 아니고, 물론 그 전통도 아니다. 그러나 또한 이미 잃어버린 세계의 '그것'도 아니다. 스페인과 내전 이전을 가리키는 특별한 지시가 없는 것이다. 그러나 강변의 남자는 더 인간적이고 더 이해할 수 있고 덜 소외된 것으로 기억하는 어느 현실에서 추방당한 자이다. 그 현실은 제2차 세계대전 이후 행해졌던 독점자본사회와 그 이데올로기의 거대한 도약 이전에 27세대 시인들과 공화정 자체가 희망의 세계에서 살고 있을 때를 의미한다. 놀라운 사실은 아니겠지만, 여기서는 《더욱 분명한 모든 것》이 적절하게도 원자폭탄에 대한 시 〈제로〉(*Cero*)로 끝난다는 사실을 추가한다.

우리가 호르헤 기옌(cf. V. 1C)의 망명 초기라고 부를 수 있을 시기의 작품에도 스페인은 특별히 분명하게 드러나지는 않는데, 이 시기에도 기옌은 《찬가》(*Cántico*)의 작품을 계속해서 쓰고 있었다. 《찬가》가 언제나 작품이 더해지고, 재구조화되며 더 심오해진 상태로 1928년, 1936년, 1945년 그리고 1950년에 출간되었다는 사실은 이미 언급했다. 22년 동안 그는 하나의 세계관으로 체계적인 작품활동을 한 것인데, 시인 자신이 자기 작품선집(選集)에서 밝힌 바(1919~1950)에 의하면, 사실은 31년 동안 그렇게 한 것이다. 여러 판본이

---

56) 〔역주〕 담배 상표.

출판되는 이 기간 동안 세상은 시인에게 덫을 놓고, 그의 균형 있고 기쁨에 찬 노래를 방해할 다양한 부정적인 것들을 가르쳐 주는 것을 그만두지 않았다. 이러한 악한 것 중 중요한 것은, 의심의 여지없이, 내전—내선 초기에 기옌은 세비야에서 짧지만 위험한 투옥생활을 경험했다—과 망명이다. 하지만 기옌은 물러서지 않고 고통과 혼돈에 맞서 인간의 삶에 대한 긍정적인 시각을 구성하려고 했다. 그래서 아마도, 《찬가》의 1945년과 1950년 판본(1950년 판본이 마지막)은 1928년과 1936년 판본에 나타나지 않았던 "삶에 대한 믿음"이라는 부제를 가지고 있을 것이다. 기옌은 분명하게 설명한다.

> 세상으로 인해 내가 아플 때, 만일
> 마음에 있는 샘 하나가
> 내가 알지 못하는 무(無)의
> 심연을 향해 가라앉으면
> ……
>
> 주변에 있는 당신의 광채와
> 본질을 향한
> 내 열망의 잔불은
> 꺼지고 굴복된 것으로 느껴질까?
>
> 나는 현실과 얼굴을 대고 맞선다.
> 나는 숨지 않고,
> 내 자리를 고수한다. 나는 물러서지 않고
> 앞으로도 그럴 것이다. 언제나 너무 놀란 채.

《찬가》의 마지막 두 판본은 1919년에 시작한 작품을 끝마치려는 의지를 이룬 것이다.

하지만 1950년 조금 전에 기옌은 《절규》(*Clamor*)라는 제목이 붙여질 두 번째 작품을 쓰기 시작했는데, 이 책은 〈마레마그눔〉(*Maremagnum*, 1957), [57] 〈바다에 주리라〉(*Que van a dar a la mar* …, 1960), 〈주변의 높이에서〉(*A la altura de las circunstancias*, 1963)의 세 부분으로 구성될 것이었다. 제목은 거짓말하지 않는다. 만일 《찬가》가 모든 부정에 대해 저항하고 승리하는 것이었다면, 《절규》에서 기옌은 인류의 잠재적인 기쁨, 즉 조화를 이루려는 모든 호의를 괴롭히고 난폭하게 구는 악(惡)을 묘사하고 판결한다. 물론 장기적으로 보고 시(詩) 하나하나를 보면 악과 파괴를 호명해 나감에 있어, 기옌은 부정을 부인한다. 즉, 부정이 존재한다는 것을 부인하고, '역사'가 빠진 듯한 혼돈이 없다고 하는데, 예를 들면, 올바른 질서에 대한 혼란, 즉 독재가 없다고 부인한다. 그는 이 모든 것이 인류의 삶에 대한 의지를 영원히 파괴하고 없애버릴 수 있다는 사실을 부인하는 것이다. 그것은 존재에 대한 휴머니즘적 시각인데, 그러한 시각은 자신의 진실을 파괴에 대치시키고, 급진적인 리얼리즘 안에서 아마도 가장 찬란하고 고귀한 순간에 도달하는 것이다(기옌은 이러한 리얼리즘으로 늙어가는 자신과 대립한다). 그는 자신의 죽음은 자신의 최후가 되겠지만, 생명 자체의 최후는 아니며 이미 살아온 것에 대한 부정도 아니라는 것을 안다고 확신한다.

그토록 필멸의 존재가 되고 싶어
열렬히 내 육체를 포옹하는,
내 정신과 세계가 하나 되는
이 호흡을 포옹하는 삶 하나를 나는 가로지른다.
잔인한 세상과 범죄,

---

57) 〔역주〕 '지중해'라는 의미의 라틴어.

전쟁, 형체 없는 거짓된 것, 터무니없는 소리들…
상관없다.
불순하고 잘 나뉘지 않게
연합된 모든 것,
산다는 것이 나를 붙들고 있다. 나는 피조물.
나는 내 인간의 조건을
받아들인다.
초인간적인 축복의 덕택으로
그 조건 안에서 나는 편하다.
세상은 사람 그 이상이다.

그리고 이제 그의 세 번째 책인 《경의》(*Homenaje*, 1967)에서는 〈요약〉(*Resumen*)이라는 제목의 시로 그 설명을 완성한다.

나는 죽을 것이다, 잘 안다, 견딜 수 없는 케베도여,
당신의 전깃줄을 내게 던지지 마시오.
나는 사랑했고, 즐거웠고, 힘겨웠고, 글을 썼다. 더 이상은 바라지 않는다.
결국, 아무도 내 좋은 추억을 없앨 수 없다.

이제 스페인은 《절규》뿐 아니라 《경의》의 중심주제로 등장한다. 그리고 그것은 기옌의 네 번째 책인 《… 그리고 또 다른 시들》(*… Y otros poemas*, 1973)의 주제이기도 하다. 이 작품에서 주제적이고 문체적인 연속은 대단히 광범위하다. 가르시아 로르카, 미겔 에르난데스, 모레노 비야, 페드로 살리나스 등 내전과 망명 중 사망한 친구들과 풍경에 대한 기억이 빠지지 않는다. 또한 새롭게 태어난 스페인에서 활동하는 새로운 시인들(블라스 데 오테로, 가브리엘 셀라야)의 작품들과의 만남 역시 등장한다. 이 모든 것이 날카로운 정치풍자의 맥

락 가운데 주어졌는데, 그 중에서 독재자 프랑코와 그의 일당들을 겨냥한 〈페레스의 권력〉(*Potencia de Pérez*)이 두드러진다. 그 뒤에는 시인의 충만한 역사적 의미가 더욱 뚜렷하다.

> 양 쪽 모두가 범죄를 저질렀다고?
> 의미가 다르지.
> 한쪽은 과거를 향해서 으르렁거리며 그런 것이고,
> 다른 한쪽은 미래를 향한 것이니.
>
> 2개의 스페인이라고? 사실,
> 하나가 다른 하나를 암살했지.
> 그래서 국가는 완전해졌고.
>
> 암살당한 시인이라고?
> 많은 이들이 암살당했지.
> 그 범죄 위의 국가.
> 여기에선 아무 일도 없었지.

그리고 다음의 시(詩)도 보자.

> 모든 것이 비열한 역사의 수준에 머물렀다.
> 실수와 범행에 대한 파문,
> 가장 행복한 작품에 대한 파문,
> 최고로 훌륭한 이들에 대한 파문,
> 더 인간적인 것이 잠재된 스페인에
> 군대도 없는 방해.

그러나 모든 "방해"는 소용없는데, 왜냐하면 역사가 멈추지 않고,

생명이 그치지 않기 때문이다.

그 많은 죽음과 재난을 헤치고
산인한 그 무엇이 끊임없이 생존한다.
모든 권력 중 가장 잔인한 것,
그것은 생명, 끝없는 생명.

《찬가》와 제목에 있어 대조적인 《절규》는 '역사의 시간'이라는 부제를 달고 있다. 《찬가》가 긍정하는 완벽과 조화와는 달리, '역사'는, 사실, 혼돈의 가능성과 박해이다. 그러나 '역사'는 또한 《찬가》의 〈삶에 대한 믿음〉이 보증하는 객관적 현실, 우리의 유일한 현실이기도 하다. 그 현실 속에서 생명은 항상 다시 태어나고 아직도 그러하다. '역사'는 생명과 희망이며, 인류의 완벽에 대한 파괴될 수 없는 열망이다. 분명 1956년에 스페인에서 일어난 사건들[58]을 생각하며 쓰인 《마레마그눔》의 한 시를 보면, 기옌은 이미 1957년에 그걸 인식했다. 우리는 이 시의 전문을 소개할 필요가 있다고 생각한다.

〈자식들〉

긴 깃발과 칼을 찬 승리와
햇빛 밝은 쾌청한
공기 속에 당당했던
그 사열이 있은 뒤에,
가장 명랑한 이들이
흩어지거나

58) 〔역주〕 당시에 대학생들과 프랑코체제의 갈등이 본격화되어 갔다. 'VI. 2 서문' 참조.

달랠 수 없는 수직선으로
환멸 위에 태어나는 환영으로
한데 모여
사열도 없이 — 진정으로
함께 살기에는
결코 늦지 않다 — 간다.
갑자기 번개 하나가
침묵을 변화시켜 부딪쳐 투쟁하는
소문의 시기로 만든다.
희망은 터무니없는
허풍을 극복하고,
젊은이들의 주먹은
불타기 때문에 빛나는
선명한 역사에 칼을 사용한다.
강요된 힘은 저항하고
있다. 피가 보인다.
떠들썩한 가운데 학생들이
솟아오른다.

하지만 이 조심스런 절정기에 기옌을 걱정시키는 것은 스페인뿐이 아니다. 아마도 그의 직업 때문에, 또는 긴 미국 체류나 이탈리아와 아메리카 사이에 살았던 몇 년의 기간으로 인한 국제적 기질 때문에, 내전 이후의 작품에서 기옌을 걱정시킨 것은 전체 '현대사'인 것이다. 물론, 유럽적인 시각이 지배적이고 제2차 세계대전은 그의 시에 깊은 흔적을 남긴 것이 사실이다. 다른 많은 작품들 중에서 우리는 안네 프랑크에게 바쳐진 시를 기억할 수 있는데, 이 작품은 나치의 야만성에 맞서 〈인간적인 긍정〉(*Afirmación humana*)이라고 제목 붙여진 것이다. 또한 그는 '소비사회'라고 불리는 악(텔레비전, 행상, 천박함 등…)에 관계된 문제들도 다루었다. 그리고 적확한 때에 제국주의적 폭력에 맞서 반격을 가했다. 베트남에 헌사된 시도 여러 편 있고, 그의 일상생활과 더 밀접한 것으로, 미국에서의 흑인해방을 위한 투쟁에 헌사된 작품도 많았다〔여기서는 특별히 "이 성난 흑인들, 이 파괴자들은…"으로 시작하는 '블랙 팬서'(Black Panthers)[59]에게 바쳐진 찬란한 시를 언급할 가치가 있다〕.

망명기에 쓴 기옌의 작품은 길고 복잡하다. 다른 위대한 27세대 망명 시인들이 각각 자신의 방식으로 그랬던 것처럼, 망명기의 기옌은 온갖 난관을 헤치고 절정에 도달한다. 마지막 시집을 끝내갈 무렵에 기옌이 기억하는 27세대의 재능과 소명에 대한 또 다른 증거가 하나의 스페인이 될 가능성에 대한 희망과 우정에 대한 경의로 드러나 있다〔cf. 《… 그리고 다른 시들》에 있는 〈몇 명의 친구들〉(*Unos amigos*)〕. 그리고 같은 책의 마지막에 짧으면서도 의미 있는 시가 있는데, 그것은 수십만 추방자들의 경험을 요약하고 있다. 그들이 살았든 죽었든 말이다.

〈1938-1968〉

나는 걸어서 다리를 건너 스페인을 빠져나왔다.
벌써 … 몇 년 전의 일인지? 30년. 이민의
30년 세월이라니! 나는 기억한다. 비다소아,
이룬, 엔다야, 형제를 죽인 가인의 싸움을.
여행자는 운명에 충실한 채 길을 계속 간다,
숙명적으로 자신의 스페인을 등에 지고.

라파엘 알베르티(Rafael Alberti, cf. V. 1C)는 남미에 가서 오랫동안

---

59) 〔역주〕 1965년에 결성된 미국의 급진적인 흑인결사.

부에노스아이레스에 머물렀다가 1960년대 중반에 유럽으로 왔는데, 그런 오랜 편력 끝에 '숙명적으로', "자신의 스페인을 등에 지고" 파리, 로마 등지에서 살았다. 추억을 다룬 훌륭한 작품으로 1975년에야 스페인에서 출판된 《잃어버린 숲》(*La arboleda perdida*, 부에노스아이레스, 1959)에서 알베르티는 자기 삶의 끊어진 줄을 깨끗하고 우아한 산문으로 추억 속에 담았다. 이 작품에서 알베르티는 청춘시절의 다양한 많은 친구들의 모습과 함께 20세기 초 20~30년간의 스페인 사회의 투쟁과 연관된 자신의 예술적 발전에 대한 정확한 자료, 유년기의 푸르렀던 카디스를 깊은 향수와 함께 그렸다. 그러나 두 부분으로 된 이 책은 시인을 단지 1931년[60]까지만 데리고 간다. 이 해는 희망이 절정에 이르렀던 해인데, 그 희망이 무너진 뒤 그는 망명을 갔다. 《잃어버린 숲》은 추억과 고통이 분명한 작품으로 그러한 맥락 안에서 추방당한 알베르티의 모든 작품을 읽을 수 있다. 그의 가장 아름다운 시집 가운데 하나인 《멀리서 살아있는 것의 귀환》(*Retornos de lo vivo lejano*, 1948~1952)도 같은 기능을 하는데, 거기서 비탄에 잠긴 시인은 자신의 유년기와 거의 완전한 단절을 직관한다.

방금 떨어진 재스민과 낮에
패배한 밤의 분꽃의 화관 때문에,
나는 시월의 첫날인 오늘 아침에
내 초등학교 시절의 그 먼 세월을 향해 도주한다.
거의 새벽에도 아이의 작은 윤곽조차
투영하지 않는 작은 그림자여, 그대는 누구인가?
두 눈에 아직도 잠이 걸려서 누가
바다 근처 강의 다리를 걸어가는가?

---

60) 〔역주〕 1931년에 라파엘 알베르티는 공산당에 입당하였다.

명랑한 창조적 청소년기도 다른 사람의 것인 듯한데 〈달콤한 자유의 귀환〉(*Retornos de la dulce libertad*) 에서는 다음과 같이 표현돼 있다.

그대가 땅 위의 마도로스였을 때,
그대는 지금보다 더 자유로울 수 있었지.
그대의 방금 태어난 꿈에 붙들려
환하게 불 켜진 곳에서 나와
바다 속 농원의 깊은 계곡을 통해,
돌고래의 푸른 산기슭을 통해
달콤한 사이렌으로 가는
물에 잠긴 오솔길
즐겁게 갈 수 있었지.

그러나 《멀리서 살아있는 것의 귀환》뿐 아니라 알베르티의 모든 작품이 자유(그는 스페인에 남아있는 사람들과 함께 자유의 공유를 느낀다)의 상실, 부재, 거리를 고통스럽게 겪는다. 그럼에도 불구하고, 추방당한 시인들 대부분의 경우에서처럼, 그를 둘러싸고 있는 고통도 죽음도 시인을 침묵시키기에는, 스스로를 재발견하게 될 그의 창작의지를 꺾기에는 충분하지 않다. 《카네이션과 칼 사이에서》(*Entre el clavel y la espada*, 1939~1940)의 앞부분에서 알베르티는 다음과 같이 요구한다.

이 강요된 무질서 뒤에, 이 조급함 뒤에,
내가 살고 있는 이 급박하게 필요한 문법 뒤에,
적확한 말이여, 내게 순결한 상태로 오라,
정확한 형용사와 함께, 동사여, 순결한 상태로 오라.

그리고 《만조(滿潮)》(*Pleamar*, 1942~1944)에서는 다음과 같이 표

현됐는데,

오, 시(詩)여, 오 은혜여, 저들은 무기로,
몇 발의 슬픈 사격으로, 여명으로,
그대를 죽일 것으로 믿었다.

여기서처럼 비록 "순결"하지 않은 상태로 언어와 목소리가 돌아온다고 해도, 그것은 노래의 능력으로 충만하여 돌아온다. 이렇게, 인용된 책들과 다양한 희곡작품들 이외에, 알베르티는 이제 《회화(繪畫)에게》(*A la pintura*, 1945~1952), 《파라나[61]의 발라드와 노래들》(*Baladas y canciones del Paraná*, 1953~1954), 《보행자에게 위험한 로마》(*Roma, peligro para caminantes*, 1964~1967), 《아니에네 강[62] 깊은 계곡의 노래》(*Canciones del alto valle de Aniene*, 1967~1971) 등과 《후안 파나데로의 민요들》(*Coplas de Juan Panadero*)의 일부분을 계속해서 썼다.

알베르티의 시는 다양하다고, 알베르티의 시와 시 일반의 관계는 피카소의 작품과 회화 일반의 관계 같다고 말한다. 하지만 알베르티의 다양함은 아마도 피카소의 다양함보다 더 피상적이고 당대 예술의 본질과 덜 불가분의 관계라고도 말한다. 그것은 우리가 볼 때 완전히 지지할 수 없는 제안 같지는 않다. 그의 세대의 가장 탁월한 이들에게서 발견되는 심오한 진보성, 그 내적 일관성에 맞서, 망명기의 알베르티의 시는 이전처럼 지나치게 주변의 에피소드적인 것에 좌우되는 듯하고 그 최대 미덕 — 놀라운 기술의 통제 — 은 우리가 그 남용이라고 부를 수 있는 것에 의해 소모되는 경향이 있다. 《회화에게》는

61) 〔역주〕 아르헨티나의 도시.
62) 〔역주〕 이탈리아의 강.

두드러진 예이고 《보행자에게 위험한 로마》는 더욱더 그러한데 여기서는 거의 단조롭게 교통혼잡의 소음과 위험, 더러움, 고양이들을 빙빙 돌리는 중에 찬란한 몇 편의 시들이 사라진다. 아무리 많이 케베도와 공고라가 사용했던 동사의 울림과 기법이 있어도 그 드러난 솜씨 너머에서 — 혹은 이쪽에서 — 시들은 길을 잃는다. 분명한 것은 때로 르네상스의 위대한 시인들이 이렇게 글을 썼고 또 멀리 갈 것도 없이 공고라와 케베도 자신도 그랬다는 것이다. 시인은 인간적인 것에 무관심하면 안 된다. 그러나 알베르티 자신이 다음과 같이 글을 쓸 때,

무슨 일이야? 왜 그리 꼬여서
영원토록 손잡이에 붙들린 채
발을 들락날락거리며
불멸의 로마 시내를 좌충우돌하며 다니는 거야?

형태의 지배로 가득 찬 공허의 존재를 의심하지 않을 수 없다.

그럼에도 불구하고, 무기로도 시를 죽일 수 없다는 사실을 분명히 보여주기 위해서 이렇게 글을 쓰는 것도 필요하다는 것을 우리는 이해한다. 그리고 결국 거기에 《파라나의 발라드와 노래들》의 심오하고 분명한 목소리가 남는다. 그리고 《보행자에게 위험한 로마》와 《회화에게》에도 불구하고, 아주 주관적이면서도 확신〔알베르티는 이런 확신을 가지고 예술의 이상주의적 시각으로부터 환경적이라고 여겨지는 것, 즉 자신의 정치적인 시(*poesía política*)를 주장한다〕을 가진 가운데 노래의 즐거움과 투쟁의 능력이 변함없이 회복된다. 이렇게 '거리의 시인'은 망명기간 동안 미국, 베트남 전쟁, 그리고 언제나 스페인 대중의 투쟁과 희망에 대해 글을 썼다. 특히 《후안 파나데로의 민요들》(*Coplas de Juan Panadero*)에서의 후안 파나데로는 시 자체처럼 불

멸이다.

스페인의 후안 파나데로는
조국을 잃었을 때 짠 바다를
건너야 했다.

그러나 비록 그 바다를 건넜지만,
스페인의 후안 파나데로는
떠난 것도 패배한 것도 아니었다.

왜냐하면 비록 바다가 가운데 있어도
후안 파나데로는
아무것도 잃은 것으로 여기지 않기 때문이다.

그리고 늘 시대의 흐름에 뒤떨어지지 않는 알베르티는 매우 중요한 정치환경에 급진적으로 연관되어 1977년에는 사면을 노래한다.

간수여, 열쇠를 받으시오,
죄수가 거리로 나가게 하시오.

그의 두 눈이 들판을 보고
들판 뒤의 바다를,
태양을, 달과 바람을 볼 수 있도록.

마르고 창백한,
너무도 그를 불러 목소리가 없는,
그의 달콤한 애인을 볼 수 있도록.
죄수가 거리로 나가게 하시오.

적어도 몇 명의 시인들(비록 갈수록 스페인 독자들에게 더 알려지고 있지만 이들의 작품은 매우 산재돼 있다)의 이름을 인용하지 않고는 망명시에 대한 이 부분을 끝낼 수 없을 것이다. 미국에 거주했거나 아직도 거주하는 이들 중 호세 베르가민(José Bergamín), 후안 라레아(Juan Larrea), 마누엘 알톨라기레, 후안 힐-알베르트, 후안 호세 도멘치나, 에르네스티나 데 참포우르신(Ernestina de Champourcín), 라파엘 디에스테, 프란시스코 히네르 델 로스 리오스, 호세 에레라 페테레, 라몬 가야(Ramón Gaya), 아구스티 바르트라(Agustí Bartra), 아돌포 산체스 바스케스(Adolfo Sánchez Vázquez), 아르투로 세라노 플라하(Arturo Serrano Plaja) 등을 기억하는 건 중요하다. 또한 막스 아웁(Max Aub)과 라몬 J. 센데르도 시를 썼다. 소비에트연방에 거주했던 이들 가운데는 세사르 무뇨스 아르코나다와 훌리오 마테우(Julio Mateu)가 있는데, 그 시는 아직 알려져 있지 않다. 내전이 끝났을 때 열 살에서 열네 살 사이였던 세대에서도 몇 명의 좋은 시인들이 나왔다. 그들 중 여기서는 비센테 아라나(Vicente Arana), 파스쿠알 북소(Pascual Buxó), 마누엘 두란(Manuel Durán), 호세 미겔 가르시아 아스콧(José Miguel García Ascot), 루이스 리우스(Luis Rius), 토마스 세고비아 라몬 시라우(Tomás Segovia Ramón Xirau)—그는 카탈루냐어로도 시를 썼다—등을 기억할 것이다.

적어도 망명작가들에게서는 시만큼이나 소설도 많은 작품들이 있다. 장르적인 특성으로 인해 소설에서는 시처럼 향수의 주제가 직접적인 방식으로 발견되지 않는다. 그럼에도 불구하고, (내전 이전과 내전 당시의) 스페인은 망명소설의 유일한 주제는 아니지만, 중심주제였다. 소설가들의 삶의 상태는 시인들의 삶의 상태와 유사하지만 보다 두드러진 방식으로 제시되었다. 비록 소설가들의 투쟁이 시인들에서만큼 명확하게 드러나지 않았지만 말이다. 우리는 적어도 부르주아의 절정기이자 문학 생산물이 그 존재를 정당화하기 위해 소비되는 시장경제의 시기인 19세기 중반 이후, 시인들이 대중으로부터, 즉 시장으로부터 고립되었다는 사실을 인식해야 한다. 반면 소설가들(발자크, 갈도스 등)은 돈을 지불하는 대중들과 함께 했으며 그것을 위해 글을 썼다. 그래서 시인의 고독과 고립은 어느 정도 근대의 전통이다. 물론 20세기(또한 19세기에 기원을 둔)의 소수 소설의 존재를 잊지 말아야 하는데, 이는 부르주아의 사회적·미학적 경향과 싸우면서 한편으로는 "저주받은" 시인만큼이나 소설가를 고립시키고 또 고립시킬 수 있었던 것이다. 그럼에도 불구하고, 망명기의 스페인 소설은 가장 넓은 의미에서 보면 주로 사실주의적인 것이었다. 이는 소수의 경향에 맞서 자신의 "메시지"를 가상독자(이들이 시장이 될 것이다)인 "수신자들"에게 향하게 하는 것을 의미한다. 이들 가상독자는 우리가 메시지의 "콘텍스트"라고 부를 것을 어떤 방식으로든 공유하는 이들이다. 따라서 망명 소설가들이, 시인들과 마찬가지지만 그 생산물의 역사적 특성과 독특한 방식으로 연결되어, 세르누다가 '림보'라고 불렀던 상황 가운데 있다는 것은 놀랄만한 일이 아니다: 그들의 작품은 스페인에서 금지되었기 때문에 내전 이후 스페인 소설의 발전에서 이들은 실질적으로는 아무런 영향도 주지 못했고, 자신들이 있는 곳(멕시코, 산토도밍고, 아르헨티나, 미국 등…)의 대중 독자들에게도 분명하게 도달하지 못했다. 그래서 그 때문에, 그들은 자신들이 머물러 있는 나라의 소설 발전에도 의미 있는 영향을 미치지 못했다. 몇몇 호의적인 비평, 약간의 성공한 출판, 그리고 멕시코와 아르헨티나의 지성인들 사이에 몇몇 이들이 누리던 존경에도 불구하고, 이들의 작품은 망명지에서의 창작력과 추억에 대한 고립된 "유언"(이는 막스 아웁의 표현이다)처럼 남아있다.

그럼에도 불구하고, 우리는 1940년부터 1960년까지의 스페인 망명

소설이, 드물게 예외도 있지만, 동 시기 동안 스페인에서 생산된 소설들보다는 대체로 훨씬 좋았다고 말할 수 있다. 역사에는 후진(後進)이 없고 따라서 당대의 구체적인 사회·언어적 맥락에서 별 의미 없었던 문화 생산물이 세월이 지나 의미를 갖게 된다는 것은 기대할 수 없는 것이다. 이런 의미에서 망명 소설의 "회복"은 가능하지 않다. 스페인에서의 스페인 소설사는, 이미 보아왔고 또 앞으로 보게 되듯이, 셀라와 1950, 1960년대의 리얼리즘, 그리고 루이스 마르틴 산토스(Luis Martín-Santos)를 지나는 선을 따라 이루어진다. 그렇기 때문에 다른 세상 사이에서 고통스럽게 사는 "편력하는 스페인"을 위해 특별한 부분을 만드는 것이 필요했다. 하지만—예를 들면, 막스 아웁의 《눈 먼 암탉》(*La gallina ciega*)의 페이지 하나하나에서 여과되는 염세주의에 맞서—그런 소설이 어느 날 유일한 모델로서의 자기 자신을 향해서나 과거를 향해서가 아니라, 그러한 과거의 무게에 의해 아직도 눈 감겨진 세계를 향해 몇몇 사람들의 눈을 뜨게 하는 데 성공했다는 가정은 터무니없지 않다. 이렇게 하여, 여기서는 아르투로 바레아, 막스 아웁, 라몬 J. 센데르, 프란시스코 아얄라 등 몇몇 주요 소설가들의 작품을 부각시킬 것이고 다른 이들의 작품들도 언급할 것이다.

아르투로 바레아(Arturo Barea: 1897~1975)는 공화파 소설 내에 있던 특별한 경우이다. 1936년 이전에는 전혀 알려지지 않은 작가였던 그는 바르셀로나에서 단편집인 《용기와 두려움》(*Valor y miedo*, 1938)을 발표하였다. 그의 대작(大作)인 《어느 반란자의 단련》(*La forja de un rebelde*)은 상당부분이 전쟁 중에 쓰여 많은 세월이 흐른 뒤에 등장하였다. 이 작품의 역사는 좀 특이하다. 이는 먼저 런던에서 영어로 출판(1941~1944)되었다가 나중에 부에노스아이레스에서 원작의 언어인 스페인어로 번역출간(1951; 3 vols.)되었다. 《어느 반란자의 단련》은 3부작〔《단련》(*La forja*), 《길》(*La ruta*), 《화염》(*La llama*)〕이며 기본적으로 자서전적인 작품으로, 작가가 살았던 스페인에 대한 일종의 연대기라고 할 수 있다. 이 작품은, 사람들의 말대로, 변덕스럽고 제멋대로인 듯한 요소들을 접합시켜 놓은 것이다. 하지만 이 접합은 완전히 일관성 있는 생명력, 20세기 동안 국가의 역사적 흐름에 의해 영향 받은 구체적이고 개인적인 존재에 대한 성찰과 경험, 사건에 대한 생명력과 연결된 것이다. 바레아는 사회주의자였으나 그는 입당이라는 정치적 행동으로 인해 현실을 당파적으로 해석하지 않았다. 이런 의미에서 《화염》의 한 인물이 한 다음과 같은 말은 매우 의미 있다.

> 나는 사회주의자입니다. 그래요, 사회주의자이지요. 난 평생 단 한 번도 마르크스나 바쿠닌을 읽지 않았고 관심도 없지요. 내가 사회주의자인 것은 당신이 무정부주의자이고 마놀로가 공산주의자인 것과 같은 이유 때문입니다. 왜냐하면 우리는 이 지저분한 생활이 지긋지긋하기 때문입니다. 어느 좋은 날, 당신은 영문도 모를 때, 당신 어머니가 당신을 낳았지요. 그리고 당신이 자신의 위치를 알아가기 시작했을 때, 당신이 최초로 깨달은 것은 아버지는 일거리가 없고, 어머니는 곧 동생을 낳을 것이며 밥솥은 비어있다는 사실이었지요. 사람들은 사제들이 당신에게 동냥 음식을 주는 학교로 당신을 보냈고, 조금 자라자마자 제대로 읽는 법을 알기도 전에 그들은 이제 당신이 제법 사내가 되었다며 일을 시켰지요. … 어른이 되자, 당신은 1두로를, 그 빌어먹을 5페세타를 벌었지요.[63] … 이런 모든 것 때문에 나는 사회주의자가 됐습니다. 하느님과 여러분들의 종인 나 앙헬리토 가르시아가 지난 40년 동안 마셔야만 했던 이 시큼한 우유 때문에 나는 사회주의자가 됐지요. 이제 당신들께 한 가지를 말하지요. 마르

63) 〔역주〕 1두로(*duro*)는 5페세타(*peseta*)였다.

> 크스니 바쿠닌이니 하는 그 잘난 사람들에 대해서는 이제 입을 다물라구요. UHP! 이게 뭘 의미하는지 아나요? 프롤레타리아 형제연합(Unión de Hermanos Proletarios)이지요. 푸엔테오베후나의 그 사람들[64]과 똑같은 겁니다. 모두가 하나가 되는 거지요. 이것이 프롤레타리아 형제연합에서 하는 말입니다. 당신들이 이야기하는 것은 그저 머리를 복잡하게 하고 우리 서로의 등을 발로 차기만 하는 공연한 짓일 뿐입니다. 그렇게 하는 동안, 저들은 끊임없이 우리를 흔들지요.

또한 《화염》에는 바레아 개인의 문제도 나타나는데, 그의 실패한 결혼, 대중투쟁에 참여하고 싶은 바람과 참여, 마드리드의 전신전화국 건물에 위치한 자신의 '사무실'(이 주변으로 국민전선파의 곡사포탄들이 떨어지고 있었다)에서 외국 특파원들의 신문을 검열하는 일 등이 그것이다. 영웅적이고 비극적이면서도 잔인했던 1936년 7월의 날들—예를 들어, 산악부대의 기습과 점령에 대한 묘사는 진정 훌륭하다—이후 수도의 폭격을 거쳐, '국제여단'의 참전, 이데올로기 투쟁, 공화파의 저항, 발렌시아의 후방부대, 마지막의 탈출 등이 바레아의 매혹적인 작품에 드러나 있는데, 이는 많은 경우에 대중적인 마드리드를 묘사한 갈도스의 가장 큰 장점을 기억하게 한다. 바레아는 온전히 성실한 소설가이다. 《화염》에는 전쟁에 대한 공포뿐 아니라 공화파 조직의 혼란과 영웅주의, 통제되지 않은 총살 등의 모든 것이 등장하는데, 이 작품은 내전 중의 공화파 진영의 실제 삶을 알기 위해서는 절대적으로 필수 불가결한 자료인 것이다. 다음은 반란군에 의해 포위된 마드리드를 전신전화국 테라스에서 묘사한 것이다.

> 전선(戰線)은 저기서 시작되어, 저 멀리서 사라져버리는 벼랑과 심

---

64) 〔역주〕 로페 데 베가의 《푸엔테오베후나》에 나오는 군중들을 의미.

> 연을 둘러싸고 있는 보이지 않는 곡선을 따라 계속됐다. 그리고 나서 서쪽으로 뒤틀려 계곡으로 나아가고 도시를 향해 꺾였다. … 탑의 높은 곳에서 보면, 강물은 견고하고 차분히 드러났고 양편의 대지는 진동하며 흔들렸다. 그 땅이 움직이는 모습이 보이고 소리도 들렸다. … 대포에서 불꽃이 터지고 카사 데 캄포(Casa de Campo)[65]의 나무들이 흔들리는 것이 보였다. … 때로 강 건너 편 언덕들이 흰 구름을 토해내고, 모자이크 같은 집 지붕에서는 연기와 먼지, 기왓장의 폭포가 쏟아져 나온다. 아직도 머리 위로 지나가는 총알들의 소리가 귓전을 울린다. … 저들은 마드리드의 중심부를 폭격했고, 도심은 말하고, 고함지르고, 서로 밀고 아직도 살아 있음을 드러내는 사람들로 넘쳐났다.

바레아는 다음과 같이 공화파 사제인 P. 로보(Lobo)—반란자들의 소설에도 등장하는 역사적 인물이다—의 말을 통해 내전에 대해 역사적이고 도덕적인 마지막 교훈을 주고 있다.

> 이 전쟁은 일종의 수업이다. 이 전쟁은 스페인을 마비에서 끄집어냈고, 미이라가 되고 있던 사람들을 그 집으로부터 끄집어냈다. 우리들의 참호에서 문맹자들이 글을 읽고 말하는 법을 배우며 사람들 사이의 형제애가 무엇을 의미하는지를 배우고 있다. 그들은 쟁취해야 할 더 나은 세계와 더 나은 삶이 있다는 사실을 보고 있으며, 또한 그런 것을 쟁취하기 위해서는 소총이 아닌 의지로 해야 한다는 사실을 배우고 있다. 파시스트들은 살인을 하지만 그들은 전쟁에서는 살해함으로써가 아니라 설득함으로써 승리한다는 사실을 배운다. 우리들은 이 전쟁에 질 수 있다. 그러나 이길 것이다. 그들도 자신들이 우리를 굴복시킬 수는 있으나 설복시킬 수는 없다는 사실을 배우리라. 비록 우리를 격퇴한다고 해도, 우리는 가장 강한 이들이 될 것이니 ….

---

65) 〔역주〕 마드리드의 녹지공원.

막스 아웁(Max Aub: 1903~1972)은 파리에서 태어나 11살부터 발렌시아에서 자랐다. 젊어서 그는 아버지를 도와 외판원을 하며 스페인 전역을 돌아다녔고, 유럽으로의 장거리 여행도 했다. 좌파 사회주의자인 그는, 비록 두드러진 인물은 아니었으나, 곧 자기 세대(공화정 세대)의 문화·정치활동에 참여하였다. 나중에는 용감하게 내전에 참전했는데, 주로 문화 전파 임무를 맡았다(cf. V. 2C). 망명자가 되어서는 프랑스에서 투옥되는 등 박해를 받았고 알제리 젤파(Djelfa)[66]의 수용소로 보내졌는데, 거기서 1942년에 멕시코로 가는 데 성공했다.

막스 아웁은 흥미로우면서도 특별한 경우였다. 이야기꾼이자 재담꾼으로서의 대단한 재능을 가졌으며, 예민하면서 또 그만큼 전횡적인 문화적 인물이었던 그는 내전 이전에는 거의 글을 쓰지 않았다. 반면, 망명기에는 폭발적으로 글을 씀으로써 그 세대 소설가들 중 최고의 인물(게다가 그는 훌륭한 극작가이자, 시나리오 작가이며 흥미로운 수필가이면서 또 때로 시를 쓰기도 했다)로 여겨지고 있다. 스페인에서 쓴 그의 작품 중에는 《루이스 알바레스 페트레냐》(*Luis Alvarez Petreña*, 1934)가 탁월한데, 낭만적이고 실존적인 이 작품은 서간소설로서 불가능한 사랑과 그 사랑의 실패로 작가인 주인공이 자살로 끝나는 내용을 담고 있다. 재능 있지만 무기력하고, 똑똑하면서도 평범하고, 언어의 유희를 펼칠 능력이 있는 알바레스 페트레냐는 염세적인 시대(일반적으로 루카치가 묘사한 유럽)의 전형적으로 소외된 인물로 스페인 문학에서는 우나무노의 《안개》에 등장하는 아우구스토 페레스의 쌍둥이라고 할 수 있다.

그러나 사실 그 소설은 1931년의 알바레스 페트레냐의 자살로 끝나지 않는다. 1934년의 초판에서는, 실제로도 그렇고 어느 비평가가

66) 〔역주〕 알제리의 중북부 도시.

지적한 대로, 연속의 가능성이 없는 일종의 "경계(境界)로서의 책"(*libro-límite*)[67]을 다루는데, 이는 막스 아웁의 객관적인 전후(戰後) 작품과 상반된 이전 작품들 어느 것과도 유사하지 않은 것이다. 그러나 앞으로 논의할 망명기에 나머지 작품들을 쓰는 동안에는 인물과 그 인물의 이야기가 계속해서 작가의 마음을 사로잡았는데, 우나무노의 방식으로 이야기하자면 작가를 "귀찮게 졸랐던" 것이다. 그리고 실제로 어느 날 막스 아웁은 원고 하나를 들고 멕시코에 나타났는데, 그 원고는 서간형식이 아닌 《루이스 알바레스 페트레냐》의 2부였다. M. M.이라는 서명이 있는 그 원고는 정말로 루이스 알바레스 페트레냐가 1931년에 사망했는가라는 사실에 의문을 제기한다. 알폰소 레예스나 카밀로 호세 셀라 같은 실제 작가들과 라파엘 멘데스 볼리오(Rafael Méndez Bolio) 같은 반(半)은 가상인물인 작가들이 M. A.(막스 아웁)에게 M. M.와 L. A. P.[68]에 대한 자료와 의문을 제시한다. 이런 식으로 이야기의 플롯은 깊고 복잡하면서 갈수록 더 우나무노식으로 발전한다. 그 스토리는 결국 3부로 끝이 나는데, 3부에서는 1969년에 런던의 어느 병원에 입원한 막스 아웁의 옆 병실에 토마스 코바루비아스라는, 자신을 영국으로 귀화한 스페인 사람이라고 말하는 이가 있다. 그리고 그는, 작가의 말에 의하면, 루이스 알바레스 페트레냐인 것이다. 잠시 후 이 인물이 죽어 사라지게 될 때, 그는 막스 아웁에게 자신의 늦은 사랑을 이야기하는 원고(그는 "늙은 카사노바"의 원고라고 한다)를 남긴다. 이 모든 것은 어느 스페인 학자가 출판사를 위해 준비한 전문 보고서와 그 책에 대한 어느 학생의 글로 끝나는데, 학자는 그 소설을 출판하지 말 것을 권고하며, 학생의 글에서는, 여러 내용 가운데, L. A. P.가 사람들이 생각하는 것처럼

67) 〔역주〕 이전의 작품들과 성향적으로 '경계'를 이룬다는 의미.

68) 〔역주〕 루이스 알바레스 페트라냐(Luis Alvarez Petraña).

그렇게 그 시대를 "그토록 대표하는" 인물이 아니지 않느냐는 제안이 있다. 만일, 그 학생의 의견처럼, 그가 19세기의 전형적인 인물이라면 말이다.

아마도 우리는 너무 지나치게 이 소설에 대해 언급했는데, 왜냐하면 이 소설이 한편으로는 작가로서의 전 생애에 걸친 막스 아웁의 강박관념뿐 아니라 우나무노(그리고 지드, 혹은 보르헤스)에 대한 빚을 보여주고 있으며 또한, 점차적으로 주제를 만들어가는 것과 학생의 말로 그것을 마무리 짓는 것은 《루이스 알바레스 페트레냐》와 나머지 작품과의 차이에 대해 작가가 가지고 있는 분명하지만 역설적인 의식도 보여주기 때문이다. 언제나 유희를 즐기고 재치 있으며 말장난을 하는 막스 아웁은 지나친 네오바로키즘 안에서 최악의 순간에 도달한다. 그러나 사실, 《루이스 알바레스 페트레냐》의 섞고 또 섞는 함축적 유희 이외에, 작가는 1931년과는 달리 망명기에는 루이스 알바레스 페트레냐를 죽여야만 했다. 왜냐하면 위대한 "증언적" 역사소설을 쓰는 전성기의 막스 아웁은 분명 19세기가 아닌 20세기의 인물이기 때문이다. 그리고 더욱 구체적으로는 그가 사회적이고 정치적으로 깊은 뿌리를 가진 작가이면서, 언젠가 스스로 글로 썼듯, 소설이 "의식적인 약속"(*compromiso consciente*)이라고 믿으며 객관성에 대해 엄청난 의욕을 가지고 있기 때문이기도 하다; 이는 1930년대의 "전위적이고" 주관적인 시각으로부터 막스 아웁이 탄생시켰던 알바레스 페트레냐와는 정확하게 반대되는 것이다.

《루이스 알바레스 페트레냐》를 사라지게 하지 않는 (그것은 스스로를 부인하는 것이리라) 이런 막스 아웁이지만, 그는 비범한 이야기 능력으로 우리에게 접근하면서 그런 것을 극복하여 여러 가지 '평원' 〔《폐쇄된 평원》(*Campo cerrado*, 1943), 《피의 평원》(*Campo de sangre*, 1945), 《개방된 평원》(*Campo abierto*, 1951), 《무어인의 평원》(*Campo de*

Moro, 1963), 《프랑스 평원》(*Campo francés*, 1965), 《아몬드의 평원》(*Campo de los almendros*, 1968) 등]의 저자가 되었다. 이 소설들은, 뛰어난 작품인 《선한 의도》(*Las buenas intenciones*, 1954)와 《발베르데 거리》(*La calle de Valverde*, 1961)를 비롯한 다른 소설들과 함께, '국가 일화집'의 새로운 시리즈라고 평가될 수 있다. 이는 내전 직전 스페인에서의 삶과 내전 자체에 초점을 맞춘 국가 일화들인 것이다. 《주셉 토레스 캄팔란스》(*Jusep Torres Campalans*, 1958)라는 제목의 재치 있는 작품은 다른 경우로 피카소류의 가상 화가 — 핍진적이다 — 의 삶을 다루고 있다.

하지만 그가 그 어떤 진부한 갈도스류의 작품을 다루고 있지 않다는 것은 확실하다. 갈도스와 증언적인 막스 아웁의 사이에서 바로하, 바예-잉클란과 전위주의자들, 도스 파소스(Dos Passos)와 보르헤스, 카프카와 말로가 글을 쓴 것은 헛되지 않았다.[69] 문학에 대한 현명한 지식을 가지고 있는 막스 아웁은 그 문학 속에 자신의 개인적인 경향을 잃지 않았다. 그는 자기 시대에서부터 적확한 기법을 가지고 배운 것을 아무것도 무시하지 않으면서도 자기가 선택한 방향으로 작품을 썼던 것이다. 그는 기본적으로 그 어떤 주관주의적 세계관과 문체들 — 우나무노, 조이스, 옥타비오 파스의 문체 그 어느 것도 — 을 이론적으로 부인하지 않았고, 가장 급진적인 전위주의가 가장 광범위한 잠재 독자로부터 '순수하게' 거리를 유지하기 위해 거절한 이야기의 실행가능성[70]을 구체적으로 텍스트 하나하나를 통해 긍정했다. 이런 의미에서 '평원' 시리즈와 《선한 의도》가 스페인 '사회소설'이 의도하는 것보다 앞서고 그것보다 더 오래 간다는 것은 흥미롭다. 그것은 근대성의 결여 또는 빈곤함을 의미하는 이러한 식의 이야기하기에

---

69) 〔역주〕 이 여러 명의 작가들이 막스 아웁의 글쓰기에 긍정적인 영향을 주었다.
70) 〔역주〕 이는 객관적인 이야기하기 방식이 될 것이다.

아무것도 내재적으로 존재하지 않는다는 사실을 증거하는 것이다. 이는 특히, 역사적인 것의 의미와 양질의 감동만큼이나 막스 아웁의 이야기 능력과 상상력이 대단하기 때문이며 또한 그가 현대소설에 대한 무지로부터가 아니라 현대소설에 대한 지식으로부터 글을 쓰기 때문이다. 이는 아마도 매우 독특한 것이다. 왜냐하면 '사회소설'이 대단한 간결함과 교리의 폐쇄성을 의미할 이유가 없고, 또한 그 절대적 반대 지점에 있는 회의주의 역시도 의미할 이유가 없기 때문이다. 막스 아웁이 말하고 실천하는 "의식적인 약속"은 공공연하게 반(反)파시스트적이고 반(反)프랑코적이지는 않기에 인물들의 창조와 역사적으로 그것이 언제인지를 알 수 있는 사회상황을 소설화할 때 객관성에 대한 능력을 배제한다. (주로 1930년대와 1940년대의) 스페인 사람들의 짧고도 농축된 삶이 이렇게 대단히 복잡하고 섬세하게 그의 작품에서 다시 살아났는데, 그 속에서 셀 수 없이 많은 인물들이 자신들의 미덕과 결점을 가지고 고전적 차원의 핍진성을 성취했다.

때로 그가 (광범위한 의미에서의 구조적 바로키즘이 아니라) 언어적 바로키즘에 빠지고 또 때로는 위험하게 산문주의에 근접한다는 것은 사실이다. 또한 더 많은 경우에 서술자가 인물들에 대해 지나친 정치적 거리를 유지해서, 최악의 경우에 어떤 사상 또는 공산주의적이거나 사회주의적이거나 무정부주의적인 행동이 결과적으로 교리적으로 단순화된 어떤 것이 되는 것도 사실이다(이 점에서 바로하와의 근접성은 분명해진다). 그러나 막스 아웁은 바로하처럼 자신이 이야기한 것보다 우월하다는 것을 정당화시켜주는 주관주의와 회의주의에는 결코 빠지지 않았다. 그것은 적어도 두 가지 이유에서 그러하다. 하나는 자신의 인물들이 무정부주의자든, 공산주의자든, 역사적 사건에서 실종된 프티부르주아든 막스 아웁이 그들에 대해 갖는 존경심 때문에 그러하다. 그리고 또 역사의 산물인 인간들이 동시에 그 역사를 만들고 (또 그 역사의 위대함 그리고 그 비극과 함께) 그 역사를 살아낸다는 분명하고 결정적인 생각 때문에 그러하다. 귀족적이고 엄격한 공산주의자인 에레라(Herrera)에서부터 연약하고 명예로운 인문적 가톨릭교도인 콰르테로(Cuartero)—이 둘은 《피의 평원》의 인물들이다—에 이르기까지, 그의 작품의 셀 수 없이 많은 상황과 인물들이 예가 될 수 있을 것이다. 평범하고 열등감에 빠진 단순한 프티부르주아인 《선한 의도》의 아구스틴 알파로(Agustín Alfaro)도 있는데, 대단히 중요한 개인적 결정을 내리는 그의 삶은, 그럼에도 불구하고, 1924년 4월부터 (그가 알리칸테에서 총살되는) 1939년 4월까지 그가 이해하지 못하는 역사적 환경에 의해 흘러간다: 알파로는, 아마도 가장 갈도스적인 의미에서, 당대 대부분의 스페인인을 상징하는데, 레메디오스에 대한 그의 우유부단한 사랑은 분명한 지평이 없는 평범한 일상생활에서 거의 보이지 않는 역사적 조건에 대한 모든 대책을 실제적으로 방해한다. 알파로 같은 프티부르주아, 농민, 노동자, 무정부주의자, 신분상승을 꿈꾸는 이, 교양 있는 이, 공산주의자, 군인, 매춘부, 연줄로 자리에 오른 이, 지성인, 거리, 모퉁이, 도시, 시골, 의미 있는 날짜들, 중요한 역사적 기록들, 객관적인 서술과 분석, 상황과 인물, 서술의 필요에 적합한 기법과 창안에 대한 대단한 능력, 이런 것이 이미 언급한 작품들에서뿐 아니라 다양하고 많은 여러 단편들에서도 드러나 있다. 《프란시스코 프랑코의 죽음에 대한 진실된 이야기》(*La verdadera historia de la muerte de Francisco Franco*)라는 황홀한 제목을 가진 작품을 기억하자. 망명기의 막스 아웁이 만든 세계는 비범했다. 그것은 아마도 스페인 안팎을 포함한 전후 첫 시기의 가장 중요한 스페인 소설인지도 모른다.

라몬 J. 센데르(Ramón J. Sender: 1902~1982)에 대해서는 이미 보았는데, 그는 내전 이전에 대단히 중요한 작품 하나를 이미 발표했다. 그럼에도 불구하고, 막스 아웁이나 프란시스코 아얄라의 경우처럼 망명시기에 이루어진 그의 작품활동은 전쟁 이전보다 훨씬 더 왕성하고 폭넓었는데, 이는 종전 당시 센데르가 37세였다는 것을 생각하면 당연한 것이다. 망명기의 많은 작품들과 그 주제를 설명하기 위해서 그는《아리아드나의 책 다섯 권》(*Los cinco libros de Ariadna*)의 "서문"에 다음과 같이 기술했다.

> 현대인들이 그저 살아가기 위한 핑계만을 가지고 있는 반면, 옛 사람들은 삶을 위한 진정한 이유를 가지고 있었다고 누군가 말했다. 이주민 중 많은 이들, 즉 우리들은, 정말로, 그런 핑계를 가지고 있다. 비록 나는 매일 내 핑계들이 더 마음에 들지만 말이다. 만일 우리가 진정한 책임감을 가지고 무엇인가를 한다면, 그건 그 일이 가장 자랑할 만한 것이 되기를 바라기 때문이다. … 몇몇 뿌리들, 아마도 가장 중요한 뿌리들이 상실됐기에, 우리는 설명할 수 없는 것을 설명하거나 어떤 종류의 순결한 감정을 가라앉힐 수 있는 개화(開花)로써 그 뿌리들을 보완할 필요를 느끼는 것이다.

그리고 실제로 1939년 이후 센데르는 30권 이상의 소설과 여러 편의 단편, 희곡작품, 한 권의 시집과 여러 권의 수필집을 썼는데, 독특한 예외들을 제외하면 모두 스페인과 관계된 것을 다룬 것이다. 그는 이런 "뿌리들"에 대한 설명과 재건을 모색하는데, 이런 뿌리들은 아라곤[71]에서 발견될 뿐 아니라(센데르는 바로 이 "서문"에서 자신에게는 "국가가 존재하지 않고 다만 영토만이 존재한다"면서 자신의 영토는 "아라곤이다"라고 했다), 주로 내전 이전과 내전 기간에 초점 맞춰진 것이다.

이런 문제 밖에 있는 소설들 가운데 아마도 두 가지 범주를 설정할

71) 〔역주〕 스페인 북동부 지방으로 센데르의 고향.

수 있을 것이다. 하나는 1939년 이후 센데르가 살았던 사회(과테말라, 멕시코, 그리고 1940년대 중반 이후 미국)의 특징적인 이야기를 이런저런 방식으로 서술하려는 소설들과 '보편적인' 스타일을 가진 몇몇 역사소설인데, 여기서는 센데르의 삶과는 완전히 무관한 사건과 상황, 인물들이 등장한다. 첫 번째 범주에서는 다양한 이유로 인해 《인색한 트리니다드의 결혼 축가》(*Epitalamio del prieto Trinidad*, 멕시코, 1942)와 《낸시의 논문》(*La tesis de Nancy*, 멕시코, 1962), 그리고 그 연작인 《집시학 박사, 낸시》(*Nancy, doctora en gitanerías*)와 《낸시와 광인(狂人) 바토》(*Nancy y el Bato loco*) 등이 언급될 만하고, 두 번째 범주에서는 《농경신의 피조물들》(*Las criaturas saturnianas*, 1967)이 두드러진다.

《인색한 트리니다드의 결혼 축가》는 기이하게 역설적이다. 이 작품에서 센데르가 보여준 창작능력은 대단하고, 사실주의에 대한 그의 의지는 이전처럼 견고하며, 몇몇 인물들의 심리를 이끌어가는 정밀함과 섬세함은 대단히 돋보인다. 동시에, 형식에 대한 세밀한 주의뿐 아니라 이야기를 이끌어가는 기법(이전 소설들에서는 거의 또는 전혀 신경을 쓰지 않았었다)을 섭렵하고 있다는 사실도 분명하다. 그럼에도 불구하고, 인물들과 거친 폭력적 상황이 분명하면서도 지나치게 라틴아메리카(특정적으로는 멕시코)의 폭력으로 추정할 수 있는 것의 전형을 이룬다. 그리고 작가의 시선 — 이는 멕시코 현대소설의 언제나 소외된 '이방인'인 브루노 트래븐(Bruno Traven)[72]의 방식이다 — 은 지나치게 멀고 냉정한데, 마치 그 맥락을 직관하지도, 알지도 못하는 문화 현실의 가장 피상적인 것만을 포착하는 여행자의 시선 같

72) 〔역주〕 독일어로 글을 썼던 어느 수수께끼 같은 소설가의 여러 가명 중의 하나. 1924년 멕시코에 도착해서 소설을 쓰기 시작해 전 세계적인 명성을 얻었다.

다. 따라서 이는 그의 스페인 소설과 정반대의 입장이다. 그럼에도 불구하고, 《인색한 트리니다드의 결혼 축가》의 서술에는 품위가 있는데, 《낸시의 논문》과 그 연작에서 이러한 양질의 기법은 전혀 발견되지 않는다. 집시에 관심(연작의 3편에서는 치카노[73]에게 관심)이 있는 예쁘지만 멍청한 미국 학생 낸시의 '어설픈 스페인화'라는 흔한 사건을 다루는 방식은 여기서도 피상적이고 조악하지만 익살스럽지는 않다. 이는, 즉 말을 바꾸면, 소설의 인물이자 소설가인 미국에 사는 스페인 출신 교수가 실제로는 전혀 이해하지 못한 '어설프게 미국화한' 대학생에 대한 작품인 것이다. 이 안타까운 '낸시' 시리즈를 언급하면서 우리는 그 터무니없는 내용에 주목할 것을 요구하지 않고, 센데르의 소설은, 비록 《인색한 트리니다드의 결혼 축가》의 경우에서처럼 그 양질의 기법을 인정할 수는 있지만, 그 "뿌리"에서 멀어질수록 더 피상적이라는 사실을 강조하고 싶다.

이런 의미에서 《농경신의 피조물들》의 이야기 방식 역시 높이 평가할 만하다. 이는 18세기 러시아를 배경으로 한 '역사'소설인데 때로 알렉상드르 뒤마의 가장 어린 시절에 근접하는 멜로드라마적인 혼성모방으로서 또 다시 "뿌리"가 결여돼 있다. 그러나 이런 "뿌리"의 결여가, 한편으로는, 센데르로 하여금 "일반적인" "인간의" 조건에 대한 염세주의와 회의주의를 최대한 전개하도록 해주는데, 이 일반적인 인간조건은 내전 이전에 이미 보이기 시작하여 대부분의 망명시기 작품에서 절대적인 무게를 가지고 있다. 센데르는 1970년에 출판된 《대화집》(*Conversaciones*)에서 "모든 것이 재앙이다, 즉, 기본적으로 부정적인 것이다. 그러나 이는 그 자체 내에서 끝나는 부정주의이다"라고 설명했다. 마지막으로, "인간조건"에 대한 일반적인 시각은 이

73) 〔역주〕 미국에 거주하는 멕시코계 미국인.

평계적인 이야기하기와 같은 기간 동안 스페인을 다룬 이야기 사이의 접촉점을 이룬다. 센데르의 대단한 사실주의적 관찰능력과 경쟁하며 그의 염세주의는 망명기 대부분의 소설을 추상적이고 주관적인 이상화(理想化)로 이끌어간다.

아마도 이러한 이상화의 경향이 가장 많이 충돌하는 곳이 《왕과 왕비》(*El rey y la reina*)일 것이다. 여기서는 소설에 대한 개념이 여러 가지 가능성으로 가득 찬 것으로 나타난다. 7월 18일에 내전이 시작되기 며칠 전, 자기 남편과 함께 그 음모에 어느 정도 가담한 어느 공작부인이 자신의 영지 내에 있는 저택의 실내 수영장에서 정원사 앞에 알몸으로 나타난다. 그녀의 하녀가 그녀에게 정원사 로물로가 있다는 사실을 알리자, 그 공작부인은 "정원사는 남자가 아니야!"라고 대답한다. 거기서부터 적어도 두 가지 차원에서 내전을 엄격하게 다루기 위한 장(場)이 열리는데, 하나는 계급투쟁의 차원이고, 또 하나는 그 투쟁의 모순 내에서 개인적인 양심의 차원이다. 내전 초 공작부인은 집에 갇혀 숨어 지내고 로물로만이 그녀의 유일한 시종으로 일하는데, 그는 공작부인을 사랑하기에 그녀에게 충성하고, 확실하지 않은 계급 본능으로 공화파에 충성하는 자로 설득력 있게 묘사된다. 전쟁과 마드리드, 당시의 일반적인 분위기는 이제 숨어있는 공작부인과 사랑에 빠진 정원사에게는 왕궁인 그 "폐쇄된 정원"에 영속적으로 존재한다. 집은 작은 병영으로 변하고 전선의 대포소리가 들리며, 소문과 의심, 수상한 자들이 있으며 저택에 포탄이 떨어지고 로물로는 입대해 전선으로 갔다가 부상을 입고 돌아온다. 이미 기획된 것이기 때문에 이제 이 작품이 '사회'소설이거나 '정치'소설 혹은 전쟁을 다루는 '역사'소설이라는 사실을 기다릴 필요도 없다. 전쟁이라는 콘텍스트에서 사랑과 증오의 이야기라는 것이 설정되었기에, 결과적으로 큰 소설(*una gran novela*)이 될 수 있었을 것이다. 그러나 안타

깝게도 텍스트는 사랑과 증오의 관계라는 통속적이고 좀 조악한 이상화를 향해 표류하는데, 작품의 제목이 그에 완전히 조응한다. 여기서 서술자는 인물들의 심리를 깊이 연구할 능력이 없을 뿐 아니라, 매 순간 다양한 방법으로 특권적인 그 '저택'을 둘러싸고 또 그곳에 침투해 있는 역사적 현실의 가능한 모순들도 천착할 능력이 없다는 점에서 이를 이상화로 이해할 수 있게 된다. 그 대신, 작품의 의미는 상징적인 손쉬운 추상화로 인해 희석되고, 그 추상화 위에 궁정사랑에 대한 가장 전통적이고 알레고리적 암시들이 떠다닌다. (그로 인해, 이는《채털리 부인의 사랑》에 대한 명백한 거부인가?) 이는 분명 흥미로운 역사였을 수 있을 것에 대한 탈역사화를 허용해준다. 그리고 불가피하게 그 탈역사화와 함께 사랑과 인간의 '비극'에 대한 가장 이데올로기적이며 진부한 사색이 존재하는데, 예를 들면, 로물로와 공작부인의 마지막 대화에서 정원사는 이제 진정으로 교양 있고 섬세한 전설의 '왕'으로서 이야기하는 것이다.

하나의 문학 텍스트는 언제나 그 자체가 사실 또는 구조이기에, 시작에 있어 작가의 전기 또는 작가가 "문학 외적으로" 표현했던 그의 사상으로부터 텍스트에 접근하는 것은 좋지 않다. 그럼에도 불구하고, 텍스트의 자율성과 그 독립성을 혼동하고 한 작가가 의식적·무의식적으로 자신의 텍스트 생산에 참여한 것에서 그의 이데올로기를 추출할 수 있다고 믿는 것은 더 좋지 않다. 이런 의미에서,《왕과 왕비》의 독해와 1956년에 센데르가 쓴 다음과 같은 선언을 어떻게 분리할 수 있을 것인가? "우리는 계급의식이라는 속임수를 받아들이지 않는다. 지금까지 그것은 단지 인간의 적들에게 승리만을 가져다주었다"(강조는 센데르가 한 것이다). '계급의식'에 대한 부정과 '인간'에 대해 말하는 추상성은, 일반적으로,《왕과 왕비》의 궁극적인 의미에 대한 이해, 이 작품이 의미하는 해결되지 않는 모순을 이해하기 위한 열쇠이다. 왜냐하면 소설 전반에 걸쳐 로물로가 하나의 '인간'이라면(그리고 그는 자신의 판타지와 결국 미쳐버린 공작부인의 판타지에서 '왕'도 될 수 있다), 그의 '남자다움' 또는 인간성에 대한 부정이 일종의 계급주의적 관계에, 처음부터 끝까지 전횡적인 시선에 명시돼 있다는 사실을 잊을 수 없기 때문이다. 그 '공작부인'이 수영장에서 하녀에게 말한 것은 "'정원사'는 남자가 아니야"였다. 이러한 현실(귀족과 정원사 사이의 대립)에 대한 안타까운 눈속임, 위에서 인용된 말을 통해 센데르에 의해 이데올로기적으로 분명해진 그 눈속임에서 《왕과 왕비》의 실패의 근원이 발견된다. 센데르가 자기 자신의 작품에 대한 평론가로서 쓴 다음과 같은 또 다른 선언도 그 문제를 이해하는 데 도움을 줄 것이다. "오늘날 문화를 재현하고 권력을 가지고 있는 계급들은 지구의 어느 곳에선가 이미 그 해결책을 발견하고 있다." '계급의식'의 존재를 어떻게 부인할 수 있으며 어떻게 그 다음에 "오늘날 문화를 재현하는 계급들"에 대해 말할 수 있을 것인가?

적어도 센데르가 계급의식을 가진 것과 그 자신이 보편적인 '교양'의 인간으로서 어떻게 기회를 이용해야 할지에 대해 너무 잘 알고 있었던 것(예를 들어, 그는 1960년대 말에 베트남에서의 미국전쟁을 지지했었다)은 분명한 듯하다. (비록 판타지에서지만 정원사-왕이라는) 권력에의 접근에서 당파주의에 대한 반복되면서도 통렬한 공격의 기초, 그의 회의주의, '휴머니즘'을 집요하게 선포하는 복합적인 표현의 기초가 발견된다. 그는 "나는 주인의 지팡이를 입에 물고 박자에 맞춰 짖는 개들의 대열에 서 있을 능력이 없다"라고 기술했던 것이다. 하지만 한 인간으로 하여금 다른 이들을 '개들'로 평가하도록 하는 것은 어떤 종류의 휴머니즘이란 말인가? 일부 98세대 구성원들(cf. 우나무노, 바예-잉클란, 바로하와 산타야나)의 사나운 적인 센데르는 이기적인 방종주의에 있어 자신이 그토록 비판했던 이들과 두드러지게 닮아가기를 그만두지 않았다. 바로하의 경우에서처럼 어느 비평가—그는 다른 점에서는 센데르 작품의 정당하고 분별 있는 예찬자이다—가 센데르의 "거의 소모적이고 때 늦은, '신비적 무정부주의자'의 정치적 언쟁들"이라고 평가했던 것들은 이야기하기에 대한 연습으로서 센데르에게 공헌했다. 이에 대한 가장 좋은 예는《아리아드나의 책 다섯 권》(완결판은 1957년, 뉴욕에서 출판)일 텐데, 거기서 이상주의와 '휴머니즘'은—같은 비평가에 의하면—"이야기를 모스크바에 자성(磁性)을 가진 친(親) 모스크바적 원주민들이 등장하는 억누를 수 없고 성마른 팸플릿"으로 변화시키기 위한 구실일 뿐이었다.

다행스럽게도 망명시기의 그의 작품 중《어느 스페인 농부를 위한 진혼곡》(*Requiem por un campesino español*, 1960)이 우리에게 남아있는데, 이 작품은《미얀 사제》(*Mosén Millán*)란 제목으로 1953년에 초판이 발행되었다.《왕과 왕비》의 기획과 크게 다르지 않은 기획이 모범적으로 성취되어 이 작품이 흠잡을 데 없고 감동적으로 소설화되었는데, 여기서 작중 인물인 파코 엘 델 몰리노(Paco el del Molino)는 내전 이전에 계급적이며 개인적인 의식을 취한다. 짧으면서 명확하고 긴장감이 있는 스토리는 아라곤의 어느 작은 마을에서 파코가 태어나는 것에서부터 치안대에 의해 살해당하는 것을 격정적인 역사적 위기가 잘 암시되지 않은 콘텍스트를 통해 표현한 것으로 전후 스페인 소설의 명작 중 하나이다. 또한 센데르가 자신의 유년기를 재창조해내며 쓴 아홉 편의 소설이 있는데, 이는 그 첫 번째 소설제목을 딴《여명의 연대기》(*Crónica del alba*, 최종판: 1965~1966)란 제목으로 묶어졌다. 이 작품 역시도 뛰어나다. 센데르의 끊임없는 이데올로기화와 모순에도 불구하고 이 두 작품은 내전 이전의 작품들과 함께 그가 최근에 획득한 권위를 정당화해준다.

프란시스코 아얄라(Francisco Ayala: 1906년생)도 상대적으로 최근에 “명예회복”이 이루어진 작가이다. 그는 다른 수십만의 사람들처럼 1939년에 망명길에 올랐다. 처음에는 아르헨티나에 거주하다가 페론주의에 반대하여 그곳을 떠나 푸에르토리코에 있었으며 마지막에는 미국으로 가서 은퇴할 때까지 그곳에 머물렀다. 1934년부터 사회학 전공 주임교수였던 그는 망명 초기에 사회학자로서 글을 쓰며 라틴아메리카에서 생존해갔다. 미국에 가까이 다가감에 따라, 그리고 매번 더 창작에 전념함에 따라, 아얄라는 자연스럽게 학문적인 것에서 다른 것으로 옮겨갔다. 즉, 사회학에서 문학으로 옮겨갔던 것이다. 사회학자로서만큼이나 문학 연구자로서도 의미 있는 작품들을 집필했는데, 예를 들면, 《대중사회의 작가》(*El escritor en la sociedad de masas*, 1956)나 《이야기 구조》(*La estructura narrativa*, 1970)가 있다. 그럼에도 불구하고, 여기서는 소설가로서의 작품만을 다루기로 하겠다.

그의 소설작품은 센데르나 막스 아웁의 작품처럼 많지 않고, 또 기본적으로 장편소설인 것도 아니다. 그리고 또, 비록 1949년에 출판된 그의 이야기 모음집들인 《횡령자들》(*Los usurpadores*)과 《양의 머리》(*La cabeza del cordero*)에서 스페인의 문제를 다루기는 하지만, 스페인을 중점적으로 다루지도 않았다. 아얄라의 특징은 단편과 짧은 소설로서, 야무지게 끝난 짧은 이야기이다. 아마도 이는 그의 가장 중요한 두 작품이 《개의 죽음》(*Muertes de perro*, 1958)과 《컵의 바닥》(*El fondo del vaso*, 1962)이라는 사실을 배제하지 않을 것이다. 그리고 스페인을 소재로 하든 아니든, 몇몇 비평가들이 ‘도덕주의’라고 불렀던 것이 그의 이야기의 특징이다. 겉에서 보기에는 이러한 사실 때문에, 그에게 강박관념을 갖게 하고 그를 괴롭히는 구체적인 사회·정치적 사건들에 주목하지 않고 인간의 개인적이고 모순적이며 어둡고 가련한 행위의 기저를 모색하는 독특함이 이해된다. 이 ‘도덕주의’의 부정적인 면은 아얄라의 ‘도덕주의’에 열광적인 어느 비평가가 "정치·사회·경제적 환경 등 결정적인 여러 환경들, 즉 우리가 '인간의 마음'에서 발견할 외적이고 객관적인 현실에 대한 거의 완벽한 눈속임"이라고 기술한 것에서 발견될 것이다. 긍정적이든 부정적이든 그 '도덕주의'는 가치를 가진다. 그리고 아얄라는 선악 또는 인간의 광기〔앵글로색슨에서 '인간의 어리석음'(*human folly*)〕에 대한 개인적인 견해를 우리에게 강요하기 위해 자신의 글을 사용하는 이들처럼 전통적인 방식으로 "도덕화"하거나 "훈계"하는 것도 아니다. 그 반대로, 프란시스코 아얄라는 결코 훈계하지 않아, 직접적인 방식으로—분명한 방식 또는 전통적으로 내용주의적(*contenutista*) 인 방식으로—그보다 덜 끼어드는 작가를 발견하는 것은 어려울 것이다. 왜냐하면 기본적인 것, 그의 예술의 열쇠가 되는 것은 분명 서술자가 세심하게, 서술된 것에 대해 거의 강박적이라고 할 정도로 유지하는 객관적 거리이기 때문이다.

그는 이례적인 서술자를 사용하는데, 그 서술자의 창작력은 일종의 엄격한—그러나 섬세하고 우아하며 거의 느낄 수 없을 정도—기술적 통제에 종속돼 있다. 적지 않은 소설들—아마도 대부분일 것이다—이 1인칭으로 서술되는데, 이것이 대단히 중요한 기법이다. 그것은 한편으로 3인칭 전지적 서술자를 노리고 있는 모든 유혹을 배제하는 것이다. 다른 한편으로, 비록 1인칭보다 더 주관적인 것은 없지만, 그 1인칭은 이야기 내의 인물이기 때문에 독자는 서술자/인물이 가지고 있는 현실에 대한 시각이 독자 자신이 서술된 사건들에 대해 할 수 있는 판단과 해석 또는 다른 인물들의 평가와 판단에 대립할 일종의 주관주의에 의해 훼손된 것임을 알고 있다. 그러나 결과적으로 일종의 거울유희처럼 되는 이것에서 결국 우리에게 무엇이 진정으로 '객관적 현실'인지 보여주는 '컵의 바닥'(이미 인용된 그의 작품제목 중의 하나처럼) 이 있겠는가? 결코 그렇지 않다. 아얄라는 시선의 문제에 절대적인 관심을 두고 있다(그러기에 우리는 그가 시선의 문제와 "투쟁한다"고 말하고 싶을 정도이다). 한정된 시점과 그 실수의 가능성은 소설이 제법 소설다워진 이후부터 기본적인 문제였다. 그리고 그것이 바로 아얄라 소설의 내용과 형식이다. 거기에 아이러니(또는 아이러니적 거리)가 있고 거기에, 예를 들면, 세심한 플롯 자체의 중요함이 있는데, 그 플롯은 언제나 (탐정소설과 연관이 없다면, '미스터리 스토리'와는 연관 있는) 암시와 서스펜스, 말투, 예기치 않은 경이로움의 토대에서 구축되고, 우리를 역사적 대사건에 대한 이야기의 가능성으로부터 바로 그 역사의 가장 보잘것없고 통속적인 사건으로 이끌어준다.

아마 《개의 죽음》은 가장 뛰어나고 가장 큰 성취를 이룬 작품일 것이다. 열대의 어느 공화국에서 독재자 보카네그라가 몰락한다. 하반신 마비인 피네다 또는 피네디타라는 사람은 당시에 야기되었던 공포에 놀라지만 훗날을 위해 그 사건들에 대해 베르날 디아스(Bernal Díaz)[74]가 "진정한 이야기"(*verdadera historia*)라고 부를 것을 남겨 놓기로 결심하고 — 그것을 위해서 그는 개인적인 자료뿐 아니라 신문기사 조각들과 다양한 주요 자료들을 가지고 있는데, 그 중에는 보카네그라의 비서였던 타데오 레케나의 비망록이 있다 — 독자가 보는 앞에서 글을 쓰기 위해 앉는다. 그는 조금씩 여담을 늘어놓기 시작하여 의미 없어 보이는 에피소드들에 정신을 잃고 실마리를 놓쳤다가 다시 중간에 그것을 붙잡는데, 독자가 질투와 야망, 별 의미 없는 내용 같은 통속적인 이야기에 정신을 잃는 사이에 이야기의 큰 줄기는 어렴풋이 희미해진다. 그런 와중에 대통령 부인과 내연의 관계였던 타데오가 보카네그라를 암살했으며 그 자신은 특별 경찰청장인 판초

---

74) 〔역주〕 중남미 정복자이자 연대기 작가였다(1492~1584).

코르티나에 의해 제거된 사실이 드러난다. 이후에 (다음 소설인 《컵의 바닥》에서 밝혀진 바에 의하면) 서술자인 피네디타의 목숨을 앗아가는 "그 나라의 모든 악들"이 코르티나가 겪는 터무니없는 사건의 뒤를 잇는다. 물론 여기에는 보카네그라의 난폭하고 폐쇄적인 인격에서부터 '모국'을 대표하는 이들의 조악하고 에스페르펜토적인 존재를 거쳐 소수정부의 역할에 이르기까지 독재에 대한 스페인 · 중남미 소설의 모든 세부적인 특징들이 부족하지 않다. 하지만 이것이 아얄라가 다루는 문제는 아니다. 다른 모든 단편들에서처럼 여기서 그의 주제는 '컵의 바닥'에 도달할 수 없는 불가능함인 것이다. 이제 그 '주제'는 분명 소설의 '형식', 시점주의 그리고 아이러니가 된다.

그래서 아얄라 작품은, 그 독서의 순수한 쾌락을 넘어 '내용'과 '형식' 사이의 관계를 다루는 까다로운 문제 연구의, 모범적인 경우가 된다. 우리는 아얄라가 '도덕주의자'로 불리는 것을 보아왔다. 한편, 역사적 현실의 몇 가지 기본적인 면모들에 대해 그가 '눈속임을 한다'는 제안도 있었다. 만일 우리가 그 내용이 형식이라고 (또는 그 내용이 일종의 형식의 문제, 시점의 문제라고) 주장한다면, 그 말에 의해, 아얄라가 도덕적이었다는 사실을 인정해야만 할 것이다. 또 한편으로, 아얄라가 아무것도 거부하지 않고, 단지 눈속임이라는 것에 신경쓰지 않을 뿐인데, 어떻게 '그 눈속임'에 대해 이야기할 수 있겠는가? 그 순환논법(난제)은 우리가 내용은 '언제나' 형식이라는 사실(또는 그 역)을 이해하자마자, 그리고 이 경우에 우리가 시점주의(와 아이러니)라고 불렀던 그 형식 · 내용의 이데올로기가 단순한 회의주의였음을 이해하자마자 깨진다. 그리고 그 회의주의의 이중적이고 보완적인 제안은, 다른 이들처럼 아얄라에게서도, 독특한 역사적 순간의 중요성을 부정하고 인간 개인의 변함없는 광기와 비참함을 긍정하는 것이다. 이를 명쾌하게 하기 위해 다시 《개의 죽음》으로 돌아가자.

소설로서 그 구조의 비밀은 서술자에 의해 선포된 계획의 지속적인 '벗어남'에 뿌리를 둔다. 이 '벗어남'은 서술자로 하여금 사회·정치적인 큰 힘이 중심 역할을 하는 한 사건의 '진정한 이야기'를 이야기하려는 거대한 초기계획을 잊게 하는 것으로 이는, 의심의 여지없이, 서술자의 무능력에 기인한다. 사실, 이 서술자는 이를테면 진지한 역사가가 되기에는 너무 진부하고 통속적이며 무지하고 이기적이며 우쭐해서 소문을 퍼뜨리는 자이다. 그러나 그 서술자는 그것을 안다. 그는 자신의 한계를 아는데, 그 때문에, 자신의 '벗어남', 문체, 실수들을 여러 번 바로잡는 것이다. 결국, 여기저기서 로마제국 멸망의 진짜 원인이 '클레오파트라의 코'가 아니었는지를 자문한다. 소설의 마지막 즈음에 다시 "역사에 어느 정도까지 우연이라는 요인이 개입할까?"라는 질문이 있다. 그에 대한 답은 우연이라는 요인이 개입하는데 더욱이 그것은 결정적이라는 것이다. 이렇게 중앙아메리카 독재자의 스테레오타입인 보카네그라의 몰락과 그 다음의 반(反)혁명적 (아니면 혁명적이든가?) 공포의 물결은 결코 혁명적 또는 반(反)혁명적이라고 평가할 수 없는 무의미한 세부사항들의 터무니없는 결합에 기인한다. 즉, 타데오를 왕궁에 데려온 것이 보카네그라 자신이었다는 것, 대통령 부인이 젊은 비서에게 사랑을 느끼게 만든 것, 어느 '정신'이 비서에게 대통령을 죽이도록 명령한 것, 설명할 수 없는 이유로 타데오가 대통령을 죽인 것 등이 그것이다. 라틴아메리카 혁명과 반혁명의 혼란스럽고 어려운—하지만 이야기하는 것이 가능한—세계는 이렇게 무의미한 우연인 '클레오파트라의 코'가 최고로 중요하게 된다. 그러나 서술자-아얄라가 아니라, 서술자-피네디타가 그것을 확인한다. 그럼에도 불구하고, 소설의 유희, 그 거울 유희를 깨뜨리는 수밖에 없는 순간이 도달한다. 이는 이야기 방식과 내용이 똑같은 하나임을 권위 있게 보여주며 우리가 여러 번에 걸쳐〔《개의 죽음》, 《컵의 바닥》, 《횡령자들》, 《늘보원숭이 이야기》(*Historia de macacos*), 《환희의 정원》(*El jardín de las delicias*) 등에서〕 이야기를 구성하는 이는 그 많은 피네디타들이 아니라 아얄라임을 알게 되었을 때 그렇다. 그 결과는 분명하다: 즉, 가능한 한 겉으로는 최고의 객관성을 가지고 아얄라는 (인간의 무의미함에 대해, 그 변함없는 '조건'인 통속성에 대해) '설교'한 것인데, 그 때문에 그는 구체적인 역사의 결정자들의 의미, 그 존재 자체를 '눈속임'한 것이다.

어느 비평가는 프란시스코 아얄라의 정치적 정체성에 대해 "1931년 스페인에서 권력에 접근했던 프티부르주아의 정신"이라고 말했다. 역사적이고 이데올로기적인 그런 결론은 아얄라처럼 그 언어표현이 풍부한 서술자이자 비평가를 절대적으로 그런 식으로만 규정하려 하지 않는데 이는 완벽하게 지지가능한 듯하다. 그럼에도 불구하고, 우리는 그 결론에 긍정적이고 진보적인 내용을 첨가할 것인데, 그것은 근대 스페인의 그 프티부르주아 정신이 가지고 있던 것이다. 아마 프란시스코 아얄라는 전후 그 어떤 소설가도 성취하지 못했던 표현의 완벽함 이외에, 서술하는 기술에서의, 그 형식에서의 섬세함과 엄격함, 우아함을 지배했는데, 이는 그를 특징짓는 것이다.

코르푸스 바르가(Corpus Barga: 1887~1975)의 경우는 좀 독특하다. 본명이 안드레스 가르시아 델 라 바르가 이 고메스 델 라 세르나(Andrés García de la Barga y Gómez de la Serna)인 그는 리마의 산마르코스대학 소속 단과대학인 저널리즘대학 학장에 이른 인물이다. 17세기를 배경으로 상상권력의 허세를 다룬 《슬픈 후작부인의 마법》(*Hechizo de la triste marquesa*, 1968)이라는 제목의 이야기 이외에, 그는 비망록과 소설 같은 이야기를 섞어 놓은 《드문 발자국들. 두 세기에 걸친 스페인에서의 삶 1887-1957》(*Los pasos contados. Una vida española a caballo de dos siglos*, 1887-1957)을 썼는데 이 작품은 《드문 발자국들》(*Los pasos contados*, 1963)과 《부르주아의 유치함》(*Puerilidades burguesas*, 1965), 《환희. 1906년경 마드리드 연대기》(*Las delicias. Crónica madrileña de hacia 1906*, 1967), 《잔인한 그레이하운드》(*Los galgos verdugos*, 1973) 등의 작품 네 편으로 구성돼 있다. 작가 자신이 선포한 바에 의하면 그의 의도는 명확한 듯한데, 그는 "나는 아주 치열하게 내 생애를 기억하기 시작할 것이다. … 내가 스페인에서의 삶, 즉 1887년에서 1957년 사이에 세상에서 분절된 어느 스페인 사람의 삶을 꺼내 놓을 수 있을지 봅시다"라고 말했다. 불행하게도 코르푸스 바르가는 자신의 작품을 끝낸 것 같지 않다. 그의 작품은 그 세기 전환기의 스페인에 대한 언급들과 에피소드, 세부사항으로 가득한데, 정치적인 것과 사회적인 것, 문화적인 것과 개인적인 것이 매력적이면서도 정감 있게 혼합돼 있다.

끝으로, 아직 산재돼 있어 여기서는 세밀하게 다룰 수 없는 작품의 작가들을 언급하도록 하자. 그들 중에는 호세 에레라 페테레(José Herrera Petere: cf. V. 2C)와 세군도 세라노 폰셀라(Segundo Serrano Poncela: 1912~1976), 아르투로 세라노 플라하(Arturo Serrano Plaja: cf. V. 2B), 아구스티 바르트라(Agustí Bartra: 1908년생), 헤수스 이스카라이(Jesús Izcaray: 1908년생) 등이 있다. 우리는 로사 차셀(Rosa Chacel: 1898~1994)과 그녀의 《레티시아 계곡의 추억》(*Memorias de Leticia Valle*, 1946), 그리고 특히 《무분별》(*La sinrazón*, 1960)을 부각할 것이다. 마찬가지로 〈스페인의 시간〉의 공동창간자였던 라파엘 디에스테(1899~1981)는 시인이자 극작가였는데, 그의 단편집인 《펠릭스 무리엘의 역사와 허구》(*Historia e invenciones de Félix Muriel*, 부에노스 아이레스, 1943)는 그의 심오하고 복잡한 소설적 · 시적 재능을 보여준다. 그는 전후 최고로 평가되는 단편소설 몇 편을 썼는데 예를 들면, 〈앵두 빛 석유램프〉(*El quinqué color guinda*), 〈박제된 앵무

새〉(*El loro disecado*), 〈플리니오의 정원〉(*El jardín de Plinio*) 같은 작품들이 있다. 마누엘 안두하르(Manuel Andújar: 1913~1994)의 작품도 적지 않은데, 이를테면 《패배한 자》(*El vencido*, 멕시코, 1949) 같은 그의 소설들은 안달루시아와 엑스트레마두라 평원에서의 계급투쟁을 객관적이고 섬세하게 다루었다. 갈리시아어와 카스티야어로 쓰인 에두아르도 블랑코 아모르(Eduardo Blanco Amor: 1900~1979)의 작품목록은 장황한데, 그 중 아마도 《야단법석》(*La parranda*)이 두드러질 것이다. 후안 룰포풍의 음침한 우연과 폭력의 이야기인 이 작품에서 '운명'은 인물들을 불가피한 재난과 죽음으로 인도하는 듯하다. 미국에서 문학을 가르쳤던 안토니오 산체스 바르부도(Antonio Sánchez Barbudo)와 호세 루비아 바르시아(José Rubia Barcia)는 흥미로운 단편들을 썼는데, 특별히 호세 루비아 바르시아는 초현실주의적인 경향을 가지고 있었다. 마누엘 라마나(Manuel Lamana: 1922생)는 특별한 경우에 해당된다. 그는 50년대 초에 스페인을 벗어나 아르헨티나에서 두 작품을 출판했는데, 첫 작품인 《다른 사람들》(*Otros hombres*, 1956)은 대단히 특별하게 주목할 가치가 있다. 아직 어렸을 때인 1939년에 스페인에서 빠져나온 이들 중 아마도 로베르토 루이스(Roberto Ruiz: 1925년생)—산토 도밍고, 멕시코, 미국에서 망명—가 가장 중요한 소설가일 것이다; 사실상 스페인에서는 알려지지 않은 그의 작품은 길고 복잡하면서도 매우 훌륭한 양질의 기법과 심오한 드라마적 의미를 가지고 있다. 또한 우리는 호르헤 셈프룬(Jorge Semprún: 1923년생)에 대해서도 언급할 수 있는데, 그는 〈전쟁은 끝났다〉[75]나 〈Z〉[76] 같은 영화 시나리오로 잘 알려져 있으면서 여러 편의 소설들을 쓰기도 했다. 그의 소설들 중에는 처녀작인 《긴 여

75) 〔역주〕 알랭 르네 감독의 1966년 작품.

76) 〔역주〕 코스타 가브라스 감독의 1969년 작품.

행》(*Le grand voyage*, 1963)이 주목할 만한데, 이 작품은 1976년 《긴 여행》(*El largo viaje*)이라는 제목의 스페인어로 출판되었다. 그의 논쟁작인 《페데리코 산체스의 자서전》(*Autobiografía de Federico Sánchez*)은 비록 1977년에 소설로 유명한 상을 받았지만[77] 소설이라고 생각할 수 없다.

망명기의 극작가들 중에는 유명한 이들이 있는데, 이미 앞에서 레온 펠리페와 호세 베르가민, 라파엘 디에스테, 파울리노 마시프(Paulino Masip) 또는 페드로 살리나스(그는 주로 실존적이고 지적인 것으로 평가되는 극을 썼다) 등에 대해 언급했었다. 내전 이전에 이미 유명했던 2명의 극작가들, 즉 하신토 그라우(cf. V. 1A)와 알레한드로 카소나(cf. VI. 1C)는 계속해서 작품활동을 했다. 그러나 라파엘 알베르티가 더 두드러졌고, 막스 아웁은 훨씬 더 유명했다. 라파엘 알베르티는 1936년 이전과 내전 동안에 이미 연극실험을 했었다(cf. V. 1C, V. 2C). 《꽃이 만발한 클로버》(*El trébol florido*, 1940)는 산 후안 축제일 밤의 경이로움에 대한 서정적인 작품이고, 《용감한 여인》(*La Gallarda*, 1945)은 시골과 투우를 주제로 한 운문으로 된 작품이다. 《괴짜》(*El adefesio*, 1944)는 더욱 상황에 동의된 작품이다. 이 작품은 보통 비극의 안달루시아라고 불리는 분위기에 존재하는데, 가르시아 로르카의 《베르나르다 알바의 집》의 분명한 영향 아래 독재에 대한 암시가 투명하게 드러나 있다. 1956년에 출간된 《프라도 박물관에서의 전쟁의 밤》(*Noche de guerra en el Museo del Prado*)은 더 복잡하고 흥미로운 작품으로 마드리드의 미술박물관인 프라도를 중심으로 한 내전에 대한 알레고리이다.

망명 극작가인 막스 아웁은 내전 기간 동안에 이미 드러냈던(cf.

---

77) 〔역주〕 1977년에 플라네타 문학상(Premio Planeta)을 수상한 것을 가리킨다.

V. 2C) 노선을 심화시켰다. 그는 두 가지 시리즈의 작가인데, 첫 작품은 '평범한' 10편의 작품으로 구성된 것으로 별다른 예외 없이 내전과 세계대전, 포로수용소, 망명 그리고 '냉전'에 대해 다루고 있다. 그것은 모든 경우에 정치적으로 진지하고 인간적으로 깊이 있는 연극 작품이다. 《부부생활》(*La vida conyugal*, 1942)은 프리모 데 리베라의 독재에 대한 작품이고, 《동전의 양면》(*Cara y cruz*, 1944)은 대통령 마누엘 아사냐라는 대표인물에 집중된 권력의 책임에 대해 사색하는 작품이며 《귀향: 1947, 1960, 1964》(*La vuelta: 1947, 1960, 1964*)은 정치범들이 프랑코 독재하의 다른 세 시기에 귀가하는 것을 다룬 삼부작이다. 막스 아웁은 1942년과 1949년 사이에 유럽에 대해, 나치와 냉전의 유럽에 대해 작품을 썼는데, 《성 요한》(*San Juan*), 《유럽의 흥분》(*El rapto de Europa*), 《눈을 감고 싶어 죽다》(*Morir por cerrar los ojos*), 《노》(*No*) 등이 그것이다. 막스 아웁의 정치적 우려, 세계의 진보에 대한 예의주시는 체 게바라의 죽음에 대한 작품인 《포위》(*El cerco*)와 베트남에 대한 작품인 《어느 장군의 초상》(*Retrato de un general*)에 반영되어 있다. 그리고 마지막으로 그의 극작품의 두 번째 시리즈는 단 하나의 막으로 된 23편의 소품(小品)으로 구성돼 있는데, 이전과 유사한 주제와 관심을 가진 것으로 풍부한 표현력과 극적이고 개념적인 집중력을 동시에 가지고 있다.

망명 극작가들 중, 마지막으로, 호세 리카르도 모랄레스(José Ricardo Morales: 1915년생)를 언급할 수 있는데, 그는 칠레 대학의 실험극장 창설자이자 내전 기간 중 막스 아웁의 극단인 '부엉이'(El Búho, cf. V. 2C)의 공동제작자였다. 모랄레스는 첫 번째 시기에 《자기 꾀에 빠진 사기꾼》(*El embustero en su enredo*, 1944)과 《바르바라 피델레》(*Bárbara Fidele*, 1952), 《죄인들》(*Los culpables*, 1964) 등의 작품으로 심리적이고 개인적인 연극을 만들었다. 그리고 두 번째 시기에는 소외, 전문적인 노동, 독재에 의해 괴로워하는 현대인의 문제를 다루었는데, 단막으로 된 작품 모음인 《한 편으로 된 연극》(*Teatro de una pieza*, 1965)에는 희한한 유머감각이 드러나 있다. 《그의 미래에는 구름이 한 점 있다》(*Hay una nube en su futuro*, 1965)는 원자력 기술에 대한 것이고, 《목적 없는 화성인》(*Un marciano sin objeto*, 1967)에서는 경찰국가체제하의 행복을 다루며, 작품집 《그것은 파르사[78]가 아니다》(*No son farsas*, 1974)의 제목에는 막스 아웁적인 목소리가 울려 퍼진다. 여기서는 비이성적인 기술화에 대한 파르사인 〈물품목록〉(*El inventario*)과 〈재료〉(*El material*)가 두드러진다. 모랄레스의 가장 최근작은 《이미지》(*La imagen*)와 《이 상관은 고양이를 두려워하지 않는다》(*Este jefe no le tiene miedo al gato*), 《우리의 북쪽은 남쪽이다》(*Nuestro Norte es el Sur*)로 독재자와 독재정권에 대한 자성을 다룬 삼부작이다.

▪ 기본 참고문헌[79]

1. 역사와 사회

Abella, Rafael: *Por el Imperio hacia Dios. Crónica de una postguerra* (Barcelona, 1973); II, *La España republicana* (Barcelona, 1978).

*Abellán, Manuel L.: "Sobre censura. Algunos aspectos marginales", *Ruedo Ibérico*, 49-50(1976), 125～139.

______: "Censura y producción literaria inédita", *Ínsula*, X(1976), 3.

78) 〔역주〕 스페인의 코믹 단막극.

79) 이 참고문헌에서 별표(*)는 그 문헌이 포함된 시대뿐 아니라 이후의 다른 시기도 다루고 있다는 의미이다.

______: "Censura y práctica censoria", *Sistema*, 22 (1978), 29~52.
______: "Análisis cuantitativo de la censura bajo el franquismo", *Sistema*, 28 (1979), 75~89.
______: *Censura y creación literaria en España, 1939-1976* (Barcelona, 1980).
Biescas, J. A.: Cf. Tuñón de Lara, Manuel.
*Equipo Reseña: *La cultura española durante el franquismo* (Bilbao, 1977).
Fernández, Alberto: *La España de los maquis* (México, 1971).
*Fernández de Castro, Ignacio, y Martínez, José: *España hoy* (París, 1963).
Ilie, Paul: *Literatura y exilio interior. Escritores y sociedad en la España franquista* (Madrid, 1981).
*Martínez, José: Cf. Fernández de Castro, Ignacio.
*Oliver, Joan; Pagès, Pelai: *La prensa clandestina. Propaganda y documentos antifranquistas* (Barcelona, 1979).
Pagès, Joan: Cf. Oliver, Joan.
Pagès, Pelai: Cf. Oliver, Joan.
Sorel, Andrés: *Búsqueda, reconstrucción e historia de la guerrilla española del siglo XX a través de sus documentos, relatos y protagonistas* (París, 1970).
*Tuñón de Lara, Manuel, y Biescas, J. A.: *España bajo la dictadura franquista* (Barcelona, 1980).

반(反) 프랑코적인 게릴라의 저항을 주제로 한 페르난데스(Fernández)와 소렐(Sorel)의 연구들 — 소렐의 것은 훨씬 더 방대하다 — 과는 별도로, 《오늘의 스페인》(*España hoy*) 이라는 제목이 붙은 페르난데스 데 카스트로와 J. 마르티네스의 연구는 많은 자료와 문서들을 가지고, 억압과 독재에 대항한 투쟁을 중심으로, 1939년에서 1963년 사이의 스페인 사람들의 생활에 대해 절대적으로 필수불가결한 파노라마를 제공한다. 올리버(Oliver)와 조안 파제스(Joan Pagès), 팔라이 파제스(Pelai Pagès)의 연구서는 1939년부터 1956년에 걸친 시기 동안 있었던 비밀 정기간행물들에 대한 대단히 흥미로운 작업이다. 레세냐 그룹(Equipo Reseña)의 연구도 대단히 유용하다. 아베얀(Abellán)은 프랑코체제의 검열에 대한 전문가로서 필수적이면서도 매혹적인 연구를 수행하였다. 투뇬 데 라라(Tuñón de Lara)와 비에스카스(Biescas)의 책도 대단한 수준의 것이고 일레(Ilie)의 연구도 그러하다.

2. 문학

VI.1A. 먼 제국의 귀환 : 〈가르실라소〉와 〈에스코리알〉. 시(詩)

*Cano, José Luis: *Poesía española contemporánea. Las generaciones de postguerra* (Madrid, 1974).

*Castellet, José María: *Veinte años de poesía española, 1939-1959* (Barcelona, 1960).

*______: *Veinticinco años de poesía española, 1939-1964* (Barcelona, 1965).

Debicki, Andrew P.: *Dámaso Alonso* (Madrid, 1974).

Falcó, José Luis: Cf. Rubio, Fanny.

Ferreras, Rafael: *Aproximación a la poesía de Dámaso Alonso* (Valencia, 1976).

Flys, Jaroslaw M.: *La poesía existencial de Dámaso Alonso* (Madrid, 1969).

*Lamana Manuel: *Literatura de postguerra* (Buenos Aires, 1961).

Ridruejo, Dionisio: Introducción a su propia ed. de *Primer libro de amor. Poesía en armas. Sonetos* (Madrid, 1976).

*Rubio, Fanny: *Las revistas poéticas españolas (1939-1975)* (Madrid, 1976).

Rubio, Fanny: "Prólogo" a la nueva edición de *Pueblo cautivo* (Madrid, 1978).

*______ y Falcó, José Luis: *Poesía española contemporánea, 1939-1980* (Madrid, 1981).

카노(Cano)는 전후 시의 요약된 파노라마의 저자이다. 카스테옛(Castellet)은 자신의 《스페인 시의 20년》(*Veinte años de poesía española*, 1956년에 증보판 출판)의 서문에서 당시의 시 과제에 시급한 도표를 작성했는데, 그것은 매우 적확하게 역사·사회적인 분위기의 틀에 맞춰져 있다. 이러한 작업은 언제나 필요하고 유용할 것이다. 루비오(Rubio)의 연구서와 루비오(Rubio)와 팔코(Falcó)의 공동연구서도 작업의 도구로서 대단히 유용하다. 또 라마나(Lamana)의 책도 그러하다. 다마소 알론소(Dámaso Alonso)에 대해서는 데비치(Debicki)와 페레라스(Ferreras) 플라이스(Flys)가 연구했는데, 플라이스는 다마소 알론소의 이른바 실존주의에 대한 연구에 중점을 두었다.

VI.1B. 영웅주의에서 셀라(Cela)를 거쳐 무(無)로. 산문

*Alborg, Juan Luis: *Hora actual de la novela española*, 2 vv. (Madrid, 1958, 1962).

*Alvarez Palacios, E.: *Novela y cultura española de postguerra* (Madrid, 1975).

Amorós, Andrés: *Sociología de una novela rosa* (Madrid, 1968).

*Aranguren, José Luis: "El curso de la novela española contemporánea", *Estudios literarios* (Madrid, 1976), 212~310.

*Aub, Max: *Discurso de la novela contemporánea* (México, 1945).

*Buckley, Ramón: *Problemas formales en la novela española contemporánea* (Barcelona, 1968).

*Corrales Egea, José: *La novela española actual* (Madrid, 1971).

*Curutchet, Juan Carlos: *Introducción a la novela española de postguerra* (Montevideo, 1966).

Del Valle Spinka, Ramona F.: *La conciencia social de Miguel Delibes* (Madrid, 1976).

*Iglesias Laguna, Antonio: *Treinta años de novela española*, 2 vv. (Madrid, 1969).

Ilie, Paul: *La novelística de Camilo José Cela* (Madrid, 1963).

*Nora, Eugenio G. de: *La novela española contemporánea, 1927-1960*, II (Madrid, 1962).

Osuna, Rafael: "Pascual Duarte, asesino, miliciano, nacionalista", *Ideologies and Literature*, III. 11 (1979), 85~96.

*Robert, Gemma: *Temas existenciales en la novela española de postguerra* (Madrid, 1973).

*Sanz Villanueva, Santos: *Tendencias de la novela española actual, 1950-1970* (Madrid, 1972).

*______: *Historia de la novela social española, 1942-1975*, 2 vv (Madrid, 1980).

*Sobejano, Gonzalo: *Novela española de nuestro tiempo. (En busca del pueblo perdido)* (Madrid, 1975, 2ª).

Urrutia, Jorge, ed.: *Pascual Duarte* (Barcelona, 1977).

Zamora Vicente, Alonso: *Camilo José Cela* (Madrid, 1962).

일반적인 연구서들이 대단히 많다. 그 적확한 접근 또는 암시성으로 인해 알바레스 팔라시오스(Alvarez Palacios)와 아웁(Aub), 산스 비야누에바(Sanz Villanueva), 소베하노(Sobejano)의 책들이 돋보이고, 자명한 역사성을 가지고 있는 아랑구렌(Aranguren)의 긴 논문도 독특한 방식으로 쓰여 노라(Nora)의 연구서와 함께 절대적으로 필요한 것이다. 이글레시아스(Iglesias)의 연구는 역사·문화적인 방대한 수정이 요구된다. 전후 여러 소설의 유사실존주의는 로버츠(Roberts)에 의해, 그 형식의 문제는 버클리(Buckley)에 의해 다루어졌다. 일레(Ilie)와 사모라 비센테(Zamora Vicente)는 셀라에 대해 유용한 글을 썼는데, 특히 후자의 경우가 더 그렇다; 오수나(Osuna)의 연구는 엄격한 역사적 분석을 가지고 있고 우루티아(Urrutia)의 편집물은 유용하다. 핑크 장르(género rosa)의 시점으로 하위문학(*subliteratura*)은 아모로스(Amorós)에 의해 연구되었다. 산스 비야누에바의 마지막 책은 흥미로운 분석과 함께 사회소설에 대한 논쟁적 시점을 제공한다.

VI.1C. "온실의 장미들"과 오락실. 연극

*García Lorenzo, Luciano: *Documentos sobre el teatro español contemporáneo* (Madrid, 1981).
*Isasi Angulo, Amando C.: *Diálogos del teatro español de la postguerra* (Madrid, 1974).
*Monleón, José: *Treinta años de teatro de la derecha* (Barcelona, 1971).
*Pérez Minik, Domingo: *Teatro europeo contemporáneo* (Madrid, 1962).
*Rodríguez Méndez, José María: *La incultura teatral en España* (Barcelona, 1974).
*Ruiz Ramón, Francisco: *Historia del teatro español. Siglo XX* (Madrid, 1975 2ª).
*Soldevila, Ignacio: "Sobre el teatro español de los últimos veinticinco años", *Cuadernos Americanos*, XXII, 2(1963), 256~289.
*Varios: *El teatro de humor en España* (Madrid, 1966).

루이스 라몬(Ruiz Ramón)의 연극사는 어느 때고 참고해야 할 대단히 유용한 안내서이지만, 저자의 몇몇 역사적인 평가는 적당하게 배합되어야 한다는 사실을 알아야 한다. 페레스 미닉(Pérez Minik)은 공을 들여서 스페인 연극을 현대 유럽 연극에 끼워 넣었는데 이는 매우 어려운 작업이다. "다수"(*Varios*)라는 이름하에 나타난 모음집은, 비록 그들 중 전후 연극을 다룬 몇몇 작업은 대단히 유용하지만, 유머극에 대한 매우 불균질적인 작업을 포함하고 있다. 이사시 앙굴로(Isasi Angulo), 몬레온(Monleón), 로드리게스 멘데스(Rodríguez Méndez), 솔데빌라(Soldevila)의 나머지 연구들은 좌파적인 급진적 비평의 입장에서 당시의 극작법을 연구했다. 가르시아 로렌소(García Lorenzo)의 자료 편집물은 유용하다.

VI.1D. 편력하는 스페인

Abellán, José Luis, ed.: *El exilio español de 1939*. I, Vicente Lloréns: *La emigración republicana* (Madrid, 1976). II, Manuel Tuñón de Lara et al.: *Guerra y política* (Madrid, 1976). III, J. L. Abellán et al.: *Revistas, pensamiento, educación* (Madrid, 1976). IV, Aurora de Albornoz et al.: *Cultura y literatura* (Madrid, 1977). V. José María Ballester et al.: *Arte y ciencia* (Madrid, 1978). VI, Fermín del Pino et al.: *Cataluña, Euzkadi, Galicia* (Madrid, 1978).

Albornoz, Aurora de: Cf. Abellán, José Luis.

Amo, J., y Shelby, C.: *La obra impresa de los intelectuales españoles en América* (Stanford, California, 1950).

Amorós, Andrés: Prólogo a *Obras Narrativas Completas* de Francisco Ayala (México, 1969).

Aranguren, José Luis: "La evolución espiritual de los intelectuales españoles en la emigración", *Cuadernos Hispanoamericanos*, 38 (1953), 123~157.

Ayala, Francisco: "Para quién escribimos nosotros", *El escritor en la sociedad de masas* (México, 1957), 12~46.

Ballester, José María: Cf. Abellán, José Luis.

Blanco Amor, José: "A 20 años de La forja de un rebelde. Arturo Barea y los valores de su obra", *Cuadernos Americanos*, XXXI, 6 (1972), 213~222.

Carrasquer, Francisco: *Imán y la novela histórica de Ramón J. Sender* (Londres, 1970, 2ª).

Caudet, Francisco: *"Romance", 1940-1941: una revista del exilio* (Madrid, 1976).

______: *Cultura y exilio: la revista "España Peregrina", 1940-1941* (Valencia, 1976).

Fernández, Alberto: *Emigración repulicana española, 1939-1945* (Madrid, 1972).

Fresco, Mauricio: *La emigración republicana española. Una victoria de México* (México, 1950).
Lloréns, Vicente: *Memorias de una emigración. Santo Domingo, 1939-1945* (Barcelona, 1975).
Marra-López, José Ramón: *Narrativa española fuera de España, 1939-1961* (Madrid, 1963).
Monleón, José: *El teatro de Max Aub* (Madrid, 1971).
Pino, Fermín del: Cf. Abellán, José Luis.
Rius, Luis: *León Felipe, poeta de barro* (México, 1968).
Sánchez Pascual, Angel: *Pedro Garfias, vida y obra* (Barcelona, 1980).
Shelby, C.: Cf. Amo, J.
Soldevila, Ignacio: *La obra narrativa de Max Aub, 1929-1969* (Madrid, 1973).
Tuñón de Lara, Manuel: Cf. Abellán, José Luis.

아모(Amo)와 쉘비(Shelby), 페르난데스(Fernández) 그리고 프레스코(Fresco)의 일반적인 연구서가 망명 지식인들을 다루는데, 이들 모두가 불완전한 것으로 만족스럽지 못하다. 전체에 대한 대규모 연구는 아베얀(Abellán)이 지휘한 작업으로 거기에는 요렌스(Lloréns)와 투뇬 데 라라(Tuñón de Lara) 같은 주요 전문가들이 공동작업했다. 이 연구서들 하나하나는 그것이 다루는 것에서 필수불가결한 작업이다. 카우뎃(Caudet)은 이미 두 종류의 망명지〔《로만세》(*Romance*)와 《편력하는 스페인》(*España Peregrina*)〕에 대한 연구를 발표했었다. 망명 작가들에 대해서는, V. 1과 V. 2A-C에 포함된 도서목록을 참고할 뿐 아니라, 시인 레온 펠리페에 대한 리우스(Rius)의 책, 그리고 가르피아스(Garfias)에 대한 산체스 파스쿠알(Sánchez Pascual)의 책도 참고하면 좋다; 소설연구에서는 마라-로페스(Marra-López)의 연구서를 기본서로 하고, 아얄라(Ayala)에 대해서는 아모로스(Amorós)의 책, 센데르에 대해서는 카라스케르(Carrasquer)의 책, 막스 아웁에 대해서는 솔데빌라(Soldevila)의 연구, 바레아(Barea)에 대해서는 블랑코 아모르(Blanco Amor)의 논평

등 최고 전문가들의 작업으로 보완하면 좋다. 한편, 망명가들에 대한 아랑구렌의 논문은 이미 역사적인 작업이 되었다. 그것은 최초로 망명 지성인의 연극에 대한 국가적 양심을 두드리는 것이며 그때까지 단절되었던 두 스페인 사이의 관계를 다시 시작하려는 시도였다; 아얄라가 "우리는 누구를 위해 글을 쓰는가"(*Para quién escribimos nosotros*)에서 말했던 것을, 다른 시점에서, 참고하자.

제 2 장

정책의 계승과 부르주아 민주주의

서 문

이미 보았듯이, 1945년 전체주의 추축국의 세계대전 패배 이후, 국가적 노동조합주의 체제의 스페인은 새로운 역사적 환경에 적응하려 하였고, 이에 대한 처참한 노력이 없지 않았다. 사회주의 블록을 봉쇄하는 것에 확실한 지원을 받기 원하는 미국은 스페인에 접근하였고, 프랑코체제는 냉전이라는 정신병을 능숙하게 이용할 것이었다. 이렇게 해서 1953년에 미국과의 협정을 기점으로 독재의 새로운 단계가 시작되었다. 이는 몇 가지 면에서는 새로운 것이었지만 억압에서는 그리 새로운 것이 아니었다. 1952년에 5명의 무정부주의자들이 바르셀로나에서 처형되었고, 미국과의 협정이 열리던 1953년에는 스페인 사회노동당(PSOE)의 집행부가 실권한 뒤 토마스 센테노(Tomás Centeno)[1]가 마드리드의 안전보장부(Dirección General de Seguridad de Madrid)에서 사망하였다. 이런 의미에서 이후 벌어진 사건에 대한 기억할 만한 자료들은 다음과 같다. 1960년 246건의 정치범 재판

1) 〔역주〕 노동자연합(Unión General de Trabajadores)의 의장이자 스페인 사회노동당의 집행부 위원이었던 그는 마드리드 푸에르타 델 솔에 위치한 안전보장부에서 고문으로 사망하였다.

이 열린 결과 총 1,007년 형과 한 건의 사형판결이 있었다. 1962년 부르고스 감옥에는 468명의 정치범들에게 총 11,403년의 수감형이 내려져 있었는데, 이들 중 154명은 당시에 이미 15년 이상 동안 수감돼 있었거나 자유롭지 못한 상태에 있었다. 1963년 4월에는, 내전 기간 동안 저지른 것으로 추정되는 행동으로, 공산주의자 훌리안 그리마우(Julián Grimau)가 마드리드에서 처형되었고, 11월에는 2명의 무정부주의자들이 같은 운명에 처하였다. 1970년에는 ETA(Euskadi ta Askatasuna)[2]의 구성원들에 대한 부르고스 소송사건[3]이 있었다. 1973년에는 스페인 노동조합연맹(Comisiones Obreras: CC.OO.) 회원에 대한 1001소송[4]이 있었다. 1974년에는 무정부주의자인 살바도르 푸익 안티치(Salvador Puig Antich)가 교살되었다. 1975년에는 ETA와 반(反)파시스트 애국혁명전선(Frente Revolucionario Antifascista y Patriótico: FRAP) 회원 5명이 총살되었다. 이전의 법적 탄압은 폐지되지 않고 새로워졌는데, 1958년에는 새로운 공안법이 공표되었다가 1975년에 이른바 반(反)테러리스트법(*Ley Antiterrorista*)으로 더욱 가혹하게 발전하였다. 이 모든 것은 개인 권리가 한시적으로 박탈되고, 비상사태(1956년, 1969~1970년, 1970~1971년…)가 선포되며, 대학이 폐쇄되고 전공주임교수들이 추방(다른 이들 중 특히 엔리케 티에르노 갈반과 호세 루이스 아랑구렌이 1965년에 교단에서 쫓겨났다)되는 등의 사건들이 그 사이에 발생하였다. 엔리케 티에르노 갈반(Enrique Tierno Galván)은 살라망카대학의 〈정치법 세미나 회보〉(*Boletín del Seminario de Derecho Político*)를 통해 공개적으로 반파시스트적인 입

---

2) 〔역주〕 '바스크 민족과 자유'라는 의미의 바스크 분리주의 단체.

3) 〔역주〕 1970년 12월 3일 16명의 사람들이 3명을 살해하고 ETA에 소속돼 있었다는 이유로 즉결처분된 사건.

4) 〔역주〕 노동조합연맹의 뛰어난 지도자들을 구속하기 위한 소송.

장을 견지했는데, 이 잡지에는, 예를 들어, 베르톨트 브레히트의 작품들이 번역되기도 하였다.

사실, 이러한 프랑키즘의 두 번째 단계는, 한편으로는 저항활동이, 그리고 또 다른 한편으로는 억압이 점차적으로 증대되는 시기였다. 실제로 1954년에는 영국 엘리자베스 여왕의 지브롤터 방문에 항의하기 위한 관제데모가 프랑코체제 자체에 대항한 시위로 변했다. 이듬해, 오르테가 이 가셋의 사망과 장례가 대학가의 심각한 동요를 불러일으켜 1956년 2월에는 당시까지 없었던 폭력시위로 발전하였고 마드리드 거리에서 학생과 팔랑헤주의자들, 경찰들 사이에 유혈충돌이 있었는데, 이는 사회주의 대학생연맹(Agrupación Socialista Universitaria: ASU)과 민중자유전선(Frente de Liberación Popular: FLP) 같은 새로운 저항조직들의 가장 어렵고 결정적인 능력 테스트 같은 것이었다. 그때부터, 그러나 구체적으로는 1965년부터, 스페인 대학의 역사는 지속적이고 열린 반체제 투쟁의 역사가 되었다. 또한 1957년의 바르셀로나와 1958년의 마드리드에서는 공공운송에 대한 거부운동이 있었고 1959년에는 바르셀로나에서 〈라 방과르디아〉(*La Vanguardia*)지에 대한 불매운동이 있었다. 이 기간 동안 다양한 기독교 민주조직들이 구성되었는데, 이는 당시까지 한목소리를 냈던 스페인 교회—'십자군'의 교회—의 위기가 시작됨과, 교황 23세의 회칙(回勅)과 2차 바티칸협의회(Concilio Vaticano II)의 비호 아래, 교회가 독재사상에 대해 점차적으로 거리를 두기 시작했음을 나타낸다. 인용할 수 있는 많은 예들 중, 가톨릭 노동자조합(Hermandades Obreras de Acción Católica: HOAC)의 활동과 자유로운 개혁을 요구하는 339명의 바스크 사제들의 편지(1960년), 몬세랏 주교인 에스카레(Escarré) 신부의 추방[5]을 언급하는 것으로 충분할 것이다. 노동운동에서 역시 카탈루냐와 바스크, 아스투리아스, 마드리드를 중심으로 파업과 시위 등의 형태로 데모의 수가 증가했다. 특히 1957년과 1962년, 1963년의 아스투리아스에서의 사건이 국가적으로 중요하다. 그때부터 전국적으로 노동자들의 동요가 점차적으로 끊이지 않았는데, 이는 여러 번에 걸쳐 사상자를 내며 공안의 무력에 의해 진압되었다. 노동운동은 다양한 조직들, 특히 스페인 노동조합연맹(CC. OO.)을 중심으로 구성됐는데, 이 스페인 노동조합연맹은 산업별 노동조합들(*Sindicatos Verticales*)과는 별도로 기업인들과 직접 대화하기에 이르렀다.

정부 차원에서 중요한 해는 1956년인데, 이 해에 팔랑헤주의자인 라이문도 페르난데스 쿠에스타(Raimundo Fernández Cuesta)와 기독민주주의자인 호아킨 루이스 히메네스(Joaquín Ruiz Giménez)가 같은 해에 있었던 심각한 학생운동의 결과로 임직에서 물러났다. 또 1957년도 중요한 해인데, 이때에는 오푸스 데이(Opus Dei)가 요직을 차지한 첫 번째 정부가 구성되었다. 1962년에는 라우레아노 로페스 로도(Laureano López Rodó)뿐 아니라 마누엘 프라가 이리바르네(Manuel Fraga Iribarne)도 입각함으로써 오푸스 데이의 입지가 강화되었다. 1962년에는 오푸스 데이의 숙원사업이었던 나바라대학(Universidad de Navarra)의 공식인가가 이루어졌다. 1965년에는 거의 오푸스 데이로 구성되어 '단일한 색깔'이라고 불리는 신정부가 출범하였다. 오푸스 데이의 존재는 팔을 높이 들며 하는 공식적인 인사와 같이 불편한 외적 표시와 형식들을 슬그머니 포기했던 프랑코체제의 발전에 기본적이면서도 다양한 것들을 의미할 것이었다〔이미 1955년에 프랑코

5) 〔역주〕 몬세랏 수도원의 주교인 아우렐리 마리아 에스카레(Aureli Maria Escarré: 1908~1968)는 처음에는 프랑코 정권과 좋은 관계를 유지했으나, 차츰 비판적이 되었는데, 1963년에 프랑스의 〈르몽드〉지(紙)에 체제를 공개적으로 비판하여 그 결과 추방과 주교직 사임 등을 겪었다.

자신이 팔랑헤와 국가주의 운동(*Movimiento*) 사이의 차이를 교묘하게 구별했다]. 이제 점점 더 첨예화되어 가는 경제문제에 대한 지속적인 염려는 분명해졌다. 인플레이션에 대해 1959년에는 경제안정계획(*Plan de Estabilización*)이 시작됐는데, 그 첫 번째 결과는 많은 노동자들이 유럽을 향해 물밀 듯이 이주해 나간 것이었다. 1960년에는 공식적인 노동자 이민이 1959년 대비 50%가 증가한 8만 명에 이르렀다. 이러한 국외이주는 1960년대에도 계속 이어져 이주노동자는 3백만 명을 넘어서게 되었다. 그와 동시에 스페인에는 거대한 홍보전략으로 매년 외국 관광객들이 넘쳐나게 되었다(1964년에는 1,100만 명의 방문객이 있었고, 1970년대에는 매년 3천만 명의 관광객이 기록되었다). 프랑코체제의 경제는 이제 상당부분 관광객들이 남겨 놓는 외화와 해외 노동자들이 가족들에게 보내는 송금에 기초하게 되었다. 1964년에 제 1차 발전계획(*Primer Plan de Desarrollo*)이 시작되어 '도약'을 통한 산업화를 겨냥했는데, 이는 스페인을 '개발도상' 국가로 변화시켜 놓았다. 새로운 경제시스템이 꿈꾸는 대관식(戴冠式)은 스페인을 유럽공동시장(*Mercado Común*)으로 편입시켰는데, 이는 그때까지 이루어지지 않은 꿈이었다. 마드리드의 정부는 이미 1962년에 그 가입을 요구했었다.

같은 해인 1962년 6월에 공식 역사에는 '뮌헨의 동거'[6]라고 표현된 프랑코체제 정치에 대한 반응이 있었는데, 여기서 프랑코의 반대파들은 내전 이후 처음으로 구체적이고 잘 규정된 목적하에 함께 모였다. 유럽연합(EC)에 가입하려는 프랑코체제의 결코 이루어지지 않는 바람은 모순 속에 있는 기본요소인데, 이러한 모순 속에서 1960, 1970년대의 프랑키즘에 대한 토론이 이루어졌고, 스페인은 독일과

6) 〔역주〕 이는 제 4차 유럽운동대회(IV Congreso del Movimiento Europeo)로 국내외에 있던 118명의 반체제 스페인 정치인들이 참석했다.

미국의 자본, 그리고 세계적인 다국적 기업들에 의해 체계적으로 식민화될 것이었다. 매번 더 첨예화되는 이러한 모순들은 아마도 1939년 출범한 체계의 고리타분한 정치·사회·경제구조와 역동적인 새로운 현실 사이에서 갈수록 더 악명 높아 가는 불균형이라고 간단하게 요약될 수 있을 것이다. 그리고 그러한 불균형은 1966년의 정기간행물법(*Ley de Prensa*)과 1968년의 종교자유법(*Ley de Libertad Religiosa*) 같이 자유화라고 여겨지는 몇 가지 방책들에도 불구하고 변함없이 지속되었다〔이때 리버럴한 〈서구평론〉(*Revista de Occidente*)이 다시 나타나고 기독민주주의 성향의 〈대화노트〉(*Cuadernos para el Diálogo*)가 등장했으나 오푸스 데이의 〈아틀란티다〉(*Atlántida*)도 출현했다〕.

국가조직법(*Ley Orgánica del Estado*)의 승인을 위한 총선거가 있었던 1966년과 부르봉 왕가의 후안 카를로스가 프랑코 장군의 후계자로 임명된 1970년은 정치적으로 중요한 연도이다. 수상이자 '총통'의 오른팔인 루이스 카레로 블랑코(Luis Carrero Blanco)가 바스크 조직 ETA(이 조직은 이미 1961년 처음 등장했다)에 의한 다이너마이트 폭발로 사망한 1973년 12월부터 프랑코체제는 말기로 접어들었다. 카를로스 아리아스 나바로(Carlos Arias Navarro)의 득세로 프랑키스트들이나 반(反)프랑키스트들 모두에게 분명 위기와 불안의 시기가 시작되었는데, 모든 분야(노동자 계급, 교회, 자본, 오푸스 데이를 포함한 주변부의 국가주의, 그리고 비록 소수의 차원이긴 하지만 군대의 장교들)에서 체제에 반대하는 공격적인 목소리가 높아졌던 것이다. 1974년 7월 민주주의위원회(Junta Democrática)가 구성되면서 진보진영의 세력결집이 실현되기 시작했는데, 진보진영 중에는 일부 중요한 자유주의적 부르주아도 있었다. 마드리드와 바르셀로나에서 5명의 반(反)파시스트들을 처형한 것에 대한 전 세계적인 항의가 있은 직후인 1975년 11월 20일 독재자가 사망하였다. 이렇게 해서 단지 포르투갈의 살라사르 독재정권에만 비교될 수 있는 전횡적이고 개인적인 체제가 종말을 고했으나, 1936년 시작된 역사의 변증법은 끝나지 않을 것이었다. 권력이 주도하는 명백한 통제와는 달리, 1976년 한 해에 걸쳐 서서히 탈(脫) 파시스트의 과정이 지속되었다. 그리고 결국, 1977년 6월 15일의 선거는 새로운 시대의 시작을 알리는 획을 그었다. 그 새로운 시대는 역사적 결과들에 대한 가장 온당한 해석으로부터 추정할 수 있는 변화에 대해 열려져 있었다. 그러나 1979년과 1980년에 언론인들에 대한 소송과 금서, 영화의 상영금지에서 볼 수 있듯 시대의 흐름에 역행하는 사건들이 없지는 않았고, 1981년 2월 23일의 실패한 쿠데타처럼 개방을 되돌리려는 위험한 움직임도 있었다.

문학에 대해서는 이미 앞에서 분명한 사회적 · 참여적 표지를 가지고 있는 일종의 새로운 리얼리즘의 출현에 대해 언급했다. 이런 것은 알폰소 사스트레(Alfonso Sastre)와 라우로 올모(Lauro Olmo), 그리고 어느 정도는 안토니오 부에로 바예호에 의해 상연된 연극에서 보여졌다. 시(詩)에서는 가브리엘 셀라야(Gabriel Celaya), 블라스 데 오테로(Blas de Otero), 앙헬라 피게로아(Ángela Figuera), 호세 이에로(José Hierro), 호세 아구스틴 고이티솔로(José Agustín Goytisolo) 또는 앙헬 곤살레스(Ángel González) 같은 시인들이 출현했고, 조금 다른 어조를 지닌 카르멘 콘데(Carmen Conde)도 출현했는데, 그녀는 1978년 학술원 회원이 되었다. 소설에서는 라파엘 산체스 페를로시오(Rafael Sánchez Ferlosio), 후안 고이티솔로(Juan Goytisolo), 루이스 고이티솔로(Luis Goytisolo), 아르만도 로페스 살리나스(Armando López Salinas), 헤수스 로페스 파체코(Jesús López Pacheco), 아나 마리아 마투테(Ana María Matute), 후안 가르시아 오르텔라노(Juan García Hortelano), 안토니오 페레스(Antonio Ferres), 알폰소 그로소(Alfonso Grosso), 호세 마누엘 카바예로 보날드(José Manuel Caballero

Bonald) 등이 부각되었다. 또한 알론소 사모라 비센테(Alonso Zamora Vicente), 메다르도 프라일레(Medardo Fraile), 카르멘 마르틴 가이테, 라우로 올모 등의 단편소설도 기억해야 한다. 1950년대에 제정된 세사모 문학상(Premio Sésamo)도 소설에 수여되는 나달문학상(Premio Nadal)만큼이나 청년 소설가들을 격려하는 데 도움이 되었다는 사실에는 의심의 여지가 없다. 그러나 이미 1962년에 실패한 사회주의 소설가의 소설인 《침묵의 시간》(*Tiempo de silencio*)의 출현은 이전보다 덜 직선적이고 증언적인 표현형식을 지향하는 방향전환을 예고했는데, 이는 이른바 라틴아메리카 붐 소설의 영향과 무관하지 않은 것이었다. 이때부터 사회적 리얼리즘 또는 증언적 리얼리즘은 추락했고, 사회·경제적 발전과 함께 모든 문학장르의 주제와 형식에 대한 의식적인 개혁이 이루어졌다. 비록 1960년대의 스페인은 몇몇 사람들이 기대하던 수준의 발전에는 도달하지 못했지만, 국가의 중요 부분—그리고 그와 함께 많은 지식인들—은 유럽공동시장 국가들의 발전, 그리고 그 소비주의와 제휴했다. 이렇게 해서 우리는 절반 정도 발전된 문학에 도달했는데, 결국에는 '현대'사회의 물질·정신·이데올로기적인 수준을 갖는 것이 필요하다는 의식이 갈수록 커졌다. 그런 현상은 불가피한 형식적 실험들, 표현의 실패, 모험, 모순 등과 함께 나타났다. 그리고 또 다른 그 무엇이 있었는데, 그것은 일종의 미 제국주의의 명백한 문화적 침투로 미국의 경제·군사적인 침투의 피할 수 없는 또 다른 얼굴이었다.

엄밀한 문학생산의 바깥에 있는 영화의 영역에서는 다음의 사실을 기억해야 한다. 즉, 후안 안토니오 바르뎀(Juan Antonio Bardem) 같은 감독들이 〈어느 사이클 선수의 죽음〉(*Muerte de un ciclista*, 1955)이나 〈중앙로〉(*Calle Mayor*, 1956) 같은 영화를 통해 나름대로의 방식으로 사회적 리얼리즘에 기여했고, 바실리오 마르틴 파티노(Basilio

Martín Patino)의 〈베르타에게 보내는 아홉 통의 편지〉(*Nueve cartas a Berta*, 1965)와 특히 카를로스 사우라(Carlos Saura)의 〈사냥〉(*La caza*)에서는 과도기적 요소가 관찰된다는 것이다. 또한 루이스 부뉴엘(Luis Buñuel)의 〈비리디아나〉(*Viridiana*, 1961)도 있는데, 이 작품은 프랑코체제로 인해 망명 갔던 아라곤 출신 감독 부뉴엘이 이후 스페인에서 활동을 재개하는 것을 수포로 돌아가게 한 작품으로 깊은 역사적 뿌리를 가진 탁월한 비판영화[7]였다. 회화에서는, 예를 들면, 1958년에 안토니 타피에스(Antoni Tapiès)가 베네치아 비엔날레에서 중요한 상을 수상한 것, 그리고 곧이어, 스페인 회화의 새로운 풍토에 대해 진지하게 이야기할 수 있게 된 것을 기억해야 한다. 문화세계와 연결된 다른 사건들, 다양한 차원에서 진보사상의 발전에 중요한 이정표를 제시하는 사건들은 다음과 같다. 1956년에 피오 바로하가 사망(마드리드 시민묘지와 강의실에서 학생들의 추모행사가 치러졌다)했고 망명중인 후안 라몬 히메네스에게 노벨문학상이 수여됐는데, 그는 1년 후에 사망했다. 1959년에는 프랑스에서 죽은 안토니오 마차도의 20주년 기념식이 있었는데, 그 위대한 시인을 추모하기 위해 세고비아에서 열린 추모식에는 반체제 지성인들이 으레 참석하였다. 1962년에는 아스투리아스 파업자들에 대한 억압과 고문에 대해 많은 지식인들이 항의서한을 보냈다. 1963년에는 호세 루이스 아랑구렌의 《윤리와 정치》(*Ética y política*)가 출판됐는데, 이는 기독교주의와 마르크스주의를 통합하려는 스페인 최초의 시도였다. 이러한 시도는

---

7) 〔역주〕 내전 이후 스페인에서 영화를 촬영하지 않던 부뉴엘은 사우라와 페레 포르타베야 등에 의해 합작형식으로 스페인에서 영화를 만들도록 설득당했다. 그리하여 부뉴엘은 스페인에서 자유롭게 〈비리디아나〉를 촬영할 수 있게 되었고, 검열과 불편한 관계였지만 칸영화제에서 황금종려상을 수상했다. 그러나 그 신성모독적 성격으로 인해 바티칸의 비난을 받았고, 스페인에서는 상영금지되었으며, 이로 인해 영화국 국장이 사임하기까지 했다.

1968년의 《도덕으로서의 마르크스주의》(*El marxismo como moral*)에서 계속되었다. 1960년대와 1970년대 동안 마차도에 대한 추모가 계속되었는데, 간혹 피카소에 대한 추모도 있었다. 1976년에는 푸엔테 바케로스(Fuente Vaqueros)[8]에서 가르시아 로르카의 추모식이 있었는데, 그 행사에서는 이미 어렴풋이 새로운 시대의 빛이 비치고 있었다. 1980년에는 로르카를 추모하는 행사뿐 아니라 TV에서 그의 죽음에 대한 영화를 상영하고 이어서 공개토론이 열렸다. 1965년 프랑스에서 〈루에도 이베리코 노트〉(*Cuadernos de Ruedo Ibérico*)라는 잡지가 나타났는데, 이 잡지는 수년 동안 엄격한 체제비판의 선상에서 프랑코체제하의 스페인에 대한 주요 연구와 분석들을 수행하였다.

2A. (불안정한) 평화와 (침묵된) 언어 : 참여시(詩)

다마소 알론소의 《진노의 자녀》(1944)가 의미하는 가르실라소주의와의 단절 뒤에 다른 여러 작품들 중에서 블라스 데 오테로, 호세 이에로, 빅토리아노 크레메르(Victoriano Crémer), 에우헤니오 데 노라 그리고 가브리엘 셀라야의 작품들과 함께 1940년대 말에 '사회시' 또는 '고발시'라고 평가될 새로운 시가 시작되었으며 이러한 시들은 1960년대에 상당히 접어들 때까지도 지배적인 경향이었다고 이미 언급했다(VI. 1A). 이러한 시에서 호세 마리아 카스테옛(José María Castellet)의 두 선집(選集)인 《자문 받아 만든 최신 스페인 시선집》(*Antología consultada de la joven poesía española*, 1952)과 《스페인 시의 20년》(*Veinte años de poesía española*, 1960)은 이러한 시들을 세상에

---

8) 〔역주〕 로르카의 고향.

소개하고 정의해줌으로써 일종의 결정적인 역할을 하였고, 수록된 작품의 시인들이 거의 특정한 경향을 가진 같은 그룹이라는 느낌을 주었다. 《자문 받아 만든 최신 스페인 시선집》에 수록된 작품들은 작가와 비평가들 사이에 이뤄진 '자문'이나 앙케트에 조응한다. 카스테옛의 시선집은, 비록 개인의 작업이긴 하지만, 주된 경향을 예의주시하던 광범위한 비평가들의 '자문'을 받은 것이다. 한편, 이 두 선집을 이끄는 역사적 객관성에 대한 증거가 있다. 이미 1956년에 막스 아웁이 멕시코에서 여러 편의 시들에 대해 강연하였고, 이 작품들은 1957년에 《새로운 스페인 시》(*Una nueva poesía española*) 라는 제목으로 출판되었는데, 작가들의 선정과 그들에 대해 막스 아웁이 말한 것은 기본적으로 앞에서 언급한 두 권의 시선집에서 선정해 놓은 것을 결합한 것, 그리고 《자문 받아 만든 최신 스페인 시선집》의 시인들이 자신들의 작품에 대해 말하는 것과 일치하는 것이다. 그리고 또한 카스테옛이 이미 고전이 된 자신의 선집 '서문'에서 그들에 대해 말했던 것과도 일치한다.

《자문 받아 만든 최신 스페인 시선집》은 두 가지 사실로 주목을 받는다. 하나는 비반코나 파네로, 로살레스, 리드루에호 등의 시인들의 시가 전혀 없다는 것이고, 다른 하나는 단지 그들이 더 새로운 세대에 의해 자리를 빼앗긴 것이 아니기 때문이다. 호세 이에로(1922년생) 와 에우헤니오 데 노라(1923년생), 카를로스 보우소뇨(1923년생), 호세 마리아 발베르데(1926년생) 등 그들보다 더 젊은 시인들과 함께 빅토리아노 크레메르(1910년생), 가브리엘 셀라야(1911년생으로 라파엘 무히카라는 필명도 사용했다[9]), 블라스 데 오테로(1916년생) 등이

9) 〔역주〕 가브리엘 셀라야의 이름은 라파엘 가브리엘 후안 무히카 셀라야 레세타(Rafael Gabriel Juan Múgica Celaya Leceta) 인데, 이를 조합하여 그는 라파엘 무히카, 후안 레세타, 가브리엘 셀라야 등으로 작품을 냈다.

비센테 가오스(1919년생)와 라파엘 모랄레스(1919년생)의 작품과 함께 수록되었던 것이다. 똑같은 현상이 막스 아웁의 책에도 더 확장되어 일어났는데, 여기서도 〈가르실라소〉나 〈에스코리알〉에서 활동했던 이들의 작품은 배제되었다. 그 대신 이 책은 다마소 알론소를 수록하고, 《자문 받아 만든 최신 스페인 시선집》의 작가들에 앙헬라 피게라(Ángela Figuera), 호세 가르시아 니에토(José García Nieto), 호세 루이스 이달고(José Luis Hidalgo), 아구스틴 미야레스(Agustín Millares) 등 (더 젊든 더 나이가 들었든) '사회시' 계열의 다른 작가들을 추가하였다. 카스테옛의 선정은 더 광범위하고 겉보기에는 더 복잡한 듯하지만 동일한 경향과 동일한 선정태도를 반영하는데, 로살레스는 단 두 편의 시로 소개되었고, 파네로와 리드루에호, 비반코는 각각 세 편의 시를 수록시켰는데, 이 시들은 모두 (1957년에 발표된 비반코의 시 한 편을 제외하고) 1951년 이전의 것들이었다. 이에 대응하여 이 시선집은 셀라야, 오테로, 노라, 크레메르, 이에로 등의 작품을 중심에 놓으면서 한편으로는, 1950년대에 출현했던 시인들(앙헬 곤살레스, 하이메 힐 데 비에드마, 호세 앙헬 발렌테, 호세 마누엘 카바예로 보날드 등)에 대해, 그리고 또 다른 한편으로는, 공화정 세대의 망명 작가(기옌, 미겔 에르난데스, 세르누다, 알베르티, 살리나스 등)의 시에 대해 열려 있었다.

이는 스페인 시의 개혁기를 다루는 것인데, 여기서 스페인 시는 한편으로는 〈가르실라소〉풍에 맞선 새로운 시로서, 그리고 또 한편으로는, 전(前) 프랑키즘과 반(反)프랑키즘의 위대한 시인들의 작품과 연결된 것으로 스스로를 바라본다. 이러한 것은 내전이 발발할 당시 25세였던 이들(예를 들면, 셀라야 같은 이들)이나 13세(에우헤니오 데 노라) 또는 7세(힐 데 비에드마)였던 이들에서 동일한 현상이었다. 여기에, 이를 테면, 내전 기간 중 젊디젊었던 레오폴도 데 루이스(1918

년생)의 작품이 포함될 텐데(cf. V. 2B), 그의 전후 첫 번째 작품들은 1944년에 나타났다. 또한 호세 루이스 가예고(José Luis Gallego: 1913~1980)도 포함시켜야 했는데, 전후 오랜 투옥기간을 경험한 이 작가는 감옥시(詩)의 감동적인 표본인 《나에 대한 소식》(*Noticia de mí*, 1947)과 《프로메테우스 20》(*Prometeo XX*, 1970)을 출간했다. 이렇게 해서 막연하게는 '사회시'라고 불리고—1940, 1950년대의 표현을 따라 비록 아주 명쾌하지는 않지만—'참여시'라고도 부를 수 있는 이러한 시가 함축적으로 정치적인 차원을 포함할 수도 있다는 사실이 드러났다. 이러한 시가 함축적으로 정치적인 것은 새로운 시인들의 초기 작품들에는 고발이라는 정치적 투명함이 진정 존재하지는 않기 때문이고, 그들 모두가 다 〈가르실라소〉풍에 대한 거부와 '인간화'에 대한 제안에서부터 사회참여에 대한 분명하고 구체적인 표현으로 발전한 것은 아니기 때문이며, 또 그렇게 한 이들(블라스 데 오테로와 가브리엘 셀라야가 모델이다)은 언제나 그들이 의도하는 것을 폭넓게 성취하는 것, 즉 '다수'를 향한[10] 직접적이고 분명한 표현을 방해하는 검열과 조우할 것이기 때문이다.

이미 완연한 유럽의 실존주의적 분위기 내에서, 제 2차 세계대전의 종전이 가까워옴에 따라, 파시스트의 억압과 탄압이 스페인 사회를 잔인하게 비인간화시켜가는 것이 분명해졌을 때, 〈가르실라소〉지에 피신해 있는 프랑키스트들의 시에 맞서 인간화와 역사성에 대해 혼란스럽지만 심오한 의지를 가진 새로운 시가 시작된 것이다. 비참함과 포기 가운데 놓여 있는 의사소통과 삶에 대한 이러한 의지는 역설적으로 주로 신(神)을 향해 자기 목소리를 겨누었다. 그럼에도 불구하고, 예를 들어 블라스 데 오테로(Blas de Otero: 1916~1979)에게 계

10) 〔역주〕 블라스 데 오테로의 시 중 〈무한 다수에게〉(*A la inmensa mayoría*)라는 제목은 매우 시사적이다.

시된 신(神)은 자신을 향한 고통스런 질문과 탄식에 대답하지 않는 신이었다. 그래서 예사롭지 않은 긴장이 생기고, 종교시의 오랜 전통 안에 있으면서도 또 그에 맞서게 된 것이다(이 종교시는 초기 블라스 데 오테로의 훌륭한 소네트들에서 두드러졌던 것이다). 그리하여 어느 좋은 날 그 의사소통의 길이 무의미한 것으로 드러나고 블라스 데 오테로는 다음과 같이 썼다.

그대들은 신(神)의 번민으로 가장한 야수이기를
그만두라. 인간이라는 것으로도 그대들에게 충분하니….

그리고 가브리엘 셀라야(Gabriel Celaya: 1911년생)는 다음과 같이 기술했다.

'주님'은 이름이 없다,
그는 그저 공허한 감탄을 늘어뜨리기 위한
단순한 핑계거리일 뿐이지.

인간화를 향한 이 어려운 여정에서 빅토리아노 크레메르(Victoriano Crémer: 1910년생)의 작품과 태도는 매우 중요하고 아마도 그런 점에서 에우헤니오 데 노라(Eugenio de Nora: 1923년생)는 더욱 중요할 것이다. 이들은 매우 신속하게 새로운 시의 필요성을 제기하고 그 안에서 (특히 노라의 경우) 〈가르실라소〉풍의 작품에 나타난 미학을 직접적으로 공격했을 뿐 아니라, 그들을 둘러싸고 있는 환경에 대해 말하려고 했다.

여기 한 사람이 있었다. 여기, 바로 이 모서리 위에서, 나는
그의 창조가 꼿꼿하게 분출되는 것을, 그리고 갑자기 스러지는 것을

> 보았다.
> 바로 이 시간의 모퉁이에 그는 존재하고 있었고 존재했다.
> 그러나 이제 여기엔 아무도 없다. 침묵과 내 울음만 있을 뿐.
> ……
> 나는 고발하고, 나는 두드리며, 나는 절규한다! 여기 한 사람이 있었다고.

《차분하게 말하며》(*Tranquilamente hablando*, 1947)에서 가브리엘 셀라야(이 책에서 그는 후안 데 레세타라는 이름을 사용했다)는 다음과 같이 썼다.

> 나는 시를 만들고 싶지 않다.
> 그저 내게 일어난 일을 이야기하고 싶을 뿐.

그리고 블라스 데 오테로는 다음과 같이 표현했다.

> 사건, 나는 그것을 내 두 눈으로 보았다.
> 20년 동안 미풍은 순조롭게 불었고,
> 봄의 모자들은 다시 서로 마주쳤고,
> 장미가 날아갈 듯했다.
>
> 1939년에 가난한 이들은 미사를 드렸다.
> 몇몇 폭탄의 바람이 빠졌고
> 밤에는 만(灣)에 일본의 포화가 있었다.
> 우리는 — 또 다시 — 다른 편에 있었다.
>
> 그후 나는 옆방에서 말하는 소리를 들었다.
> (목이 잠긴 어느 미친 여인.)

그대들은 그 밖의 것을 직접 배웠다.
우리는 넘치도록 알고 있었다.

새로운 형식의 필요를 알지 못하고는 새로운 주제, 새로운 시적 재료에 대해 말할 수 없다. 〈가르실라소〉풍과 결별한 시인들은, 《자문받아 만든 최신 스페인 시선집》에서 자신들의 작품 앞에 기술한 '시학'에서 보인 바에 의하면, 그것을 아주 잘 인식하고 있었다. 예를 들면, 호세 이에로(José Hierro: 1922년생)는 거기에 시인들은 "인간 언어로의 통역자, 순수한 송신자들"이라고 썼다. 따라서 "시인 내부에 있는 사람은 다른 사람들과 공유하는 것을 노래할 텐데, 그가 노래할 것은 만일 모든 이들이 그 안에 시적 재능을 가지고 있다면 노래할 바로 그것이다." 시에 대해 이야기할 때, "만일 모든 이들이 그 안에 시적 재능을 가지고 있다면 노래할 바로 그것"이 일상적인 표현과 다른 그 무엇임을 '사회적인' 것이 방해하지는 않을 것이다. 이런 시에서 이른바 문학언어를 일상언어와 구별하게 해주는 시적 기능의 법칙들이 변화하지는 않을 것이다. 호세 이에로에게서 그것에 대한 의식은 분명하다. 그는 "언어는 … 그것이 표현하는 생각에 충실하고 적확하며 명쾌하면서 대체불가능한 것이다"라고 말했던 것이다. 그러나 문학언어의 독특함이라는 사고에 기초하여 독자들의 주의를 언어 자체에 환기시키려 하는 이들을 구별하면서, 호세 이에로는 언어가, 시가 "그 의미라는 액체가 비쳐지는 대단히 섬세한 크리스털로 된 그릇"처럼 되어야 한다고, "그 그릇은 보이지 않아야 한다"고 제안했다(이에 대해서 우리는 마차도의 유산을 잊지 못할 것이다). 거기에는 "나는 상아탑을 혐오한다는 사실을 고백한다. 시인은 그 시대의 작품이자 예술가이다. 우리들의 표지는 집단적이고 사회적인 것이다"라는 말에서처럼 미학화된 시인들에 대한 공격이 필연적으로 뒤따른다.

따라서 "분명히 말하는 것이 필요하다. 어둠은 표현의 결점이다"라고도 말했다. 여기서, 다시 한번, 새로운 시의 재료와 형식의 일치에 대한 의지가 보인다. 그리하여, 당연하게도, 호세 이에로의 시에서는 블라스 데 오테로나 가브리엘 셀라야의 시에서 그렇듯 '소수'를 위해 글을 쓰려는 시인들에 반대하는 직접적인 시들이 없지는 않다.

〈유미주의자를 위하여〉

아름다운 언어라는 꽃 냄새가 나는 그대는,
아마도, 향기 없는 내 언어들을 이해하지 못할 겁니다.
투명하게 흐르는 물을 찾는 그대는,
내 붉은 물을 마시지 않겠지요.

그리고 셀라야의 작품제목이 《차분하게 말하며》(1947) 나 《있는 그대로의 것들》(*Las cosas como son*, 1949), 그리고 《하늘을 향한 편지들》(*Las cartas boca arriba*, 1951) 인 것은 우연이 아니다. 또 몇 년 뒤 《카스티야어(語) 로》(*En castellano*, 1959) 라는 제목이 붙은 블라스 데 오테로의 작품이 《분명히 말하기》(*Parler clair*) 라는 제목의 프랑스어로 출판된 것(이 작품은 파리에서 출판됐다) 도 우연이 아니다.

실제로 《자문 받아 만든 최신 스페인 시선집》에 등장하는 작가들의 시학은 크게 일치한다. 예를 들면, 에우헤니오 데 노라는 간단하게 "모든 시는 사회적이다"라고, "시적인 행위는 또 다른 노동일 뿐"이라고 설명한다. 그는 또 "우리들의 선배 거장들, 나의 거장들은 '순수한 시인들'이었다"고, "잠겨진 방에서 '청결한' 주제로 무한 소수를 위해 시를 짓는 이들이었다"고 말했다. 그들에 반해 시가 "독자들을 '현혹시키기 위해' 전시되어서는 안 된다"며 "나는 시를 사치로서가 아닌 노동으로, 필요한 작업으로 본다"고 했다. 따라서 노라는 "나는 시의 힘을, 시의 활동을, 그 끊임없는 기회를 믿는다. 왜냐하면 나는 '글을 쓰는 것은 작업하는 것'이라고 믿기 때문이다"라고 덧붙여 말했다. 블라스 데 오테로의 태도도 이와 유사하다. 그는 "리얼리즘(*Realismo*)이 뭐냐고? 결국 인간은 자신의 두 손으로 모든 예술을 실현시켜 나갈 것이다. 여기서 그것을 '실현시켜'(*real-izándolo*) 나간다는 것에 주목해야 한다."11) 시를 현실에 '게양'(*izar*)12)하고 현실을 그 중심의미에 '게양'하는 이 작업에서 다루는 것은 "다수의 목소리를 듣는 것"이다. 따라서 블라스 데 오테로는 "시인(인간)이 이러한 주제들을 전통적인 주제들과 동일하게 진실하고 동일한 효력이 있는 것으로 느낀다는 전제하에, 나는 사회시를 믿는다"라고 설명한다. 또한 가브리엘 셀라야는 "호흡하는 이처럼 노래하자. 매일 우리를 사로잡는 것에 대해 말하자. … 인간적인 것은 그 어느 것도 우리의 작품 밖에 있어서는 안 된다. 너무도 시적인 시인들에게는 미안하지만, 시에는 세속적으로 때 묻은 것이 있을 것이다. … 시는 그 자체가 목적은 아닌 것이다. 시는 세상을 변화시키기 위한 도구이다"라고 말했다. 그리고 그는 어느 시에서 "시는 미래를 장착한 무기"라고 말했다.

물론 셀라야가 암시했던 '때 묻은 것'이 때로 주가 되기도 한다. 새로운 시가 자신의 형식을 발견하지 못한 재료를 떠맡을 때, '다수'를 향하려는 의지는 선동적으로 언어를 통속화할 수 있기 때문이다. 전반적으로 '사회시'를 거절했고 또 거부하고 있는 이들이, 다른 모든 언어로부터 문학언어를 구별해내는 것에 대한 가장 한계적이고 굼뜬 해석으로부터, 이런 사실에 기대고 있다. 하지만 시의 모든 장르에서

---

11) 〔역주〕 '리얼리즘'(*realismo*)과 실현시키다(*realizar*)에서 '리얼'(*real*)이 반복되는 것에 유의해야 한다.

12) 〔역주〕 스페인어의 '실현시키다'(*realizar*)는 '리얼'(*real*)과 '게양하다'(*izar*)라는 단어의 복합어로 저자는 이를 '현실을 게양하는 것'으로 해석하고 있다.

나 모든 시인의 작품에서 '때 묻은 것'—즉, 성취되지 못한 시들—이 엄청나게 많이 발견될 수 있을 것이라는 사실과는 별도로, 그리고 '사회시'에 대한 공격에서 그 무수한 표현의 적확함에 유의하지 않는다는 사실과는 별도로, 우리는 과거와 현재에 거절된 것이 블라스 데 오테로 작품의 대부분과 이에로와 셀라야 그리고 젊은 앙헬 곤살레스나 카를로스 사아군, 힐 데 비아드마의 최고 작품에서 찬란하게 성취된 형식의 재료라고 생각할 것이다. 왜냐하면 블라스 데 오테로가 《두 개의 의식》(*Redoble de conciencia*, 1951)에서 이미 쓴 바에 의하면, "산다는 것"은 "생생한 붉음에 내맡겨져 있고" 또 새로운 시가 시인과 독자에게 참여나 참여로의 경향을 요구하고 있기 때문이다. 대중적인 노동투쟁—이는 감지하기 어렵고 비밀스러운 것으로서 강력하게 탄압되었다—은 이미 1950년대에 상승세에 있었고, 실존적 고뇌에 고립돼 있던 지성인과 시인들은 현실에 반응하거나 그렇지 않을 것이었다. 우리의 주의를 끄는 이들은 광범위하게 반응했고 그 투쟁과 연대하려고 했는데, 그들 중 적지 않은 이들이 재야조직에 가담하기에 이르렀다. 이러한 것에 새로운 시가 정도의 차이가 있지만 분명하게 반응했고, 이후 새로운 소설이 등장했다. 이렇게 "산다는 것은 생생한 붉음에 내맡겨져 있다"고 말하는 것은 이미 만들어진 문구를 수집하는 것뿐 아니라, 결속된 비밀로부터 조직적으로 프랑코체제에 반대투쟁하는 비밀을 지향하는 핵심 메시지(생생한 붉음, *rojo-vivo* =산다는 것, *vivir*)를 던지는 것이기도 하다.

여기서 우리는 모든 사회 시인들이 직면하는 가장 심각한 문제에 부딪치는데, 그것은 그들이 다수를 위해 직접적이고 간단하게—하지만 시적인 엄정함으로—다수의 연대적인 삶과 다수의 희망을 표현하는 언어로 말하려 한다는 것이다. 하지만 다수의 개방적인 활동을 근절시키려는 체제 자체는 의사소통의 방해를 목적으로 하는 검열을 부여하였다. 그로 인해 — 이는 진지한 문학적 연구의 가치가 있는 열정적인 역설인데 — 사회시 절정기에 대단했던 언어적 섬세함과 독특하고 예민한 암시가 나타났다. 왜냐하면, 새로운 시인들은 〈가르실라소〉적인 옛 틀로 도피하는 대신 급진적인 검열의 억압에 대항해, 암시적인 언어능력과 상상력으로써 엄격한 한계 내에서 글을 썼기 때문이다. 만일 시에 앞선 외부의 언어가 이미 각각 시인이 글을 쓰고 — 언어의 역사적 독특함과 일반 문법에 의해 부여된 한계 내에서 — 변형시키는 재료라면, 검열의 엄격함은 시적 도전의 마지막 형식이 될 것이다. 때로 한편의 시나 한 권의 책의 판본이 매우 작거나 국가권력의 중심에서 멀리 떨어진 곳에서 출간될 때, 많은 것들이 검열관에게 포착되지 않았던 것도 사실이다. 예를 들면, 〈창조의 시〉(*Poema de la creación*, 1951)에서 아구스틴 미야레스 살(Agustín Millares Sall)은 마르크스와 고리키, 마야코프스키, 웬세슬라오 로세스(Wenceslao Roces)[13] 등을 호명했다. 또한 에우헤니오 데 노라는 다음과 같이 표현하기도 했다.

… 그 사건은 결코 종결되지 않으리라.
허수아비 같은 사람들이여, 분명히 알라!
아무도 부어진 피에서 자유롭지 못하나니!
우리 모두는 소식을 전할 수 있고, 침을 뱉을 수 있으며
침묵하거나 한숨을 모방할 수 있다.
맨발의 한 아이가 총을 요구하며 갈 때,
그대들은 하늘의 창문에, 문에 못질을 할 수 있다!
모든 것이 소용없으리라!

그럼에도 불구하고, 모두들 알고 있고 또 셀라야가 분명하게 했듯,

13) 〔역주〕 법률가이자 역사가이며 정치가였던 마르크스주의자(1897~1992).

"이런 것들은 발설되어서는 안 되는 것들"이다. 따라서 모든 시를 사회적인 것으로 인식하고 사회적인 것을 고발로 인식하는 이들에게 일반적인 것은, 셀라야의 경우에서처럼, "좋은 아침입니다"라고 말하고 다음과 같은 행으로 시를 끝내는 것이다.

> 내가 "좋은 아침입니다"라고 말할 때 (그대들은) 그 말의 의미를 이해하라.

〈스페인〉(*España*) 이라는 제목의 시에서 다음과 같이 자문할 때, 에우헤니오 데 노라 역시 그 어려움을 잘 알고 있음을 아주 잘 보여준다.

> "스페인, 나의 스페인이여 ⋯."
> 그대들은 그가 이렇게 쓴다고 말하겠지. 하지만 무엇을 노래하는가?

마지막으로, 블라스 데 오테로의 설명에 의하면, 사실은 다음과 같다.

> 스페인에서 글을 쓰는 것은 거리에서 일어난 일에
> 침묵하지 않고 말하는 것, 불완전한 언어로
> 잊히거나 침묵되었으며 깊이 고통당한
> 단순한 진실들로 된 성당 전체를 말하는 것이다. ⋯

'불완전한 언어로'라는 것은 사용할 수 있는 최소한의 언어로 검열을 통과하고 "단순한 진실들"을 말하는 것이다. 그러한 "진실들"을 외면하는 언어들을 향해 도피하는 대신 이렇게 제한된, 주어진 한계 내에서 글을 쓰려고 하는 시인의 조건은 어렵다. (그는 억압하에서 글을 쓰고 투쟁하는 다른 모든 이들과 결합되는 도구로써 글을 쓰는 것이다.)

그럼에도 불구하고, 우리가 인지하는 바에 의하면, 절망의 순간도 없지 않다. 예를 들어, 블라스 데 오테로의 다음 시들에 그러한 것이 드러나 있다.

> 다음 화요일에 스페인을 등에 지고
> 스페인을 벗어나 언어를 도려낼 거라면,
> 다섯 혹은 여섯 단어로, 기껏 일곱 단어로
> 내가 무엇을 할 수 있겠는가?

사실, 오랜 세월이 흘러 블라스 데 오테로 자신이 설명할 것처럼, "검열은 조건지우고, 방해하며, 때로 침묵하게 만드는 끔찍한 장애물이었다. 게다가 검열은 자기 검열까지도 만들어냈다."

검열이라는 그런 적수(敵手)에 대해서 암시는 많은 경우에 가장 유용한 전략이자 기법이었다. 이는 역사적으로 핵심이 되는 이름들에 대한 직접적이거나 암묵적인 언급을 통한 사건과 사실에 대한 암시였다. 이러한 종류의 비밀스런 대화에서 마차도의 이름은 이런 시인들의 시행(詩行)들 사이에 존재하고 있었다. 또한 블라스 데 오테로의 작품에서처럼 네루다(비록 셀라야의 시에서처럼 이니셜로 표현되어야 했지만) 또는 나짐 히크메트(Nazim Hikmet)[14]가 등장하기도 하였다. 미야레스가 다른 십여 명의 이름 가운데 마르크스와 로세스의 이름을 비밀스럽게 언급했다는 것은 이미 기술하였다. 세사르 바예호(César Vallejo)는 주요한 인물들 중 하나인데, 에우헤니오 데 노라의 시 〈노쇠한 미래〉(*Futuro envejecido*)에서 핵심인물로 등장한다.

---

14) 〔역주〕 터키의 혁명적 서정시인(1902~1963)으로 모스크바 유학 후 공산당에 입당하였다.

나는 말한다. 무엇을 할 것인가라고. 무엇을 할 것인가. …
눈물겨운 세사르 바예호여, 그 눈물의 언어들이
전쟁의 소문과 함께 다시 튀고, 돌아온다.
아! 불행하게도, 인간적인 사람들이여, 형제들이여,
할 일이 대단히 많이 있구나!
많고, 많다, 그렇게!

¡Qué hacer, digo; qué hacer … Rebotan, vuelven,
aún con rumor de guerra, tierno César
Vallejo, las palabras de aquel llanto;
¡Ah! Desgraciadamente, hombres humanos,
hay, hermanos, muchísimos que hacer!
Mucho, mucho, ¡así es!

바예호의 복원된 언어들은 〔비전(秘傳)을 받은 이들을 위해〕 아마도 스페인어로 된 혁명시의 최고봉일 그의 가장 찬란한 책을 암시적이지만 매우 분명하게 인용한다. 〔말하자면, 이때의 바예호는 1949년 《순간순간의 글쓰기》(*Escrito a cada instante*)의 〈세사르 바예호〉에서 레오폴도 파네로가 왜곡시켰던 온순한 바예호와는 매우 다른 실제의 바예호이다.〕 이 위대한 페루 시인에서, 바로 이 두 시행(詩行)에서, 쓰이지 않은 '아이'(*ay*)의 토대 위에 감탄사 '아'(*ah*)와 동사 '있구나'(*hay*)를 연결하는 완벽한 언어의 유희에서, 언어가 언어로써 어떻게 작업해야 할지에 대한 방법이 발견된다. 이는 노라에 의해 고뇌에 찬 질문("무엇을 할까")에서 시작해 "할 일"이 "많다"는 참여적 선언으로 가는 간단하면서도 급진적인 변화에 적용된 교훈이다. 게다가, 이 시는 마찬가지로 은밀하게, 레닌의 그 유명한 저서인 《무엇을 할 것인가?》(*Qué hacer?*)의 제목을 도입하고 있는 것이다. 그럼에도 불구하고, 비밀스럽게 다수를 지향하려는 시는 그 암호 풀이적 성격으로, 어느 정도는, 비전을 받은 이들에게만 제한된다는 사실이 분명해진다. 억압의 권력은 이렇게 시인들로 하여금 감옥 같은 새 상아탑에서 세상과 고립된 상태를 유지하게 하려 했었다.

우리는 이 부분에서 새로운 혁명시를 쓴 여러 명의 탁월한 시인들을 개별적으로 다루려고 하지 않을 것이다. 그러나 아마도 블라스 데 오테로가 이 새로우면서도 어려운 말하기 방식의 거장이었음을 밝히고자 한다. 1955년에 그가 《나는 평화와 언어를 요구한다》(*Pido la paz y la palabra*)를 출간했을 때, 그는 폭력으로 '질서'를 부여하는 이들에 의해 평화가 박해받는다는 사실뿐 아니라, 언어도 여러 번에 걸쳐 침묵을 강요당했음을 알고 있었다. 그래서 그는 자신이 다음과 같은 것에 대해 글을 쓴다고 설명한다.

> '인간과 그 정의에 대해서',
> '태평양',[15]
> 그들이 내게 남겨 놓은 것.

그리고 그 때문에 그는 스페인에 비밀스럽게 도착할 자신의 시들을 스페인 사람들이 분명히 이해하리라는 희망을 가지고 프랑스에서 《카스티야어(語)로》(*En Castellano*)를 출판해야 했다.

> 나는 시(詩)의 주위에서
> 허리띠처럼
> 목소리를 졸라맸다.
> (나는 두려움에서
> 믿음으로 건너뛰었다.)

---

15) 〔역주〕 태평양(Océano Pacífico)은 '평화의 바다'라는 축자적 의미를 사용하기 위한 단어이다.

나는 목소리를 졸라맸다.
망치 손잡이 또는
낫의 자루를 잡은
손처럼.

이는 아직은 소수의 사람들이 수행하는 다수를 향한 비밀스런 투쟁과 같은 것이었고, 암호 풀이적 성격을 가진 암시적인 시였다. 그리고 당시의 문학적 과제와 정치 · 사회적 과제 사이(또는 티냐노프가 말했듯 일련의 문학과 '사회적 삶' 사이)의 동질성은 실질적이거나 이론적인 어려움 없이 확립될 수 있었다.

노동과 투쟁을 비호하며 가장 젊은 시인들이 떠올랐다. 앙헬 곤살레스(1925년생)는 강한 향수의 목소리를 내지만 우리가 계급의식이라고 부르는 것에 확고한, 꺾이지 않는 견고함과 담백함이 눈에 보이는 시인이었다. 호세 마누엘 카바예로 보날드(1926년생)는 교양 있고 고전적이지만, 신비로운 울림으로 가득 차 있으며 언제나 주관적인 것과 사회적 참여를 혼합하려는 경향을 가지고 있었다. 또한 호세 마리아 발베르데(José María Valverde: 1926년생)는 새로운 종교적 참여시의 대변자였고, 호세 아구스틴 고이티솔로(1928년생)는 갈수록 더 직접적이고 단호한 표현을 향해 전진했는데, 이는 카를로스 바랄(Carlos Barral: 1928년생)도 마찬가지였다. 호세 앙헬 발렌테(1929년생)는 진지하며 깊이 있는 감동을 주었다. 하이메 힐 데 비에드마(1929년생)는 짧으면서도 권위 있는 작품을 썼는데, 젊은 시인들 중 아마도 가장 검소하고 섬세하며 견고한 목소리를 가졌을 것이다. 예를 들어, 그의 〈바르셀로나는 이제 아름답지 않다, 또는 봄날의 내 고독한 산보〉(*Barcelona ja no és bona, o mi paseo solitario en primavera*)는 그의 다른 찬란한 작품들 가운데 가장 훌륭한 '사회시' 중의 하나로 남아있다. 헤수스 로페스 파체코(1930년생)는 분명하면서도 견고하고, 카를로스 알바레스(Carlos Álvarez: 1933년생)는 프랑스에서 초기 작품들을 출간했는데 다음과 같이 쓰기도 했다.

현재는 시(詩)인 이것들이
내일은 조각난 요약본이 되리라. …

만일 마리아 베네이토(María Beneyto: 1925년생), 글로리아 푸에르테스(Gloria Fuertes: 1918년생), 앙헬 크레스포(Ángel Crespo: 1926년생) 또는 라파엘 모랄레스(1918년생)를 기억하고 앙헬라 피게라 아이메리치(Ángela Figuera Aymerich: 1926년생), 호세 루이스 카노(José Luis Cano: 1912년생), 라몬 데 가르시아솔(Ramón de Garciasol: 1913년생) 또는—상대적으로 참여시의 주변에 있는—카를로스 보우소뇨(Carlos Bousoño: 1923년생)의 현저한 존재를 묵살하지 않는다면, 탄압과 강요된 침묵에 대항한 투쟁에서 살아있는 시의 그 르네상스는 오늘날까지도 우리를 놀라게 할 것이다. 그것은 모든 아카데미즘에서 이미 멀어져 갔으며 역사적 현실을 인식하고 새로운 형식에 대한 의식적인 모색을 하는 시였다. 이런 것은 《돌》(*Las piedras*, 1963)이나 《하얀 영혼들》(*Blanco Spirituals*, 1967) 같은 시집에서의 펠릭스 그란데(Félix Grande: 1937년생)에게서도 마찬가지였고, 다른 방식으로는 탁월하고 내적이며 세르누다와 닮은 프란시스코 브리네스(Francisco Brines: 1932년생)에게서도 그랬는데, 후자는 《숯불》(*Las brasas*, 1960)과 《어둠에의 언어》(*Palabras a la oscuridad*, 1966), 《아직은 아니다》(*Aún no*, 1971) 같은 변함없고 견고하며 심오한 작품을 썼다.

이런 의미에서 아마도 당대의 가장 젊은 시인들 중 클라우디오 로드리게스와 카를로스 사아군, 이 2명이 돋보일 텐데, 이들은 각자의 독특한 글쓰기 방식을 가지고 있었다. 그럼에도 불구하고, 종종 사회시의 틀에 들어가지 않는 클라우디오 로드리게스(Claudio Rodríguez: 1934년생)는 자연과 그 기원에 대해 반(半)범신론적 시각을 가지고 일상의 에피소드를 넘어섬은 물론, 깊이 있고 인간적인 작품의 저자이기도 하다. 그의 작품으로는 《술 취하는 재능》(*Don de la ebriedad*, 1953)과 《맹세》(*Conjuros*, 1958) 그리고 《동맹과 형벌》(*Alianza y condena*, 1965) 등이 있다. 클라우디오 로드리게스는 급진적인 우애와 연대를 감지할 능력이 있었다.

> 인간의 비굴함 부근에서
> 모두들 손목이 잡히고,
> 모두들의
> 인생이 붙잡혀 있구나!
> 아, 연대(連帶)여! 아, 그대,
> 평화의 상징인 비둘기 어미여,
> 네 선한 부리를 넣어라, 그 아름다운 낟알을
> 네 새끼들의 모이주머니에까지 넣어라!

한편, 아이들과 강(江)을 노래〔1958년의 《물에 대한 예언들》(*Profecías del agua*)과 1961년의 《마치 한 아이가 죽은 것처럼》(*Como si hubiera muerto un niño*)〕한 카를로스 사아군(Carlos Sahagún: 1938년생)은 사회시를 고수하고 정화하며 찬양했는데, 때로 지나치게 조급하고 추궁하는 듯한 몇 가지 한계를 드러내기도 했다. 또한 그는 다음과 같이 말할 능력이 있었다.

> 강(江)의 이 조각을, 이 시체들의 밭뙈기를,

늙은 나무처럼 접혀진 도시를,
십자가처럼 언제나 대지에 박혀있는 도시를
사람들은 전후(戰後)라고 불렀다. 그리고 외쳤다.
"기쁘고, 기쁘도다!"
……
그대들은 그걸 보고 있는가? 멀리서 온 그대들이여,
독수리처럼 팔이 자유롭고
두 입술에 붉은 기쁨을 지니는 이들이여,
이리 와서 내게 있는 그대들을 보고 믿음을 가지라. 나는 강이었다,
나는 강이다. 그리고 폭격으로 인한 고통의 시간을
불로 표시해 이고 간다. 잘 알아두라, 내 나이, 내 인간의 나이는
어느 날 지상에서 사라지리니.

그리고 1967년에 발표한 〈하나의 선언: 1848년 2월〉(*Un manifiesto: febrero de 1848*)이라는 제목의 시에서 사아군은 다음과 같이 썼다.

런던의 리버풀 가(街)에서였다,
〈버그바드〉(*Burgbard*)라는 신문에서였다. 그날
잉크는 아직 신선했고, 그 책은
그 무기는 갓 나왔었다.
뭉쳐있는 그 가난한 많은 피를 어떻게 불러야 할까,
뭐라고 해야 할까, 굴복한 연장의 냄새,
그 페이지들 사이에 있는 들의 냄새에 대해 뭐라고 말할까.
……
그리고 그때 이후
꽃이 아닌, 노동의 요구로서,
하늘을 향해 두 주먹을 쥔 세대는
똑같은 자극, 같은 확신들을
언어에서 언어로 바꾸었다.…

시의 이러한 개화(開花)가 — 우리가 지적한 대로 — 몇몇 망명시인들의 가장 참여적인 작품이 회복되기 시작하던 시기와 일치하기에, 결과적으로 1940년대 말부터 1960년대 초까지의 약 15년은 사회시 — 그러한 망명시인들의 작품들 뒤에 나온 것이다 —에 대한 전체적이거나 부분적인 부정으로부터 상상할 수 있는 것보다는 훨씬 더 풍성했다.

그러나 그러한 부정은 오늘날 우리가 그 시에 대해 행하는 직접적인 독서에 실질적인 영향을 미치지 않는다. 또한 그 시인들 중 여러 명은 새로운 표현형식을 향해 계속해서 발전해나갈 것인데, 한편으로는 그 새로운 표현형식을 통해 시(詩)에 대한 개인적인 평가가 인정되었고 그들의 시적 기원은 부인되지도 거부되지도 않았다(예를 들면, 앙헬 곤살레스, 카바예로 보날드, 클라우디오 로드리게스와 힐 데 비에드마가 그랬다). 한편, 세상과 시(문학)의 개념 사이의 투쟁은 전후 참여시의 첫 번째 주기가 끝난 것과 큰 거리가 있었다. 예를 들어, 블라스 데 오테로와 셀라야 작품이 지속되었다는 사실, 그 이후에 태어난 시인들 사이에서 그리고 그 작품을 읽을 뿐 아니라 (특히 음반으로) 거기에 귀를 기울이는 대중들에게 그 작품이 계속해서 가지고 있는 효력은, '사회적'이라는 용어가 공허한 것일지라도, 그 시가 사라지지도 않고 그 역사적 의미가 용도 폐기되지도 않았음을 분명히 나타낸다. 억압에 대해 대체로 분명한 항거를 지향하면서 타인과의 공감을 추구하는 초기의 의도에서부터 명백하게 정치적인 경우에서 표현의 정확함과 개념의 엄격함으로의 발전을 의미하는 진전은 그 당시 스페인과 전 세계 서정시의 지배적인 경향이었다. 그리고 1960년대에 새로우면서도 더 섬세한 형식주의적 작품들이 출현했음에도 불구하고, 그 효용성은 지속되었다. 1977년과 1978년의 정치적 환경은 그 평화와 언어에의 요구, 변화의 필요와 정의에 대해 말하는 것이

스페인 전역에서 시인들의 바로 그 목소리를 통해서—시인들은 대중행사에서 자신들의 시를 낭독했다—그리고 의식 있는 가수들의 목소리를 통해서 은밀함에 머물지 않고 더 폭넓은 대중에게로 나오도록 했다. 이후 그 활동이 좀 수그러졌다. 그러나 1979년에 블라스 데 오테로와 셀소 에밀리오 페레이로(Celso Emilio Ferreiro)가 사망한 것이 계기가 된 그들에 대한 대추모는, 엄격하게 가장 시적인 의미에서, 아직도 의사소통과 메시지가 가능하고 필요하다는 사실을 의미할 수도 있다. 마지막 장(章)에서 다시 이 복잡한 문제에 대해 언급하도록 하자.

2B. 사회소설 : 비평적 의도의 리얼리즘

내전의 승리자들이 주도하는 명백하게 파당적이고 승리주의적인 소설의 정점과 일견 그에 반대되는 입장에서 사실적인 의도를 가진 소설이 어떻게 1940년대에 시작되었는가를 이미 앞(VI. 1B)에서 보았다. 오늘날에는 전후 초기 작품들의 한계와 실수, 이데올로기적 의도—셀라의 극단적인 반인간적 미학과 보수주의, 라포렛의 지적 한계를 가진 유아론(唯我論)—등을 분명히 이해하고 있으나, 여기서는 이러한 작품들이 더 젊은 세대에 대해 직·간접적인 영향을 주었다는 사실도 다룰 것이다. 대략 1954년에서 1964년 사이의 가장 대표적인 소설은 다양한 방식의 사실주의적인 소설인데 셀라나 델리베스 같은 유의 작가들이 새로운 리얼리즘의 가능성을 향한 길을 연 것은 분명한 듯하다. 또한 적지 않은 반대의견에도 불구하고, 몇 가지 경우에서 새로운 리얼리즘이 1930년대의 소설과 직접적으로 연결돼 있다는 사실도 명백해 보인다. 그러나 이는 몇몇 연구에서 추정할 수 있듯,

전후 소설이 셀라에서 시작해 라포렛의 《무(無)》를 거쳐 마치 그것이 '자연스러운' 것이고 소설적으로 피할 수 없는 것인 양 1954년에서 1964년 사이에 출현한 작품들에서 절정을 이룬 이전 리얼리즘의 직선궤도를 추종한다는 의미는 아니다. 또한 우리가 여기서 다룰 소설가들이 1930년대 소설의 '회복'만을 의미하는 것이라고도 생각하지 않는다. 오히려 우리는 이 새로운 리얼리즘을 변화하면서도 독특한 역사적 환경과 밀접하게 연결된 것으로, 당대의 더 진보적인 의식의 여러 가지 면모들 중 하나로 이해해야 할 것이다(연대기적으로 말할 때, 앞 장에서 다룬 시인들이 그 당시의 전위영역에서 발견될 것이다). 이 부분의 '서문'에서 이미 지적했듯, 1950년대와 1960년대 초의 중심이 되는 특징들은 다음과 같이 요약될 수 있다. 즉, 미국의 영향권를 향한 정치적 선회, 미국의 경제원조와 그에 따른 조건으로 추동된 1959년의 경제안정계획(Plan de Estabilización) 하에 개발주의가 실현되기 시작하고 자본의 포악한 축적이 시작된 것, 내전의 승리자들 중 몇몇 지성인들의 온건한 자유주의를 향한 일탈, 노동투쟁의 증대 등이다. 우리가 지금 다루려고 하는 작가들이 주로 1924년에서 1928년 사이에 출생했다는 사실을 고려한다면, 이들이 새로운 세대, (1936년에 스무 살이었던 셀라의 세대와는 다른) 유년기나 소년기에 내전을 겪은 세대(1936년에 여덟 살에서 열한 살이었다)임을 알 수 있을 것이다. 그래서 그들은 전쟁과 그 결과의 중요성에 대해 의식하면서 문학계에 등장하였다(그리고 그들 중 몇몇은 정말로 조숙하였다). (비록 그들의 몇몇 부모들이 그랬지만) 그들 자신은 승전자가 아니었기에, 프랑코체제의 거짓말과 신화, 파괴, 억압으로 이들에 대한 평가가 손상되지는 않았다(비록 이들 중 적지 않은 이들이 '프랑키스트' 출신이었지만 말이다). 그리고 이들은 체제와 단절하려는 의도를 가지고 반대파로 등장했다. 비록 《무(無)》(1944)와 《벌집》(*La colmena*, 1951년에 출판됐지만 1940년대에 쓰였다)에 의해 먼저 드러났지만 체제와의 단절은 선배들의 순전히 방어적인 미학과 주관주의 — 마지막에는 회피주의적이었다 — 로부터 이들을 다양한 방식으로 구별시켰다.

국가가 처해있는 현실에 대한 체계적인 속임수로 인해, 이 젊은이들의 반항은 시인들의 경우에서처럼 불가피하게 리얼리즘에의 의지를 피력하였다. 즉, 이는 (당대 시인들이 선언한 바에 의하면) "있는 그대로"의 일들을 이야기하려는 것이었다. 리얼리즘에의 의지, 그리고 그에 따른, 왜곡된 정보를 접하는 대중을 향해 말하려는 결정은 새로운 소설의 주된 특징이었는데, 이 새로운 소설은 다양한 방식으로 리얼리즘의 오래된 기본문제를 제기해야만 했다. 그것은 광범위한 대중독자라는 잠재적인 (가능하고 기대되는) 존재의 시각으로 보는 형식과 내용 사이의 관계문제인데, 소설은 '문학적'이지만 직접적인 방식, 즉 증언적이고 고발적인 방식으로 이러한 독자들에게 메시지를 보내야 하는 것이다.

에우헤니오 데 노라(여기서는 이 작가들과 동시대인인 비평가로서 인용하겠다)가, 몇몇 사람들의 의견에 반대하여, 새로운 비판적 리얼리즘이 "정치이데올로기와의 연결"과 혼동될 수 없으며 "더더욱 그 미학이 소비에트에 기원을 둔 사회주의 리얼리즘과 동일시될 수 있다고는 볼 수 없다"고 말한 것은 옳은 듯하다. 사실, 예를 들면, 헤수스 페르난데스 산토스(Jesús Fernández Santos)의 《용감한 자들》(*Los bravos*, 1954)이나, 산체스 페를로시오(Sánchez Ferlosio)의 《하라마 강(江)》(*El Jarama*, 1956), 후안 고이티솔로의 초기 소설들은 분명한 정치적 이데올로기를 드러내지 않았고(이 작품들은 오히려 정치적으로 혼란스럽고 모순되는 작품이었다), '사회주의 리얼리즘'과 아무런 연관도 없었다. 그럼에도 불구하고, 이들이 우리가 일반적으로 '좌파'라고 부르는 작가들이라는 것을 묵살할 수는 없다. 이들은 스페인에서 일어나는 사건에 대해, 은밀하게 알려진 것(아스투리아스의 파업, 정당의 활동, 대학의 투쟁 등)에 대해 날카로운 인식을 가지고 있었으며, 그 결과, 이들 이전의 지성인들과는 매우 다른 반체제의 한 부분을 담당했던 것이다. 한편, 헤수스 로페스 파체코(Jesús López Pacheco)의 《발전소》(*Central eléctrica*, 1958)나 아르만도 로페스 살리나스(Armando López Salinas)의 《탄광》(*La mina*, 1960), 또는 후안 고이티솔로(Juan Goytisolo)의 《니하르의 들판》(*Campos de Níjar*, 1960)에 이르면서 정치이데올로기의 존재는 더 분명해지고, '사회주의 리얼리즘'과의 무시할 수 없는 관계처럼 —《발전소》의 경우가 그럴 것이다— 당파적인 '연관'도 의심될 수 있었다. 그리하여 이는 저항의 리얼리즘이, 계급투쟁의 존재 그리고 특히 파시스트의 억압하에, 1930년대와 비교되지만 그것과는 다른 방식으로, 필연적으로 당파적 입장을 취하고 정치의식을 향해 발전했음을 나타낸다. 그 현상과 과정은 단순화될 수도 없고, 또 일반화하여 터무니없게도 《하라마 강》과 《탄광》을 혼동할 수는 없는 것이다. 그러나 1922년에서 1930년 사이에 태어난 저항 지성인들의 지배적 경향이라고 부를 것의 존재를 부인하는 것은 '역사'를 위조하는 꼴이 될 것이다.

한편, 에우헤니오 데 노라도 지적한 바에 의하면, 새로운 세대에는 "공개적으로 리얼리즘적 방향이 지배적"이라는 것이 맞는 말 같다. 그러나 그들에게서 "주관적 서정성과 탈개인적 객관성 사이의 머뭇거림"도 똑같이 주목할 만하다. 이러한 시각에서 그 세대와 그 구성원들 하나하나에 대한 반론들을 연구하는 것은 유용할 것이다. 그럼에도 불구하고, 우리가 다룰 작품들에 분명하게 반영되고 암시된 '정치적' 발전과정에 주목하는 것은 아마도 더 시사적이고 역사 변화에 더 적합할 것이다. 이를 위해 새로운 세대의 작품을 매우 다른 두 시기로 구별하여 지적하는 것이 유용하다. 하지만 그것들 사이에 넘어서지 못할 경계선을 긋지 않도록 주의해야 할 것이다. 첫 번째 시기는 주로 아나 마리아 마투테, 이그나시오 알데코아, 헤수스 페르난데스 산토스, 라파엘 산체스 페를로시오, 그리고 초기의 후안 고이티솔로의 작품들이 차지한다. 여기서는 적어도 2개의 작품이 다른 작가들을 주로 고무시켰는데, 이는 《용감한 자들》(1954)과 《하라마 강》(1956)이다.

아나 마리아 마투테(Ana María Matute: 1926년생)는 대단히 조숙한 작가〔그녀의 처녀작인 《아벨 가(家) 사람들》(*Los Abel*)은 1947년 델리베스와 함께 나달문학상 최종심까지 갔는데 그때 그녀의 나이 스물하나였다〕였는데, 좀 애매한 점이 없지 않지만, 그녀와 함께 새로운 세대가 시작하였다고 할 수 있다. 아직 유아론에 정체해 있는 세계관, 몽상을 과대평가하고 인간행위의 가장 잔인하고 전율적인 것을 강조하려는 경향은, 유연하지만 산만한 이미지의 남용으로 인해 체계적으로 흐트러진 리얼리즘에의 경향이라고 요약할 수 있을 그녀의 문체가 가지고 있는 내적 모순에 상응한다. 이는 새로운 소설의 형식적이고 주제적인 시도라기보다는 1940년대의 특징이라고 할 수 있는 염세주의—동시에 활력의 결핍인 듯한—인 것이다. 이는 아나 마리아 마투테의 작품을 평가절하하려는 것도 아니고, 그녀의 작품을, 이를테면, 카르멘 라포렛의 평이한 언어·구조적인 수준과 비교하려는 것은 더더욱 아니다. 그녀의 소설들에는 표현의 풍부함과 심오하고 비범한 관능적 상상력이 있는데, 특히 전성기의 그녀는 대단히 섬세하고 복잡한 인물들을 심리적으로 재현했다(특히, 아이들의 심리묘사에서 그랬다). 비록 그녀의 작품이 새로운 리얼리즘을 시작했음에도 불구하고, 그것은 새로운 경향들 이전의 감수성이 막을 내린 것으로 평가될 수 있을 것이다. 그녀의 작품들 중, 《북서부 지방의 축제》(*Fiesta al Noroeste*, 1953), 《죽은 아이들》(*Los hijos muertos*, 1958), 그리고 삼부작인 《상인들》(*Los mercaderes*, 1960~1969)이 돋보인다. 그리고 《아르타밀라의 이야기》(*Historias de la Artámila*, 1960)는 뛰어난 단편집이다.

문체를 보면, 아나 마리아 마투테의 내척점에 이그나시오 알데코아(Ignacio Aldecoa: 1925~1969)의 짧게 농축된 작품이 위치할 것이다. 1947년에 이미 시집 《아직도 삶》(*Todavía la vida*)을 발표했지만, 그의 처녀 소설인 《섬광과 피》(*El fulgor y la sangre*)는 1954년에야 출현했는데, 그것은 이미 성숙하고 잘 통제되었으며 수수하고 적확하게 표현된 작품으로 이전 몇 년 동안의 엄격한 글쓰기(시, 단편소설 등)에 기대고 있었다. 알데코아의 '고전주의'(*clasicismo*)에 대한 논의가 있었다. 이는 일견 (그리고 매우 막연하게) 알데코아의 작품에는 셀라의 바로키즘과 전율주의가 사라지고, 이를테면, 아나 마리아 마투테의 지나친 상상도 사라졌다는 사실을 가리킨다. 그 대신, 알데코아의 작품에는 객관성, 서술자와 서술된 것 사이의 신중한 거리, 그리고 그의 '형식의 완벽성'이라고 불리는 것이 지배하고 있다. 또 주제에서도 그는 대체로 스페인 전후 소설의 관심영역 밖에 있는 사건들과 사람들의 삶을 다루었다. 알데코아는 어느 인터뷰에서 다음과 같이 말했다.

> 나는 스페인의 가난한 사람들의 모습이 어떤지를 보았고 또 계속해서 보고 있다. 나는 감상적인 태도도, 어떤 경향을 가진 태도도 취하지 않는다. 특히 내 마음을 움직이는 것은 우리 소설에는 거의 드러나지 않은… 스페인의 현실이 존재한다는 확신이다.

알데코아는 이렇게 근대소설의 오랜 경향에 이름을 올리는데, 이는 우나무노가 '내적 역사'(*intrahistoria*)라고 불렀던 것에 마음을 쓰려고 했던 것이다. 그런 경향을 가진 가장 가까운 과거 작품으로는 우나무노나 바로하의 몇몇 작품들—특히 《암울한 생활》(*Vidas sombrías*) 16)—이 있다. 더 멀리 있는 작품으로는 아마도 플로베르의 《순박한 마음》(*Un coeur simple*) 이 있을 것이다. 《섬광과 피》(1954) 에서는 이렇게 치안대원 부인들의 고통스러운 생각이, 역설적으로, 사회의 변두리에서 사는 일상의 부분으로 등장하였다. 마찬가지로 《위대한 태양》(*Gran Sol*, 1957) 에서는 연해(沿海) 어업의 힘들고 어려운 작업이, 작업과 위험의 단조로움과 일상성의 시각으로부터 서술되었다. 이런 의미에서 알데코아와 페르난데스 산토스 그리고 산체스 페를로시오 사이의 관계를 새로운 '객관주의'의 창시자들로서 설정하는 것도 좋을 듯하다.

그러나 알데코아의 '고전주의'를 세르반테스의 고전주의와 비교하기도 했는데, 여기서는 '고전주의'도 '리얼리즘'도—서사적이고 영웅적인 것에 대항하여—있는 그대로의 일상, 스스로를 초월하려는 의지가 결여된 존재양식으로서의 어둡고 '일상적인' 것에만 관심을 기울이는 것을 의미하지는 않는다는 사실이 무시되었다. '고전적인' 것에 대한 그러한 해석들에서는 브레히트가 제시했던 기본적인 생각이 무시되는데, 그것은 비록 '고전적인' 것이 항구적인 것을 가리키는 듯해도, 리얼리즘의 고전 작가들은 일상적인 것 그리고, 그로 인해, '변화'에 관심을 기울였던 이들이라는 것이다. 현대의 스페인이 겪었던 모든 변화의 초기에 알데코아가 《부동(不動)의 스페인》(*La España inmóvil*) 이라는 제목의 3부작을 쓸 계획이었다는 것은 징후적이다. 당시에 발생하던 변화에 관심 갖지 않았던, 그러한 '리얼리즘'은 세르반테스와는 완벽하게 다른 것이다. 새로운 시대를 시작하면서 동시

---

16) 〔역주〕 1900년에 출판된 바로하의 처녀작이자 단편 모음집.

에 1940년대 반역사적 이데올로기의 추종자였던 것은 알데코아의 모순이다.

이런 의미에서 헤수스 페르난데스 산토스(Jesús Fernández Santos: 1926년생)의 작품은 그 세대의 새로운 우려와 경향, 가능성의 중심에 훨씬 더 근접해 있었다. 그의 작품에는 또한 대단한 양질의 기법 — 깨끗한 언어, 서술의 명쾌함, 구조 — 과 일상적인 것에 대한 관심도 두드러졌다. 그는 소설(즉, 소설의 몇몇 이론에 의하면, 우리의 틀에 박힌 일상성으로부터 우리를 끄집어내는 픽션)을 읽고 쓰는 이들이, 늘 그래왔듯이, 아무런 관심도 기울일 가치가 없어 보이는 상황과 생활에 관심을 기울였다. 이런 의미에서 《용감한 자들》(1954)은 《하라마 강》과 함께 새로운 소설의 시발점으로 고려될 것이다.

"용감한 자들"은 겉보기에 아무런 일도 일어나지 않는 레온지방의 한 촌 동네에 사는 단순하고, 별 말이 없으며, 직선적이지만 또한 우울하고 적대적이며 질투심 많은 주민들이다. 또 다시, 1940년대의 승리주의나 도피주의로부터 거리를 두려는 스페인 소설의 의도 내에서 내적 역사(*intrahistoria*)가 드러난 것이다. 그러나 페르난데스 산토스는 당시에 프랑스 소설(로브-그리예와 N. 사로트 등)에 유행하던 '객관주의'에 빠지지도, 알데코아 작품에 있는 "소외된 이들"을 다루는 것을 단념한 듯한 현상유지에 대한 일반화에 빠지지도 않았다. 잔혹했던 전쟁 뒤, 스페인 사회가 여전히 주로 빈곤한 농촌사회에 머물러 있고 금세 명백하게 다가올 급진적인 변화를 아직 추측할 수 없을 때, 모든 역사성 너머에 그토록 역사적으로 견지되어온 듯한 억압의 환경이 지배적이었다는 것은 사실이다. 멀리서 보면 아주 조금 밖에 중요하지 않은 듯한 《용감한 자들》에서 일어나는 모든 사건들(결혼식, 부상당한 노동자, 부부관계를 벗어난 다양한 외도 등)은 다른 여느 여름과 같은 어느 짧은 여름에 일어나는 일이다. 분명 이 작품에는 많은 사건들이 발생한다고 말할 수 있다. 그러나 그 일들이 "늘" 있는 일들이라면, 아무런 사건도 일어나지 않았다고도 말할 수 있는 것이다. 그럼에도 불구하고, 아마 마을 부자의 정부(情婦)가 젊은 의사〔아마도, 갈도스의 《페르펙타 부인》(*Doña Perfecta*)에서처럼, 젊음과 과학은 상징적으로 변화의 동인일 것이다〕 때문에 부자를 버리는 이야기의 진행으로 인해, 우리는 알데코아를 지배하는 듯한 부동성(不動性)을 파괴불가능한 것으로 느끼지는 않게 된다. 출구(出口)는 보이지 않는다. 모든 것은 순환적인 듯하고(그래서 회복할 수 없는 듯하다), 물론, 페르난데스 산토스는 독자에게 아무런 '메시지'도 제안하지 않는다. 그럼에도 불구하고, 소설의 흐름을 통해 우리는 다양한 인물들이 적지 않게 자신들이 태어난 또는 그들에게 부여된 한계를 극복하려는 것을 보게 된다. 한 번 더 노라의 견해를 받아들이면, 비판적 내용은 분명 《용감한 자들》에 내재돼 있는 것이다. 객관성과 상상, 그리고 까다로운 서술의 단순함, 비록 말로 표현되지는 않았지만 변화를 위한 투쟁에 대한 직관, 비판적인 태도 등 헤수스 페르난데스 산토스의 《용감한 자들》에서 발견되는 이러한 성질들을 빼고는 리얼리즘에 대해 진지하게 말할 수 없다.

1950년대 가장 유명한 소설인 라파엘 산체스 페를로시오(Rafael Sánchez Ferlosio: 1927년생)의 《하라마 강》(1956)에 대해서는 해석의 문제가 진지하게 제기된다. 무엇보다도 이 작품은 위에서 언급했던 소설들을 지배하는 거의 19세기적인 시골의 억압적인 분위기에서 아주 멀리 떨어졌음이 강조되어야 한다. 이 작품은 어느 여름의 일요일에 직업을 가진 마드리드의 젊은이들이 하라마 강에서 지내는 모습을 이야기하고 있다. 이는 스페인 내전 직후이자 제2차 세계대전이 한창 진행중이던 시대적 배경이 너무도 생생한 《벌집》의 추악한 마드리드와 큰 거리를 두는 작품이다. 도시의 더위를 피해 자전거를 타고

야외로 온 이 남녀 젊은이들은 물론 이 두 가지(스페인 내전과 제 2차 세계대전) 전쟁을 경험해왔다(소설에서는 이러한 점에 대한 암시가 적지 않다). 어려서 이 전쟁을 경험한 이들은 일주일 동안의 노동으로부터 벗어나, 월요일이 되어 일터로 돌아갈 때 어김없이 깨어질 휴식을 즐기기 위해, 일요일 오전 이른 시간에 즐겁게 자전거 페달을 밟는 것이다. 1954년에서 1955년 사이에 쓰인 《하라마 강》은 사회·경제적인 변화를 분명히 보여주는 소설로서는 전혀 읽힐 수 없는데, 이러한 변화는 그 몇 년 뒤까지도 분석가능한 형태로 보이지 않을 것이었다. 그럼에도 불구하고, 암암리에 있는 변증법적 대립으로 인해, 공연한 근심이나 역사적 시각을 가지고 하찮고 천박한 언어를 구사하며 상상력이 부족한 젊은 직장인들이 강가에서 보내는 일요일은 우리에게 이전 소설에는 없는 새로운 현실을 제시한다. 그리고 그러한 현실은 스페인 경제의 '이륙'의 토대가 될 잔인한 자본축적을 가능하게 할 노동계급(육체노동자와 3차산업 노동자)에 대한 착취와 비인간화가 된다.

따라서 소설의 중심인물들이 젊은 직장인들인 것은 놀라운 일이 아니다. 그들은 스페인의 '기적'을 만드는 이들인 것이다. 그리고 감동을 주고 또 분노케 하기도 하는 순수함(거의 흠 없는 순수함)으로 가득 찬, 모든 심원함에 대한 공허가 등장하는 것 역시도 이상한 것이 아닐 것이다. 이것은, VI. 1의 서문에서 우리가 본 바에 의하면, 프랑코 장군을 원하는 길들여진 대중인 것이다. 이미 그 당시에는 대중을 허무로 채우려는 시도가 시작됐었다. 그러나 그 허무는 카르멘 라포렛의 세계에 있는 암울하고 병리학적인 허무가 아니라, 아틀레티코 아비아시온(Atlético Aviación)[17]이 탈락한 뒤 그들을 유럽컵(Copas de Europa)[18]에 데려갈 '레알 마드리드'의 흥겨운 유희에 대

17) 〔역주〕 마드리드를 연고지로 한 프로축구팀으로 현재의 아틀레티코 데 마드리드 클럽(Club Atlético de Madrid)의 전신.

한 허무였고, 스페인 대중을 바하몬테스(Bahamontes)[19]로 만들어 줄 일요일의 자전거 하이킹에 대한 허무였는데, 그 자전거 하이킹은 시간이 지남에 따라 베스파[20]를 거쳐 '세이스시엔토스'(Seiscientos)[21]로 발전할 것이었다. 아스투리아스 탄광의 투쟁도 거의 묘사되지 않았다. 마드리드 학생들의 투쟁도 소수의 투쟁이었다. 비밀스런 투쟁은 침묵되었고, 힘들었으며 또 진행이 느렸다. 농촌에서 도시로의 이주도 아직 시작되지 않고 있었다. 의사소통의 수단은 영속적인 검열이었다. 산체스 페를로시오는 표피적으로 거의 분명한 현실에 대해 거의 기계적이고 객관적인 재현을 선택했다. 그리고 모든 분석, 모든 해석, 모든 작가적 개입에서 벗어나 350페이지 이상 되는 지면에 거의 녹음기로 녹음했다고 할 수 있을 정도의 의미 없고 하찮은 12시간 또는 14시간 동안 분량의 대화조각들을 "재생"해 놓았다. 그러나 그런 녹음기가 없었다는 것은 분명하고, 바로 거기에 《하라마 강》의 결정적인 중요함이 있다. 즉, 셀라풍의 바로키즘과 미학주의에 맞서, 문장에 대해 거의 금욕에 가까운 통제를 하는데, 이 문장은 우리가 일상생활에서 들었거나 들었다고 생각하는 언어로 이루어진 것이다. 그러나 역설적이게도 《하라마 강》은, 그와 동시에, 문학이 언어로 이루어져 있다는, 문학작품이 언어생산의 과정이라는 것을 개방적으로 보여주는 작품이기도 하다(이는 우리가 일상생활에서 들었거나 들었다고 생각하는 것으로 구성된 일반적인 구조 내에서뿐만 아니라 우리가 전혀 들어본 적이 없는, 그래서 재생하는 것이 아니라 생산해 내는 각 단어, 각 문장의 생산 자체 내에서도 적용되는 것이다).

---

18) 〔역주〕 챔피언스 리그의 전신.

19) 〔역주〕 1954년~1965년 사이에 활동했던 사이클 선수.

20) 〔역주〕 이탈리아의 스쿠터 상표명.

21) 〔역주〕 스페인 사람들에게 '마이카'의 꿈을 실현케 해주었던 스페인의 국산차 이름.

모든 것은 언어의 문제 주변을 선회한다. 그것은 결국 실제로는 그 언어가 독자가 아닌 언어 자체를 지향하면서, 동시에 기계적이고 급진적인 객관성에 의해 포착된 현실을 지향한다는 것을 의미하는 모순의 주변을 선회한다. 여기에 《하라마 강》이 비판적 소설인지 그렇지 않은지에 대한 상반된 해석의 가능성이 존재한다. 그럼에도 불구하고, 그 가능성은 이 작품의 출현에 열광했고 계속해서 이 작품을 모델로 삼았던 이들에 의해 끝까지 탐구되지는 않았다. 하찮은 대화로 이루어진 2백 페이지 정도의 끝에 독자를 피곤하게 할 수 있는 지루함 — 보통 '거짓 모방'이라고 불리는 것의 결과가 되는 지루함 — 의 문제, 그리고 아무런 의미 없는 하루 일정을 극적인 수준으로 끌어올리기 위해 작가가 호소한 마지막 함정의 문제는 한편에 두자. 오늘날 분명해 보이는 것은 작가에 의해 창조된 인물들과 언어, 구조가 폐쇄적으로 그 자체 내에서 끝내려는 것이 아니라, 냉소적인 분노로 한 작가의 창작임을 선포하는 동시에, '그런 것'이 현실임을 드러내려 했다는 것이다. 그러나 그것은 누구에 의해 선별되고 고립된 현실인가? 자연주의 최초의 그리고 최후의 함정은 '거울'이나 녹음기가 되려고 하는 작가의 함정이다. 거울과 녹음기가 그것들을 가지고 다니는 이, 즉 그것을 조작하는 이가 원하는 것을 위해 그가 원하는 장소에 놓이고 작동한다는 것은 너무 잘 알려진 사실이다. 행동주의와 이후의 제국주의적 사회학이 그토록 선호했던 "순수한" 자료는 존재하지 않는 것이다. 세계관(이론)으로부터 현실에 접근하고, 현실과의 변증법적 관계(반영)에 들어가며 그것을 변화시키는 것(프락시스[22])이 탄생한다. 마드리드의 대중계급에게서 새롭게 탄생하는 '공허'에 대해 분명 강박적이었던 산체스 페를로시오는 이른바 '조야함'(*horterismo*)이라고

22) 〔역주〕 이론과 인식에 대응하는 말로 '실천'으로 번역된다.

불리는 것에 대한 3백 페이지가 조금 넘는 소설을 지배계급의 시선으로 우리에게 제시한다. 에우헤니오 데 노라의 말에 의하면, 비록 이 작품이 "희미하게 비평적"이지만, 이 작품은 비평적 태도를 지니고 있는가? 그것은 이론의 여지가 없어 보인다. 하지만 어떤 시선, 어느 세계관에 입각한 것인가?

이제 산체스 페를로시오의 처녀작인 《알파누이의 솜씨와 모험》(*Industrias y andanzas de Alfanhuí*, 1951)을 기억하는 게 도움이 될 것이다. 뛰어난 판타지인 이 작품에서는 상상의 어느 소년이 마법의 바람개비의 도움을 받아 가장 아름답고 비현실적인 것들을 성취하는 내용이다. 예를 들면, 그 아이는 솥에서 석양의 붉은 색을 채집한다. 《하라마 강》에서 선택적으로 '고립된' 새로운 스페인 사회가 파괴하러 온 것은 예술가의 재능을 가진 한 소년의 비현실적인 세계, 판타지인 것이다. 따라서 그 사회에 대한 유사기계적인 반영에는 그 긍정적인 변형의 잠재력이 거부된다. 이는 개인적 수준에서 인물들의 모든 창조력을 거부함을 의미한다. 그래서 《하라마 강》에서는 스페인 사회가 겪기 시작한 변화가 직관되었다. 그러나 그 변화 안에서는 특권과 판타지의 파괴 이외의 것은 보이지 않았다.

2년 뒤 새로운 '리얼리즘'은 매우 다른 길을 갈 것이었다. 그러나 그 전에 우리는 1950년대 작가군에서 가장 다작(多作)이었던 이들 중 하나인 후안 고이티솔로(Juan Goytisolo: 1931년생)의 첫 번째 시기에 대해 살펴보아야 한다.

스물세 살에서 스물일곱의 나이에 후안 고이티솔로는 1년에 한 편 이상의 작품을 발표했는데, 《손장난》(*Juegos de mano*, 1954), 《낙원에서의 결투》(*Duelo en el Paraíso*, 1955), 《서커스》(*El circo*, 1957), 《축제》(*Fiestas*, 1958) 그리고 《숙취》(*La resaca*, 1958) 등의 작품이 그것이다. 이는 산체스 페를로시오나 알데코아 유의 인내와 절제, 조절과는 정반대의 것이었다. 그가 보여준 넘치는 활력, 조숙함의 대가는 대단히 컸다. 후안 고이티솔로는 아마도 피오 바로하의 풍부한 이야기 능력에 비교될 수 있을 만한 창작력을 가지고 당대 소설계에 뛰어들었던 것이다. 그가 일성 타입을 반복한다는 것, 그리고 때로 어떤 이야기에서 독자가 이미 이전 작품에서 비슷한 것을 읽은 듯한 느낌을 갖는 것도 사실이다. 그러나 그의 창작재능은 부인할 수 없는 것이다. 문제는 흥미로운 어떤 인물에 대한 묘사가 제대로 전개되지 않는다거나, 부수적인 것 같은 상황이 갑자기 이야기의 중심이 된다는 것이다. 그리고 우리는, 거의 체계적으로, 구조와 구문 그리고 어휘에서 언어가 통제되지 않은 판타지 뒤에서 어설프게 질주한다는 느낌을 갖는다. 우리는 여러 번에 걸쳐 번역이 잘못된 부분을 보는 것 같은 이상한 느낌을 갖는데, 이것이 프랑스어인지 카탈루냐어인지 또는 포크너의 《야성의 종려》에서 나온 것인지 알지 못한다.

그렇다면 젊은 후안 고이티솔로가 새로운 소설에 기여한 것은 무엇인가? 일단 그의 속도감 자체, 고다르의 '누벨 바그'(Nouvelle Vague)[23] 풍으로 사건들을 이야기하는, 말하자면, 영화적 급박함이 그것인데, 이는 예를 들어 〈네 멋대로 해라〉[24]에서 나타난 것으로 이 작품에서 인물들은 허무를 향해 부조리한 방식으로 "숨도 쉬지 않고" 현기증이 날 정도로 뛰었다. 아마 《낙원에서의 결투》(공화파 군대에 의해 버려졌지만 아직 적군에게 점령당하지 않은 지역의 공터에서 어른들처럼 살인놀이를 하는 몇몇 어린이들의 이야기)를 제외하고 고이티솔로의 이 초기 작품들에서는 모든 것이 무(無)에서 나오는 듯한데, 그것에 앞선 스토리도 없고 또 그것에 실체도 부여되지 않는다. 동시에 그 어떤

23) 〔역주〕 1960년대를 풍미한 프랑스의 영화운동으로 작가주의 영화론을 기치로 내세웠다.

24) 〔역주〕 장 뤽 고다르가 감독한 대표적인 프랑스 '누벨 바그' 영화의 하나.

'내적 역사'도 없는데, 이는 페르난데스 산토스나 알데코아 또는 아나 마리아 마투테의 폐쇄적이고 짙은 불안과는 대단히 다른, 변화하는 세계를 배경으로 한 것이다. 이러한 변화의 분위기와 어조는 도시적인 분위기가 지배적인 소설과 불가분의 관계이고, 많은 인물들이 청년이거나 청소년이라는 사실과도 그렇다. 이 인물들은 독자가 '부르주아적'이라고 평가하길 작가가 기대했을 억압사회 — 역시도 막연한 — 에 맞서 막연하게 반항 — 《손장난》에서처럼 — 하는 이들이다. 《손장난》의 인물들은 "이유 없이" 반항하는 도련님들 수준을 넘어서지 않는데, 그들이 준비하는 유사정치적인 범죄가 그들로 하여금 더 터무니없는 다른 범죄(그들 동료들 중의 하나의 범죄)를 저지르게 하는 것은 당연하다. 이런 의미에서 고이티솔로의 인물들은 군림하는 스페인 '소비사회'의 출현에 지나치게 앞서가거나, 그들의 모험이 이야기되는 소설이 '사실주의적'(형식적으로 그렇다는 말인데, 이 작품에는 핍진성의 결여 이외에도 멜로드라마적인 것과 피상적인 상상력이 작동한다)이라는 평가를 받을 수 있게끔 "시계태엽 오렌지들"[25]로 구성된 초기의 유럽을 지나치게 모방한다. 그러나 《축제》의 아이들과 함께, 《서커스》의 살해당한 보헤미안 화가, 《숙취》의 한량들, 주정뱅이들, 어린 매춘부들은 반항하는 인물군을 이루는데, 이들에게서는 이전 세대 소설가들에게서는 느낄 수 없는 변화에의 의지가 어느 정도 보인다.

당시에 후안 고이티솔로는 "소설은 현실과의 접촉점을 잃어서는 안 된다"고 주장하였다. 그런데 우리는 그의 초기 작품들이 여러 번에 걸쳐 그런 접촉점을 잃었다고 생각하는데, 그의 조급함과 멜로드라마 경향을 가진 손쉬운 판타지의 남용 때문에, 그의 반항적 인물들이

---

25) 〔역주〕 스탠리 큐브릭의 영화제목 〈시계태엽 오렌지〉(*A Clorkwork Orange*)에서 온 표현으로 "개성을 상실하고 로봇화된 인간"을 의미.

'주변인'이거나 비전(秘傳)적인 이들이 되려 하기 때문에, 또 그 비평이 노동과 계급투쟁의 시각에 초점 맞춰져 있지 않아 사실주의적 예리함을 잃고 있기 때문에 그렇다. 그럼에도 불구하고, 그 작품들이 가지고 있는 변화와 현대성, 단절의 자세, 그리고 비록 산만하고 모순되지만, 그 비평적 태도로 인해 그 소설들은 당시에는 중요했을 것이다. 그러나 《섬》(*La isla*, 1961) 같은 에세이집과 《니하르의 평원》(*Campos de Níjar*, 1960) 같은 여행서는 사회·정치적 영광을 향한, 그래서, 더 공고한 단결을 향한 후안 고이티솔로의 빠른 발전을 의심하게 한다. 우리는 이러한 발전에 이끌려져서 사실주의 소설의 2기(期)에 들어서게 된다. 이미 언급한 《니하르의 평원》이나 아르만도 로페스 살리나스와 안토니오 페레스가 함께 쓴 《우르데스 지방을 걸으며》(*Caminando por las Hurdes*, 1960) 같은 몇 권의 여행서 이외에, 루이스 고이티솔로(1935년생)의 《변두리》(*Las afueras*, 1958), 헤수스 로페스 파체코(1930년생)의 《발전소》(1958), 안토니오 페레스(Antonio Ferres: 1925년생)의 《곡괭이》(*La piqueta*, 1959), 후안 가르시아 오르텔라노(Juan García Hortelano: 1928년생)의 《새로운 우정》(*Nuevas amistades*, 1959), 아르만도 로페스 살리나스(1925년생)의 《탄광》(1960), 알폰소 그로소(Alfonso Grosso: 1928년생)의 《도랑》(*La zanja*, 1961) 등이 출현함으로써 비판적 리얼리즘 2기가 폭발적으로 시작되었던 것이다.

비판적 리얼리즘에 대해서는 미리 말하지 않고, '반세기 세대' 작품의 주된 경향이 될 것에 대해 말할 때 사회주의 리얼리즘에 포함해서 언급했었다. 사실, 예를 들면, 《새로운 우정》과 《발전소》 사이의 관계는 전혀 분명하지 않기도 하지만, 당시의 지배적이었던 이론은 대단히 혼돈스러웠다. 아마 적어도 두 가지를 기억하면서 예증하는 것이 좋겠는데, 이는 새로운 이야기를 쓰려 하고, 새로운 방향을 잡으려고 했던 이들이 소설의 기법에 대해 생각했던 것이다. 유일한 것은 아니지만 호세 마리아 카스테옛의 《독자의 시간》(*La hora del lector*, 1957)과 후안 고이티솔로의 《소설의 문제들》(*Problemas de la novela*, 1959)이 이론적으로 표현하려고 했던 것은 의미가 있었다.

카스테옛의 책은 기본적으로 사르트르의 《문학이란 무엇인가?》에 기대고 있는데, 사르트르의 작품은 카스테옛의 중심생각들 중의 하나의 원천 — 분명 여러 가지가 존재했다 — 이 되었다. 그것은 "문학은, 무엇보다도, 사회적 사건이다"라는 언급과, 따라서 "오늘날에는 작가에게 사회적 책임을 요구하고 그가 속한 사회와 시대에 참여할 것을 요구한다"는 것이다. 사르트르의 이 책 — 카스테옛이 제시하는 그 책의 부분을 포함해서 — 에는 그러한 '참여'가, 계급투쟁에 대한 의식, 즉 혁명적 의식에서 출발하여, 계급적 시각으로부터 이해되어야 한다는 것이 잘 드러나 있다. 그러나 그러한 생각은 놀랍게도 카스테옛의 작품에 부재함으로 빛을 발하고, '참여'에 대한 개념은 "오늘날 작가는 정직해야 한다" 그리고 "형식적 비진정성"을 피해야 한다는 것 등으로 압축되었다. 그리고 "중간대중"(사르트르에 의하면, 이는 참여적 글쓰기의 '실천' 앞에서 사리진다)의 존재에 대해서, 또 작가와 독자 사이에 존재하는 거리를 극복하기 위해 "건강한 경제"를 만들어낼 필요성에 대해서도 언급되었다. 사르트르의 그 탁월한 저서에 나타난 독특한 네오마르크스주의나 실존주의는 이 작품에서는 여러 좋은 의도들 사이에서 희석되었다.

고이티솔로의 작품은 더 애매하다. 그것이 카스테옛에게 빚지고 있다는 것은 분명하고 또 당연하다. 그러나 책의 한 부분에 포함시킨 브레히트와 루카치의 말로 볼 때, 문학에 대한 마르크스적인 생각에 대한 암시는 더욱더 멀리 나가 있다고 할 수 있다. 한편, 이른바 '객관적 방법'이라고 불리는 것을 실천해왔던 소설가들(로브-그리예, M.

뒤라스, 그리고 다른 환경에 있는 헤밍웨이와 D. 해밋)에 대해서 고이티솔로는 잘 아는 듯하고, 산체스 페를로시오와 페르난데스 산토스, 셀라 등에 대해서는, 리얼리즘을 늘 주장하며, 갈도스와 바로하, 그리고 "피카레스크 소설의 거장들"을 찬양했던 것만큼이나 탄복하였다. 모두들 자신의 방식으로 사실주의적이었던 이 모든 작가들은, 고이티솔로의 말에 의하면, 기법적 · 주제적으로 "최근 30년간 스페인에서 출간된 소설들"에 반대했는데, 이런 소설들은 "단지 선별된 소수들 — 중상류층 — 에만 관심을 가진 것으로, 기법적인 결점으로 인해, 덜 축복받은 또 다른 집단들을 한편에 방치해 두었던 것이다. 이들에 대한 발견은 《하라마 강》이나 《용감한 자들》, 《벌집》 같은 작품들의 기본적인 장점이다." 그 저자들도 분명 잊고 싶어하는 모순을 내포하는 이론서들의 세부사항을 여기서 꼬치꼬치 거론하고 싶지는 않다. 그러나 《소설의 문제들》이 당대의 의미 있는 책(게다가 당시 젊은 소설가들 중 가장 다작의 작가에 의해 쓰인 책)이라면, 헤밍웨이나 로브-그리예 유의 '객관적 기법'을 루카치와 브레히트와 결합시키고 싶어했던 거대한 이론적 혼동에 대해 관심을 집중시키지 않을 수 없게 된다. 그럼에도 불구하고, 당시의 소설가들에게 그 의도는 명확할 것이었다. 이는 후안 고이티솔로가 짧은 서문에서 밝힌 바에 의하면 문학 창작의 '사회적 동기'를 다룬 것이고, 사회의 "덜 축복받은 집단들"에 관심을 가지려 했던 것이다. 또 끝으로, 이는 증언의 방법("객관적 기법")으로 계급투쟁(루카치-브레히트-사르트르)을 다루려는 것이었다. 이론의 불충분함과 검열은 아무것도 분명하게 하지 않았다. 그러나 검열에 대항해 글을 쓰는 이들은 '사실주의' 소설가로서 자신이 무엇을 해야 할지에 대해 너무도 충분히 직관하고 있었다. 여러 언급들 중 다음과 같은 알폰소 그로소의 말을 기억하도록 하자. "나는 내 세대의 다른 이들처럼 증언하고 또 동요시키려 한다. 나는 고발의 태도를, 그리고 물론, 솔직하게 앙가주망을 받아들인다." 이런 의미에서 1958년에서 1960년 사이에 출판된 세 작품은 그토록 애매모호하게 이론화된 새로운 경향을 대표하는 것인데, 그것은 《곡괭이》와 《발전소》, 《탄광》이었다.

안토니오 페레스(Antonio Ferres: 1925년생)는 《곡괭이》(1959)의 처음 장면에서부터 '객관주의'의 이데올로기적이고 형식적인 한계의 탁월함을 겨냥한다.

> (사방의 길들을 통해 사람들이 도착하고 있었다. 그러나 그들은 도착해서 거리의 뒤편에 위치했다. 이웃 사람들은, 아무것도 보지 못하고, 가장 비좁은 공간에, 지평선도 거의 없는 곳에 함께 모여 있었다.)

첫 문장의 고전 서사적인 흐름은 두 번째 문장을 시작하는 '그러나'로 인해 끊길 뿐 아니라 "길들"(열린 평원)이 "거리"로 변화하는 것과 "뒤편에" 위치하는 것으로 인해 끊기는데, "뒤편에" 위치함으로써 대중의 거대한 움직임을 정확하게 성격지우는 도전적이고 암시적인 행동의 충동이 부인된다. 이렇게, "사방의 길들을 통해" 도착한 사람들은 제한되고, "비좁은" 곳에서 답답해하고 지평선도 제대로 보지 못한다. 이 묘사는 순수하게 객관적이고 최대로 단순화되어 있다. 그러나 역설적으로, 서사적 잠재력을 변증법적으로 암시하는 동시에, 독자들에게 해석의 지평을 향한 문과 창문들을 열어준다. 앞으로 보겠지만, 이 해석의 지평은 인물들이 결코 도달할 수 없는 것이다.

왜냐하면 인물들은 《하라마 강》의 일상적이고 '통속적'이었던 바로 그 사람들로, 얼핏 보기에는 아무런 특별한 사건도 일어나지 않는 세상에 푹 빠져 있는 이들이기 때문이다. "지금까지 일어났던 일보다 더 한 일이 일어나지 않을 것이다"라고 인물들 중 하나인 안드레스는 생각한다. 그럼에도 불구하고, 무언가가 일어났고, 일어나고 있으며 또 앞으로도 일어날 것이다. 그래서 사람들은 사방에서 도착하고 있다. 그러나 그렇게 일어난 일은 날마다 일어나는 일이다. 그래서 서사적 힘은 잘려지고, "비좁은" 소심함의 차원으로 축소되는 것이다.

사람들은 농촌에서 도시로 이주하기 시작했는데, 이는 곧 집단적인 현상이 될 것이었다(소설의 시대적 배경은 1959년이다). 그리고 그와 함께 마드리드 근교의 판자촌이 늘어날 것인데, 이 판자촌 지대에서는 도시의 "거리들"이 시골과 만나고, 또 판자촌 사람들이 물을 찾아 우물로 가거나 도시의 일터로 가느라고 자연스럽게 난 "길들"이 있다. 일요일에는 춤판이 벌어지고, 다시 월요일이 시작된다. 그것은 시골이나 고향에서와 똑같았지만, 백열등 불빛 아래 더 분주하고 더 추접한 모습을 한 것이었다. 그러나 그것은 아직 이루지 못한 새로운 희망을 가진 것이기도 하였다.

그리고 소설이 시작하고 정확하게 보름이 되었을 때, 도시 이주민 가족의 판잣집 하나가 어디에 호소할 새도 없이 곡괭이에 의해 무너지는 사건이 발생한다. 대단히 간략하고 정밀하게 페레스는 '내적 역사'(우물과 건설현장으로의 출퇴근, 마루하와 루이스의 연인관계, 후아나의 임신 등…)를 그것이 존재하는 유일의 장소인 역사 그 자체, 변화의 과정에 위치시킨다.

그리고 그것을 인물들은, 그 일상적이고 무의미한—외부에서 본다면—마드리드의 신구(新舊) 거주민들은 알고 있다. 산체스 페를로시오가 자신의 언어 밖에 두었던 것을 페레스는 충분히 기록했다. 그가 기록한 것은 두려움과 분노, 잘못한 사람들이 있다는 것을 아는 것, 하지만 그 사람들이 누군지는 정확하게 모른다는 것, 그리고 그에 따른 변화를 위한 투쟁에 대한 의지와 그 투쟁의 무능력함 등이었다. 그것은 수사(修辭)도 선동도 없이 감동적인 객관성만이 있는 것이었다. 결국 시한이 다 되었을 때, 총을 소지한 치안대를 동반해 곡괭이를 든 이들이 도착한다. "사방의 길을 통해" 사람들이 도착했는데, 이들은 "큰 소동을 일으킬" 듯하다. 그러나 이들에게는 분노와 연대감보다는 두려움이 더 크게 자리하고 있다. "더 많은 사람들이 도착하고 있었지만 그들은 언제나 뒤편에 자리했다." 결국 "일어난 일들과 일어날 일들은 당연한 것이었다." 그러나 후아나의 정리되지 않은 생각이 남는데 그녀는 "잘못은… 잘못은…"이라고 생각한다. 또 "전쟁 때처럼" 언덕 위에서 그 광경을 바라보는 아이들이 있다. "우리는 보초들이야. 우리는 다른 이들에게 이것을 알려주기 위해 여기 있는 거야"라면서.

역사적 객관성은 더 엄격할 수 없었다. 1959년에는 검열도 더 많은 것을 허용하지 않았고 비록 그랬다고 해도 《곡괭이》에서는 실제로 서술된 것과 다른 것이 서술될 수 없었는데, 왜냐하면 스페인 사회의 대중의 변화가 아직 시작하지 않고 있었고 계급의식에 기초한 투쟁의지도 회복되지 않고 있었기 때문이었다. 언젠가 핍진성이 결여된, 거짓 낙관주의를 가진 비평적 리얼리즘을 비난한 적이 있었다. 그런 비난이 페레스의 경우에는 잘못된 것이다. 서사적인 것과 대중의 동원력에 대한 실제적인 무능함 사이의 긴장이 최대의 역사적 진실함과 문학적으로 찬란하게 절제된 모습으로 《곡괭이》에 존재하는 것이다. 또한 역사는 보초 아이들의 메시지를 전달하는데, 그 덕분에 후아나의 생각이 완성될 수 있었다. 이 작품에는 객관성과 변화에 대한 지각, 비판적 태도 등이 존재한다. 거의 의도함이 없이 페레스의 이 소설은 소박하고 섬세하게 리얼리즘의 가능한 길들 중의 하나를 우리에게 일러준다고 할 수 있을 것이다.

마드리드와 아주 먼 지점에, 그러나 동일한 계급투쟁의 상황에 아르만도 로페스 살리나스(Armando López Salinas: 1925년생)의 《탄광》(1960)이 위치한다. 우리는 이 작품의 기본적인 것이 기억되어야 한다고 주장하는데, 이 당시는 스페인의 경제적 '이륙'이 시작되고 그에 따라서 새로운 노동력의 착취도 시작된 시기였다. 따라서 《탄광》에서도 농촌에서 이수한 가족을 다루는 것은 놀라운 사실이 아니다. 그런데 여기서의 이주가족은 대도시로 간 것이 아니라 거대한 광산촌으로 갔고, 거기에는 광부들의 쓰러져 가는 판잣집들이 있는 더럽고 냄새나는 거리 근처에 광산 기술자들과 기사들의 멋진 집이 세워져 있다. 곡괭이가 마드리드 근교의 빈민촌에 온 것과 같이, 이 이야기에서도 버젓한 일자리를 발견하는 것의 어려움, 일상적인 빈곤, 광부들이 죽는 사고 등의 모든 것이 예상가능하다. 또한 분노와 직관(直觀)도 존재하지만 이는 그러한 악의 최종원인이 무엇인가에 대해 개념화되지 않은 것이다. 그래서 《곡괭이》의 경우에서처럼, 투쟁의 즉각적인 가능성이 제한되는 것이 정확하면서도 사실적으로 예견된다. 그럼에도 불구하고, 역사적 희망의 원천들이 이 패배와 죽음에서 발견된다. 그러나 《탄광》에서는 《곡괭이》와 《발전소》에서보다도 더 많은 결점들과 문제들이 보인다는 사실을 지적하는 것이 중요하다. 이런 것들은 사실상 가장 참여적인 성향의 사회적 리얼리즘 작품들에 보이는 일반적인 특징이라고 할 수 있는 것으로 다음과 같다. 즉, 1950년대 말 스페인의 계급투쟁의식 수준을 좀 과장하게 포장하는 분명한 자발성과 멜로드라마적인 경향과 감상성, 아마도 소박하게 말하고 싶어하는 것에 기인한 듯한 엄정한 글쓰기에의 부주의 등이 그것이다. 이런 것들이, 마땅히 문학이 그래야 하듯, 의식적으로 현실을 반영할 뿐 아니라 (계속될 투쟁방향을 지시하고 가장 폭넓게 대중에 도달하려 하면서) 그 현실을 변화시키려는 문학의 피할 수 없는 결점일까? 이런 의미에서, 손쉽게 그러한 사실을 부인하는 대신, 당시의 소설을 진지하게 연구하는 것은 아직 이루어지지 않고 있다.

아마도 헤수스 로페스 파체코(Jesús López Pacheco: 1930년생)의 《발전소》(1958)가 이 핵심적인 세 소설들 중 가장 놀라운 작품일 텐데, 왜냐하면 이것이 집단행동이 긍정적인 방식으로 이뤄지는 유일한 소설이기 때문이다. 그 '행위'는 댐의 건설인데, 그로 인해 알데아세카[26] 마을이 변화를 겪어 물에 잠기게 될 것이었다. 첫 번째 변화는 《곡괭이》와 《탄광》에서처럼 시골 사람들이 건설에 참여할 때, 즉 프롤레타리아가 될 때 겪는 고통스러운 변화이다. 모순들은 분명한데, '발전'(결국 발전기가 돌아가고 전깃불이 들어온다)이라는 이름으로 오랜 마을이 사라지고, 농부들은 급여로 인한 착취를 당하며, 기본적으로, 개인 기업이 사회적 규모의 사업을 개발한다. 그럼에도 불구하고, 기사들이나 기술자들처럼 노동자들은 단결하여 집단노동의 연대와 노력으로 뭉친다. 독특한 인물들과 그들의 다양한 삶의 여정 너머에서 《발전소》는 사회적으로 생산적인 노동으로서 삶에 대한 거의 서사적 수준의 시각을 제공한다. 이는 스페인 문학에서는 드문 경우인데, 그와 유사한 유일한 전작(前作)은 아마도 아르코나다의 《터빈》(*La turbina*)일 것이다(cf. V.1D). 이는 특별하면서도 드문 작품인데, 왜냐하면 이른바 "사회주의 리얼리즘"이라고 불리는 범주 내에 들어갈 수 있는 동 세대의 유일한 작품이기 때문이다. 이 "사회주의 리얼리즘"—집단생산으로서의 삶, 사유자본에 적응할 수 없는 사회 발전으로서 자연의 변형—의 중심 특징들은 논리적으로 사회주의 사회에 상응하거나 사회주의 건설의 혁명 이후의 과정에 상응한다. 한편, 《발전소》에서 사람들이 인간화되는 집단적인 변화 노력은 자본주의체제 내에서뿐 아니라, 스페인 역사에서 자본이 가장 날카롭게 축적되는 시기의 하나에서 이루어지는 것이다. 그 안에 내재돼 있

26) 〔역주〕 스페인 중부 아빌라 지방의 마을.

는 모순은 사실 시원스레 해결되지 않는다. 그러나 그 대신 로페스 파체코는 이야기를 능숙하게 조절하면서, 인간적 노력에 대한, 연대성에 대한 사회적 차원의 시각을 우리에게 제공하는 데 성공하고 있다. 그리고 이 연대성은 실제로 《곡괭이》, 《탄광》, 《변두리》에서 감지된 투쟁의 징후들을 느끼게 하는 그 내면에 있는 것이다. 이는 소설이라는 예술을 반영할 수 있고 또 그래야만 하는 세계관에 적용된 '사실주의적', 그리고 '사회주의적'이라는 용어들이, 관습에 의해서처럼, 부정적으로 연합할 이유가 없음을 설득력 있게 증명하기도 한다.

또한 바로 이즈음에 카르멘 마르틴 가이테(Carmen Martín Gaite: 1925년생)의 《커튼 사이로》(*Entre visillos*, 1958)와 루이스 고이티솔로(Luis Goytisolo: 1935년생)의 《변두리》, 후안 가르시아 오르텔라노(Juan García Hortelano: 1928년생)의 《새로운 우정》 등이 출현했다. 이 사실주의적인 경향 가운데 《커튼 사이로》는 지방에 사는 젊은이들의 억압과 좌절을 이야기하는데, 《온천》(*El balneario*, 1955)과 《결합》(*Las ataduras*, 1960) 같은 작가의 단편집 — 그녀가 진정으로 잘하는 분야 — 에서와 유사한 공허함과 무의미한 담론을 사용하였다. 마르틴 가이테는 1974년에 여전히 사실주의적인 소설인 《연속》(*Retahílas*)을 출판했는데, 이를 통해 남녀의 소외된 관계의 문제를 깊이 있게 파고들었다. 《새로운 우정》은 주제 면에서 프티부르주아 도덕을 비판적으로 다룬 것으로 변별되는데, 이는 이미 언급한 《곡괭이》, 《탄광》 또는 《발전소》 같은 작품에서 반영된 노동의 세계에 대한 피할 수 없는 상대작이었다.

《변두리》는 주제와 구조 면에서 더욱 복잡한데, 이후 발전한 루이스 고이티솔로의 작품에서 보면, 우리는 이 작품에서 사실주의적 시각의 풍성함이라고 평가할 수 있을 것을 감지할 수 있다. 일단 《변두리》는 사회 · 지리적인 한계(변화의 한가운데 있는 바르셀로나 근처) 그리고 비록 각각의 이야기에서 다른 인물을 가리키지만 같은 이름의 반복으로 인해, 장편소설이 아니라 서로 연관이 돼 있는 7개의 단편 모음인 듯한 인상을 준다. 이는 겉보기에는 단순하고 규모가 작지만 복잡한 야심작인데, 왜냐하면 루이스 고이티솔로가 의도하는 것은, 《변두리》를 결코 사상(思想) 소설로 평가될 수 없게 하면서, 1950년대 말 스페인 사회에서 일어나던 사회·경제적 변화의 느낌을 주려는 것이기 때문이다. 내전 이전의 삶과 비교해 볼 때 타락해 있는 젊거나 늙은 부르주아들이 이 작품의 인물을 구성한다. 전쟁의 결과와 새로운 이주자들의 출현 사이에서 발판을 잃은 카탈루냐의 농부들은 이미 바르셀로나 근교의 농촌을 파괴하는 회사나 공장에서 일하고 있다(이는 아주 암시적인 방식을 띠고 있다). 그리고 상승하는 젊은 부르주아들 또한 등장하는데, 이들은 이전 사람들의 전통에서 분리돼 있다. 그 모든 것이 풍성한 문체로 대단히 섬세하게, 그리고 루이스 고이티솔로가 일류 소설가임을 드러내는 묘사적 감수성과 통제된 형식으로 표현되었는데, 그의 작품에서는 사실주의적 세계관의 마르지 않는 잠재력이 감지된다.

그러나 《용감한 자들》의 리얼리즘에서 계급투쟁과 루이스 고이티솔로가 의도하는 개방에 집중된 리얼리즘으로 재빨리 흘러간 6년의 여정은 신기원을 이룰 한 소설작품으로 인해 급진적으로 변했다. 그 작품은 루이스 마르틴-산토스(Luis Martín-Santos)의 《침묵의 시간》(*Tiempo de silencio*, 1962)이었다. 물론 아무리 특별하고 대단하다고 해도 하나의 문학작품이 한 가지 경향의 방향을 갑자기 바꾸는 데 충분하지는 않다. 예를 들면, 《침묵의 시간》이 출현한 바로 그 해에 후안 고이티솔로의 《축제의 끝》(*Fin de fiesta*)과 호세 마누엘 카바예로 보날드의 탁월한 작품인 《9월의 이틀》(*Dos días de setiembre*)이 나타났던 것이다. 비판적이고 증언적인 사실주의 소설은 아직 어느 정도의 기간 동안 자신의 노선을 고수할 것이었다. 그럼에도 불구하고, 갈수록 작가들로 하여금 노동자 계급의 일상적인 투쟁 — 이 투쟁은 더욱 늘어갔다 — 과 거리를 두게 하고 중남미 '붐' 소설 — 이는 1960년대 후반 이후 스페인어권 문학을 장악한다 — 과 연관을 맺게 하는 사회적 변화들과 불가분의 관계에 있는, 《침묵의 시간》의 출현은 스페인 소설의 계시적인 방향전환에 있어 대단히 중요한 사건이었다.

주제 면에서 《침묵의 시간》은 알데코아와 페르난데스 산토스의 작품이나 페를로시오와 페레스 또는 로페스 파체코의 작품에서처럼 1954년 이후 발생한 의미 있는 모든 것과 단절한다. 이 작품의 주인공은 의사이자 연구자인데, 그는 지금까지 언급해온 소설들의 인물들과 마찬가지로 스페인에서는 "아무 일도 일어나지 않는다"는 느낌 속에서 똑같은 일상의 억압 속에 살고 있다. 그는 '변두리' 사람들과 직접적인 접촉도 하는데, 그런 사람들의 빈곤과 무능력, 무의탁성은 이전 소설가들의 작품에서 나타났던 대로이다. 그러나 이야기의 지배 주체로 세워지는 이는 바로 그인데, 그는 전문적인 과학의 세계에서 고립되었고 자신의 실패와 무능력에 대해 강박적이다. 이렇게 갑자기 일종의 역사적 경험을 객관화하려는 의지에서 급진적으로 주관적인 세계관으로 이동하는데, 이런 세계관은 끊임없이 자기 자신에 대해 성찰하는 지식인을 다루기에 당연히 《하라마 강》이나 《곡괭이》, 《용감한 자들》의 인물들의 세계관보다 훨씬 더 의미 있고 훨씬 더 풍부한 것이다. 이 괴로워하는 의사가 다른 것들에 신경을 쓰지 않는다는 것은 아니다. 그 반대로, 그는 의연하고 또 절망적으로 여러 날을 잠 못 들며 다른 사람을 치료하고 위로하는 일에 전념한다. 그러나 그의 주변에는 해결하기 어려운 문제들만이 보이는데, 이는 인간적 · 물질적 · 도덕적 빈곤함에 대한 해결불가능함을 거의 형이상학적으로 증거한다. 그 결과, 그 소설 전체는 자신의 비참함에 대한 성찰이며, 늘 파국으로 종결될 수밖에 없는 듯한 스페인의 비참함에 대한 강박적인 성찰이기도 하다. 이렇게 《침묵의 시간》은 98세대 프티부르주아적인 염세주의와 직접적으로 연결된다. 이와 동시에 이 작품은, 거의 모순적이라고도 말할 수 있을 텐데, 전후 스페인 소설의 기법에서 당시 서양에서 아직 지배적이던 서술기법(주로 조이스와 포크너에 의해 발견된 내적 독백, 간접화법, 시간층위의 변경)과 유사해지려는 최초의 급진적인 시도였다.

98세대와 조이스-포크너의 융합은 예상처럼 그렇게 이상하거나 터무니없지는 않은데, 왜냐하면 조이스와 포크너의 서사기법이 바로하나 우나무노, 아소린의 기법과는 달리 그들의 고립주의적인 세계관에 대한 독특한 형식이기 때문이다. 그것은 인간이 수행해야 할 과제의 무용(無用)함과 아일랜드나 미국 남부에서의 삶의 부조리 — 이것이 그들의 출발점이다 — 에 대한 성찰을 통해 스스로를 극복하고자 하는 유아론(唯我論)의 독특한 형식인 것이다. 이렇듯 사실주의적 소설에 대한 단 하나의 방식이 존재하지도 또 그런 것을 강요할 수도 없기에, 주관적이고 유아론적인 소설쓰기에 대한 단 하나의 방식의 존재를 상정할 수는 없다. 98세대에 대한 부정, 그리고 그것을 통해 적어도 케베도에 이르는 장구한 전통에 깊게 뿌리내린 루이스 마르틴-산토스는 오랜 회의주의가 다시 살아나는 동시대의 형식을 발견한 것이다. 실수, 멜로드라마적 성향, 내적 독백의 구사에서의 명백한 어설픔, 지적인 언어유희의 남용 등은 중요하지 않고 또 중요하지도 않았다. 《침묵의 시간》은 재능이 폭발한 것이며 풍부한 텍스트가 전개된 것으로서, 불과 몇 년 뒤에는, 그 출현이 결정적인 영향을 주었음이 드러날 것이었다. 대단히 흥미로운 소설인 그의 유작(遺作) 《파괴의 시간》(*Tiempo de destrucción*)이 1975년에 출현했는데, 이 작품은 마르틴-산토스의 사망으로 완성되지 못한 미완성작이다.

단 한 편의 작품이, 그것이 겨냥하는 사회에서 그 작품이 출현할 수 있는 풍부한 토양이 발견되지 않는다면, 이런 식으로 문학생산의 흐름에 영향을 준다는 사실은 상상이 가지 않는다. 비록 단순화하는 것이지만, 구체적으로는 1962년에 경제안정계획이 지배계급에게 성공적인 것이 되기 시작했음을 다시 한번 더 기억해야 할 것이다. 즉, 시간이 지남에 따라 스페인을 자본주의 세계의 10번째 산업 강대국(우리는 언제나 여기에 '완전히 종속적인'이라는 표현을 첨가할 것이다)으로 만들어줄 돌이킬 수 없는 구조적 변화가 시작된 것이다. 이는 상대적인—그러나 광범위한—사회적 유동성을 의미하는데, 그러한 유동성으로 그 성취들에 만족하는 새로운 계급 당파들이 출현할 것이었다. 한편, 유럽을 향한 강요된 이민으로 스페인에서 떨어져 나가고(착취의 엄격한 의미에서) 전대미문의 착취를 당한 노동계급은 그들의 구매력을 증대시켜 나갔다. 이런 조건 가운데 반(反)파시스트 투쟁의 조건을 흑백논리로 보는 것에 익숙해져 있는 좌파의 위기가 감지되기 시작하였다(페르난도 클라우딘과 '페데리코 산체스'에 의해 제기된 공산당 내에서의 논쟁은 이러한 좌파의 위기를 가장 급진적이고 중요하게 반영하는 것이리라; cf. VI. 1D). 많은 이들에게는 노동계급의 투쟁능력처럼 그들에 대한 착취도 실제적으로 증가했다는 것에 대한 증거들이 무익할 것이다. 일부는 표피적인 새로운 '번영'만을 보는 듯하다. 또 이들은 체제와 제도에 반(反)하는 직접적인 투쟁과 집단투쟁의식으로 재빨리 이동하는 것이 불가능하다는 것만 피상적으로 보는 듯하다. 이렇게 증언적 리얼리즘—이에 대해서는 다음 장에서 다룰 것이다—의 청산을 결정할 회의주의가 시작되었다.

그러나 그러한 현상은 대체로 1964년 이후까지는 발생하지 않았는데, 후안 고이티솔로는 《축제의 끝》(1962)을 출간할 것이었다. 같은 해에 호세 마누엘 카바예로 보날드(José Manuel Caballero Bonald:

1926년생)의 《9월의 이틀》이 나타났는데, 이는 안달루시아 농촌과 포도주산업에서의 빈곤과 투쟁에 대한 소설로 블라스코 이바녜스의 《술 저장고》(*La Bodega*)를 추억하게 하는 작품이다(비록 카바예로 보날드의 언어적 섬세함과 유연성은 블라스코 이바녜스의 작품과 비교불가능하지만 말이다). 1963년에 알폰소 그로소(Alfonso Grosso: 1928년생)는 《제르미날》(*Germinal*)을 출판했고, 1966년 파리에서는 알폰소 그로소와 로페스 살리나스가 1960년에 했던 남부 안달루시아 여행의 산물로 《강 아래쪽으로》(*Por el río abajo*)를 출간했다. 한편, 안토니오 마르티네스-멘첸(Antonio Martínez-Menchén, 1930년생)은 《침묵의 시간》의 노선을 따르며 《다섯 변주곡》(*Cinco variaciones*, 1963)과 《벽》(*Las tapias*, 1968)을 발표했다. 이 작품들은 엄격한 문체와 진지한 형식적 실험을 하면서, 동시대 스페인 사람의 소외와 고독을 그 조각난 틀에 담아내려 하고 있다.

2C. 재갈과 그물: 연극의 경우

1940년대 스페인의 믿기 어려운 환경 가운데 그때까지 책을 출판하지 않았던 극작가인 안토니오 부에로 바예호(Antonio Buero Vallejo: 1916~2000)는 시분야에서 다마소 알론소의 《진노의 자녀》에 필적하고, 소설에서는 카밀로 호세 셀라의 《파스쿠알 두아르테 가족》에 필적하는 작품으로 문학상을 수상하였다. 이렇게 《어느 계단이야기》(*Historia de una escalera*, 1949)가 출현했고, 다양한 개성의 변천을 통해 스페인 연극계에 거의 극복되지 않은 품위와 깊이를 부여할 작가의 문학인생이 시작되었다. 부에로 바예호가 1939년 '점령당한 이들' 중 하나로서 수감 — 예를 들면, 그는 오카냐 감옥에서 미겔 에르난데스의 동료였다—되었고 승전자들이 부여한 정화운동을 겪었다는 사실을 고려한다면 그의 경우는 더욱 흥미롭다. 1949년부터 부에로 바예호는 여러 작품들을 써서 무대에 올렸는데, 현대 스페인 연극계에서 엄청나게 의미 있는 작가로 변신하며 결국 스페인 학술원 회원의 자리에까지 오르게 되었다.

먼저 부에로 바예호의 연극이, 그 분명한 의도와 내용뿐 아니라 그 전문용어의 사용과 복잡함에서, 지금까지 언급했던 전후 작가들의 연극과는 다른 성운(星雲)에 있음을 언급하도록 하자. 만일 인간과 인간이 수행하는 모든 것의 존엄함을 열정적으로 지키고자 하는 것을 '인간적인' 것으로 해석한다면 그의 작품은 '인간적인' 것이라고 평할 수 있을 것이다. 그런데 이 인문주의는 부에로 바예호의 작품에서 절대로 선전구호식이거나 명확한 방식으로 나타나지 않고 극적으로 문제화되어 나타난다. 실제로 작가 자신은 다음과 같이 공언하였다.

> (그는) 자신의 작품을 가지고 세상을 향해 열망적인 질문을 던지고 가슴 깊은 곳에서 그 대답이 빛으로 가득 찬 긍정이기를 기다린다. …
>
> 그 모든 의문에도 불구하고 희망이 있기에 사람들은 글을 쓴다. 모든 의문에도 불구하고 나는 인간을 믿고 또 그 안에서 희망한다. 마치 진실, 아름다움, 정직함, 자유 등을 기다리고 믿는 것처럼.

이런 인문주의에는 절대적이고 추상적인 가치들을 모색하려는 경향이 있는데, 이는 부에로 바예호의 모든 노력을—이 노력은 다른 것과 비교해 적지 않을 것이다—인간과 세계, 운명에 대한 알레고리로 축소시킬 수 있는 것이다. 1974년의 그의 말에서 분명히 나타나 있듯, 부에로 바예호 자신도 이런 비판이 가능함을 인식하고 있다.

> 나는 그것이 상대적으로 간접적이고, 상대적으로 불명확할 때—단지 상대적으로 말이다—, 이렇게 더욱 정력적으로 문제들을 제기하면서, 예술작품의 훨씬 더 활동적인 행위를 계속해서 회복한다. 그러나 내 인물들이 일종의 정치적 논쟁을 하지 않는다고도 분명 생각하지 않는다. 물론 그들은 세부적으로 들어가지도 "나는 이렇다 또는 저렇다"라는 전단을 내 걸지도 않는다. 그러나 내가 볼 때 그들은 인간 조건에 대한 추상적인 담론에 한정되지 않는다.

한편, 비록 이미 언급했던 인문주의라는 똑같은 이념적 토대 위에서 눈이 멀거나 귀가 머는 것과 같은 유사주제들을 사용하지만, 그 처녀작부터 오늘날에 이르기까지 부에로 바예호는 연극방법의 색다른 형식들을 실험하기를 그만두지 않았다. 이에 대해 그 자신은 다음과 같이 말했다.

> 눈이 머는 것은 일종의 인간의 한계, 인간의 자유로운 발전에 반대하는 그 어떤 것이다. 따라서 그것은 매우 분명한 방식으로 극적이거나 비극적인 그 어떤 문제의 기저를 재현한다. 그리고 그것은 언제나 자유를 위한 인간투쟁의 문제를 그 한계와 함께 보여주는 것이다.

《어느 계단이야기》로 부에로 바예호는 연극 검열의 질식할 듯한 그물망들을 파괴하는 데 성공했다. 그의 작품과 함께, 전통적이고 선동적인 리얼리즘이 스페인 연극에 재등장했는데, 이 드라마는 낡은 집에 거주하는 이웃인 마드리드의 여러 가족들의 물질적이고 정신적인 범용한 삶에 대해 이야기하고 있다. 그러나 이는 사이네테(*sainete*)나 순혈적 풍속주의(*costumbrismo castizo*)와는 거리가 먼 것이다. 부에로 바예호가 제시하는 것은 날마다의 문제인데, 이 작품은 1919년에서 1949년까지 30년의 세월을 통해 모든 인물들을 연결하는 말없는 계단 주변의 이야기로서 사회적인 고착화와 개인적인 좌절을 증언한다. 이는 의심의 여지가 없는 리얼리즘이지만, 착취와 사회 분할에 의해 나타난 이러한 인물들이 구체적이고 상황적인 좌표에 나타나지 않고 매우 불분명한 방식으로 등장한다는 의미에서 좀 유령 같은 비역사적 리얼리즘 — 이는 편재하는 검열 때문일 가능성이 아주 높다 — 에 속한다. 한편, 《어느 계단이야기》는 부에로 바예호가 당시에 연극의 사명으로 생각했던 것에 부합하는, 매우 감동적인 작품이다.

> 우리로 하여금 삶을 긍정적으로 고찰하고 느끼게 하기 위해 그것을 반영하는 것; 그러나 반복적이고 효과적인 이러한 불안에 이르기 위해서는 변증법적인 해결이 아닌 감동적인 해결이 최선의 방법이 될 것이다.

부에로 바예호의 사실주의라고 부를 수 있는 시기에 《오늘은 축제》(*Hoy es fiesta*, 1956)와 《바닥을 향한 편지들》(*Las cartas boca abajo*, 1957)도 해당된다. 《오늘은 축제》에는 한 가난한 집과 고통스러운 그 이웃의 상황이 재등장한다. 연결고리는 관리인의 부인에 의해 재현되는 알레고리적 전횡이 활개 치는 옥상이다. 그러나 이러한 집단적 행동을 한 뒤에 인물들은 그들 자신과는 다른 그 무엇인 복권(福券)에서 최후의 구원을 기대한다. 그런 백일몽은 좌절되지만 더 나은 미래에 대한 거의 구세주적인 그들의 희망을 없애지 못한다. 《바닥을 향한 편지들》은 결혼의 소외, "생존을 위한 해결" 같은 거짓말에 대한 완벽한 연구 — 구습이 없지 않은 — 이다. 그 안티테제(*antítesis*)가 《새벽》(*Madrugada*, 1953)에서 발견되는데, 이는 탐정적인 조사구조 내에서 절망적으로 진실을 모색하는 내용을 담고 있다.

그러나 부에로 바예호는 일종의 상징주의적 연극에 대한 억제할 수 없는 경향도 전개시키는데, 이는 《타오르는 어둠 속에서》(*En la ardiente oscuridad*, 1950)에서 명확하게 재현되었고, 《꿈을 엮는 여인》(*La tejedora de sueños*, 1952), 《기다려 온 신호》(*La señal que se espera*, 1952), 《요정이야기에 가까운》(*Casi un cuento de hadas*, 1953), 《이레네 또는 보물》(*Irene o el tesoro*, 1954) 등의 이른바 미스터리 연극으로 귀결되었다. 《타오르는 어둠 속에서》의 이야기는 장님들을 위한 특수학교에서 전개된다. 이들은 자신의 상황에 익숙해져 기쁜 마음으로 그 학교에 머무는데, '장님의'라는 의미의 '시에고'(*ciego*)라는 단어의 사용을 금지하고 이를 '시력을 잃은'이라는 의미의 '인비덴테'(*invidente*)라는 말로 대체하는 등 비정상적인 것을 정상적인 것으로 대체한다. 단지 한 인물만이 그 슬픈 현실을 인식하고는 확립된 질서, 그 안정됨을 변화시키려 하다가 살해당한다. 그리고 그 질서는 계속된다. 이 작품에서는 인간의 '조건'에 대한 형이상학적 해석과는 별도로, 전횡적인 정치체제, 소외된 민중과 해방을 위한 파괴에 대한 알레고리가 투명하게 보인다. 나머지 네 편의 작품에서 부에로 바예호는 신화, 설화, 우화 등을 사용하면서 믿음과 희망, 사랑 — 이것들은 품위를 손상시키는 비인간적 한계들을 극복하는 것들이다 — 에 대한 열린 문으로서 '미스터리'의 존재를 옹호하는데, 닫혀 있거나 결정적인 결말을 제공하지 않는 것이 조금은 〈밀라노의 기적〉에서의 비토리오 데 시카(Vittorio de Sica)풍이다.

부에로 바예호의 알레고리는 역사적 스타일의 흥미로운 면도 가지고 있다. 《국민을 위한 몽상가》(*Un soñador para un pueblo*, 1958)에서는 18세기의 계몽전제주의와 에스킬라체의 반란 그리고 자신들의 이익에 반해 교묘하게 조종된 대중들을 소재로 하고 있다. 《시녀들》(*Las meninas*, 1960)[27]에서는 펠리페 4세 시대에 벨라스케스를 주

---

27) 〔역주〕 벨라스케스의 대표작인 '시녀들'과 동일한 제목이다.

인공으로 하는데, 이 작품에 대해서는 나중에 언급하겠다. 《성 오비디오의 음악회》(*El concierto de San Ovidio*, 1962)는 18세기의 프랑스를 배경으로 또 다시 장님들이 인물로 등장하는데, 이들 역시 야비하게 조종당하고 착취당한다. 《이성(理性)의 꿈》(*El sueño de la razón*, 1970)에서는 1823년과 페르난도 7세의 전제주의에 대한 공포를 다루는데, 화가인 고야를 주인공으로 한다. 여기서의 고야는 귀가 들리지 않고 또 자기 집으로 인해 이중적 고립을 겪는 사람으로 등장한다. 《이성의 꿈》에서 부에로 바예호는 단순한 실험주의를 뛰어넘는 특별한 혁신을 도입하는데, 어느 비평가가 '몰입효과'—이는 이후 작품에 다시 등장할 것이었다—라고 부른 것으로 관객은 다른 인물들이 하는 말을 듣지 못하고 다만 귀머거리 고야가 해석하는 것, 언어의 소리가 아닌 의미만을 듣는 것이다. 《이성의 꿈》의 마지막은, 부에로 바예호의 거의 모든 작품에서처럼, 관객을 직접적으로 드라마의 문제에 끌어들인다. 관객은 실제로 작품이 끝나기 전에 여러 번 반복되었고 또 고야 자신도 말했던 "동이 트면, 떠납시다"라는 문장의 의미가 무엇인가에 대해 결정해야 한다. 《채광창》(*El tragaluz*, 1967)은 이러한 역사 드라마들과 연대기적으로 전도된 관계를 갖는다. 이 작품에서 우리는 미래에서 온 2명의 남녀 과학자들과 함께 우리들 동시대로 돌아가 스페인 내전으로 미친 아버지와 두 아들이 있는 어느 가족을 관찰한다. 한 아들은 승전자들의 승리에 능동적으로 참여하고 다른 아들은 승전자들에 대한 모든 협조를 거부하는 인물이다. 두 과학자는 마지막 대화에서 나폴레옹의 침략과 1812년 카디스 의회 기간 중의 스페인 상황에 대한 칼 마르크스의 말들("카디스에서는 행동 없는 사상, 스페인의 나머지 지역에서는 사상 없는 행동")을 추억하게 하기도 하는 몇 마디 말로 작품의 도덕과 작가의 의도를 분명하게 요약해준다.

그녀: 세상은 불의와 전쟁, 공포로 가득 차 있었어요. 행동하는 이들은 사색하는 것을 잊었고, 사색하는 이들은 행동할 줄 몰랐지요.

그: 지금 우리는 그런 실수를 하지 않지. 타협하지 않는 한 눈이 우리를 바라보는데, 그것은 우리 자신의 눈이야. 현재가 우리를 감시하지. 우리들이 우리 앞에 있던 이들을 알게 될 것처럼 미래는 우리들을 알게 될 거야.

아마 이러한 역사주의적 작품에서 《시녀들》은 가장 의미 있는 작품일 것이다. 동요하는 정직한 지성인으로 등장하는 벨라스케스는 억압적이고 비인간적인 환경에서 개인의 품위와 사회적 약속을 유지하는 것에 문제를 느낀다. 그는 자기 국민의 비극을 이해하고 그 국민과 연대하는 지성인이다. 그리하여 부에로 바예호는 벨라스케스로 하여금 다음과 같이 '역사적인' 말을 하게 한다.

… 이 맹인들과 광인들의 나라에서 나로 하여금 분명히 본다는 고통을 견디게 해주는 누군가를 말입니다. 당신이 옳아요. 난 미쳤죠. 그런데 그럼에도 불구하고, … 몇 년 전에 나는 형제 같은 관계가 될 수 있었을 누군가를 알았었죠. 그는 인생이 어떤 것인지를 알고 있었어요. 그래서 그는 고통스러웠어요. 그는 걸인이었죠.

이는 1936년의 내전과 1960년대의 상황에 대한 분명한 알레고리이자 언급이다. 부에로 바예호는, 《시녀들》을 통해 거의 폭력적으로, 자신의 관객들이 17세기의 정신과 문제에 들어오도록 강요하는데, 그것과 함께 일종의 이중반영과 반향의 유희로써, 현대 스페인의 정신과 문제에 직면하게 한다. 이렇게 두 세계는 회화(繪畫) · 상징 앞에서, 벨라스케스의 그림에서 나오는 어두운 슬픔, 그 스페인의 슬픔과 문제 앞에서 합쳐진다.

> 차분한 그림 한 점이지만 그 안에 스페인의 모든 슬픔이 담겨 있다. 이런 존재들을 보는 이는 이들이 어쩔 수 없이 처해 있는 고통에의 형벌을 이해할 것이다. … 그들을 바라보는 이는 내일 경악하며 그것을 눈치 챌 것이다. … 그렇다, 경악할 것이다. 왜냐하면 지금 내게 일어나는 것처럼 이 인물들의 시선 앞에 있는 유령이 그인지 알 수 없을 순간이 도래할 것이기 때문이다.

그리고 그럼에도 불구하고, 미래를 향한 문을 열면서 벨라스케스는 어느 순간 다음과 같이 정말로 기본적인 것을 말할 수 있었다. "시간은 모든 걸 가져가지 … 이 고통의 시대도 가버릴 거야"라고.

이후 세 작품인 《신(神)들의 도착》(*Llegada de los dioses*, 1971)과 《재단(財團)》(*La Fundación*, 1974), 그리고 《발미 박사의 이중생활》(*La doble historia del doctor Valmy*, 1976)은 부에로 바예호의 전체 작품 내에서 새로운 그룹을 형성하는데, 이는 정치적인 이유로 인한 고문과 암살, 그리고 인류의 품위를 손상시키는 그 행위에 대한 결과를 연구하고 천착하는 것에 봉헌된 작품이다. 아가멤논이나 오레스테스 같은 깊은 고전적 영감에 대한 작품인 《신(神)들의 도착》에서 부에로 바예호는 어느 아버지와 어느 아들(이번에도 장님이다)을 대치시킨다. 아버지는 수용소장이었고, 아들은 그런 이유 그리고 또 다른 더 어둡고 개인적이며 이기적인 이유로 아버지와 대립각을 세운다. 수용소의 공포에 대한 역사적인 사실을 넘어, 이 문제는 또 다시 진실이 어디에 있는지를, 누가 진정으로 누구인지를, 어떤 이유가 인간으로 하여금 그렇게 행동하게 하는지를 아는가의 문제로 구성된다. 한편, 《재단》은 과학자들을 위한 편안하고 쾌적한 레지던스 장식으로 시작되는데, 그 장식은 감옥의 독방으로 변하고 5명의 인물들은 각자가 다 사형선고를 받는다. 독자는 그들 중 하나가 고문을 당해 동료들을 경찰에 밀고했음을 알게 된다. 이 작품은 텅 빈 무대 그리고 처음의 거짓 장식과 함께 끝이 난다. 우리는 어떤 것이 사실인지를, 우리들 자신의 행동의 함의를 이해한 걸까? 아무튼 우리는 일종의 소외된 거짓 시각으로부터 놀라운 현실로 옮겨간 것이다. 검열에 의해 수년 동안 금지되어온 《발미 박사의 이중생활》은 공포와 고문으로 구성된 한 사건에 대해 다음과 같은 삼중 시각을 제시한다. (1) 일어난 사건을 알고 있는 발미 박사는 이야기를 구술한다. (2) 주인공들은 이야기를 '각색한다'. (3) 관객으로서 멋쟁이 남녀는 외부에서부터 그 이야기를 논평하고 그것이 편집적이지 않고 불쾌한 것이라고 거부한다. 그런데 이들은 귀머거리이자 장님으로 사실을 알고 싶어하지도 않는다. 그러나 이전의 두 작품에서처럼 이 작품에서 부에로 바예호는 관객 앞에 있는 그대로의 사건을 제시하는데, 그것은 고문, 사람이 다른 이들에게 주는 공포, 몰락 등이다. 이 모든 것은 현실로서 존재하는데 우리는 이런 현실로부터 도피하거나 그것을 무시하는 것이 불가능하다.

그 모든 복잡함과 품위에도 불구하고, 부에로 바예호의 연극은 결국 불만족과 불안이라는 뒷맛을 남기며 끝난다. 이는 최근 작품들에서도 마찬가지인데, 예를 들면, 《폭발》(*La detonación*, 1977) 같은 작품이 그렇다. 이는 '역사적 사건'에 뿌리를 둔 작품으로 이번에는 라라(Larra)[28]에 대한 이야기이다. 그리고 그 모든 것은 몇몇 이념적 개념들과 편재하는 몇몇 은유들에 대한 거의 강박에 가까운 반복에 의하거나, 그러한 개념들의 거의 형이상학에 가까운 토대에 의해, 또는 작가 자신의 그 모든 설명에도 불구하고, 추상적이고 절대적인 것에 대한 경향에 의해 이루어지는 듯하다. 그런 것으로 볼 때, 마드리드의 어느 전문잡지에 다음과 같은 글이 발표된 것은—아마도 너무

28) 〔역주〕 스페인 낭만주의 작가인 마리아노 호세 데 라라(Mariano José de Larra: 1809~1837)를 의미.

급진적일 것이다 — 이상하지 않다.

> 부르주아 중 가장 지성적인 이들 — 이들의 계급적 입장은 정치적 존재이기 이전에 본질적인 존재로서 인간의 운명에 대해 자문하도록 해준다 — 은 철학적 기저와 형이상학의 좁고 험한 길로 된 인문주의적 작품을 대단히 좋아한다. 게다가 작가가 그들과 의견이 맞지 않고 학문적이면, 안성맞춤이다.

그리고 결국 부에로 바예호가 《밤의 재판관》(*Jueces en la noche*, 1979) 같은 작품을 가지고 직접적인 정치영역에 들어올 때, 결과는 실망스럽다. 이 작품에서는 프랑코 사후의 사회, '평생을 민주주의자로 살아온 이들', 테러리즘, 쿠데타 등의 모든 것이 대단히 섬세하게 암시되거나 회피되었는데, 그토록 진정하게 '극적인' 일종의 수사학을 사용하며 연재소설적인 요소들을 가진 이 작품은 정치·역사적 교훈의 가능한 효과와 그의 드라마성을 잃어버렸던 것이다. 부에로 바예호는 1981년에 《아메리카 악어》(*Caimán*)를 상연했는데, 이는 멜로드라마와 연재소설처럼 여겨진 표현성으로 희석된 사회적인 내용의 작품이다.

이전 페이지들에서 우리는 이미 연극의 검열에 대해 몇 가지 언급을 해왔다. 이제 1939년 이후 스페인 작가들 위에 매순간 매달려 있던 다모클레스의 불길한 칼[29]에 대해 더 명확한 것을 말하기 위해 이제 잠시 여유를 가질 필요가 있다. 공식적으로는 가톨릭 국가인 독재국가 스페인은 내전 이후 탄생해서, 체제와 의견이 다르다고 여겨지는 문학적 표현을 무자비하게 탄압했는데, 다른 예술장르들에서보다도 연극의 경우에 훨씬 더 심했다. 라파엘 알베르티는 망명을 가버리

29) 〔역주〕 군주의 행복이 항상 위기와 불안 가운데 있음을 의미하는 '다모클레스의 칼'이란 한마디로 절박한 위험을 의미한다.

고 1976년에야 그가 1944년에 쓴 《괴짜》(*El adefesio*)가 마드리드에서 초연되었다. 막스 아웁과 페드로 살리나스는 아직 스페인 연극계에 알려지지 않고 있었고, 알레한드로 카소나는 1962년에 귀국했는데, 그의 연극은 좀 '시적인' 방식에 의해 공식적으로 복권되었다. 페데리코 가르시아 로르카는 1936년에 총살되었는데, 그의 작품은 거의 30년이 지날 때까지 스페인에서 상연되지 못했다. 바예-잉클란의 작품도 이와 유사한 경우였다. 1942년에 감옥에서 사망한 미겔 에르난데스의 작품은 매우 드물게 상연되었다(cf. 특히 IV.3B; V.2C; VI.1C; VI.1D). 연극에 대한 검열은 비이성적인 겉모습만큼이나 무자비하게 기능했으나, 아무튼, 그것은 전적으로 또는 거의 전적으로 금지된 작가들의 명단이 보여주듯 매우 효율적인 방식으로 이루어졌다. 예를 들어, 알폰소 사스트레는 1967년 이후, 그리고 페르난도 아라발(Fernando Arrabal)은 1959년에서 1977년까지 체계적으로 검열되었다. 더 젊은 많은 작가들은 스페인 관객에게는 전혀 알려지지 않았다. 물론, 검열의 기준은 정치적인 것이었는데, 종교적이고 '도덕적인 것'도 기준이 되었다. 비록 '도덕적인 것'은 에로티즘을 통한 유럽적 개방주의의 마지막 몇 년 동안에는 아주 분명하지는 않았지만 말이다. 많은 경우에 행정적인 침묵이 뒤따르는, 화날 정도로 느린 관료들의 일처리와는 별도로, 먼저 작품의 텍스트를 검열에 제출하는 것이 필요했다는 사실을 고려해야 한다. 그러면 그 작품은 부분적으로 또는 전체적으로 금지되어 되돌려질 수 있었고 또 많은 경우 그렇게 되었다. 편리하게 손보아지고 정화된 이 텍스트는 테스트를 받았는데, 이는 지금은 없어진 정보·관광부의 공무원에 의해 감독되었다. 그 관리는 작품의 전체 또는 일부를 재검열할 수 있었고 또 많은 경우에 그렇게 했는데, 몇 가지 역할들의 재현방식과 몇 장면의 구성방식에 대해 의견을 제시할 수도 있었다. 이 모든 것을 통과해도 문제는 계속 있었다. 한 회 상연만을 위해 허가된 작품도 있었다. 그리고 그 허가는 '실내연극'이나 '아마추어' 연극의 상연을 위한 것이지 전문무대에서의 상연을 위한 것이 아닐 수 있었다. 또한 초연(初演) 작품에 대해 복잡하면서도 짜증나게 하는 도덕적인 잣대를 들이대 공연허가가 한 도시에서만 되고 다른 도시에는 안 되기도 하였다. 결국 한 작품은 관객에게 소개된 뒤, 관객의 반응, 성공, 정치적 기회 또는 정부관리의 기분에 의해, 간단하게 금지될 수 있었던 것이다. 한편, 상연되지 않은 작품을 출판하려는 시도도 있었는데, 이는 다른 방식의 검열을 초래하였다. 즉, 하나의 책은 여러 작품들을 포함하는 온전한 한 권으로 허락되었지만 그 속에 포함된 작품들의 '낱권' 출판은 허락되지 않았거나, '낱권'으로는 허락되되 온전한 한 권으로는 허락되지 않았던 것이다. 어떤 형태로든 그 출판은 거부될 수 있었다. 프랑코체제의 연극 비평가들은 그토록 놀라운 일을 자행하면서도 부끄러워하지 않은 듯했다. 다음은 그들 중 하나가 1971년에 한 말이다.

> 정말로 중요한 작품이라면, 그것은 검열의 위에 존재한다. 예외가 있을 수 있겠지만, 나는 그런 예외를 거의 모른다.

그러나 현실은 매우 달랐다. 또한 그토록 폭력적인 공식적 검열의 부산물들도 고려할 필요가 있는데, 이후의 금지조치로 인해 가능한 경제적 손실을 피하고 체계수용과 '진지한' 이미지를 흐리지 않으려는 목적하에 행해지는 극단(劇團)의 검열, 극작가들 자신의 자기검열, 극작가들에 의한 수수께끼 같은 언어와 비유적 상황 및 주제의 사용, 계속해서 자유롭게 글을 쓰는 사람들의 전적인 주변화, 다른 작가들의 신경질적인 공격 등이 그것이다. 또한 몇몇 경우에는 투옥되거나 망명길에 오르고, 많은 경우는 침묵을 강요당했다. 이러한 상황에 대한 최종결과는 어느 독립적인 비평가에 의해 아이러니하면서도 정확하게 예시되었다.

> 연극과 삶의 관계는 장개석과 중국의 관계와 같다.
> 1. 장개석은 중국과 아무 상관이 없다.
> 2. 여기서 현재 이루어지는 연극은 삶과 아무 상관이 없다.
> 3. 연극은, 장개석과는 달리, 삶에 편입될 실제 가능성을 가지고 있다.

이제 각자 자신의 방식으로 침묵되었던 두 작가를 살펴볼 텐데, 이들은 이후의 더 젊은 연극 — 역시 입에 재갈이 물린 — 을 향한 다리로서의 역할을 했던 이들이다. 먼저 알폰소 사스트레(Alfonso Sastre: 1926년생)를 보고 더 간단하게 페르난도 아라발을 살펴보도록 하자.

1949년에 부에로 바예호가 자신의 《어느 계단이야기》를 초연했을 때, 훨씬 더 공격적이고 아마도 더욱 의식적으로 전후 스페인 연극계의 상황을 변화시키려는 움직임이 일고 있었다. 한편, 1945년에 이미 매우 다양한 젊은이들의 그룹이 '아르테 누에보'(Arte Nuevo)를 형성했는데, 여기에 바로 알폰소 사스트레도 있었다. 사스트레 자신의 말에 의하면, 그들을 단결시킨 것은 다름 아닌 "당대 부르주아 연극에 대한 역겨움"이었다. 이렇게 해서 연극계에서 사스트레의 다양한 면모들 중의 하나인 이론적인 것이 시작되었다. 이러한 이론의 시기는 사스트레와 호세 마리아 데 킨토(José María de Quinto)가 서명한 일종의 《사회 동요(動搖) 연극 선언문》〔*Manifiesto del Teatro de Agitación Social*, 1950년 10월호 〈시간〉(*La Hora*)〕으로 절정에 이르렀는데, 여기서는 '사회 동요(動搖) 연극'(*Teatro de Agitación Social*: TAS)에 대한 창조선언이 있었다. 계획된 항목들 중 하나는 다음과 같이 단호하게 표현돼 있다.

사회적인 금지도 없고 정치적 표현도 없는 증언.

이렇게 해서 사스트레가 일종의 "방종적 도덕주의"라고 규정했던 틀 내에서 파당적이지 않은 연극이 보호되었다. 사스트레도 데 킨토와 함께 정말로 품위 있고 반(反)부르주아적인 드라마를 위해 투쟁하는, 새롭고 더욱 일관성 있는 시도였던 '사실주의 연극그룹'(Grupo de Teatro Realista: GTR, 1960)의 선동자였다. GTR은 1961년에 세 편의 작품을 각색했고 중요한 《스페인 연극자료》(*Documento sobre el teatro español*)를 출판했는데, 여기에는 다음과 같은 내용이 실려 있었다.

> 예술이 현실에 대해 행하는 계시는 사회적으로 진보적인 요소이다.
> 여기에서 사회에 대한 우리의 약속이 구성된다.
> 사회적인 것은 예술적인 것보다 상위의 범주이다.
> 위대한 미학적 가치를 지닌 예술만이 세상을 변화시킬 수 있다.
> 예술가(또는 작가)는 예술작품 자체의 완성도에 의해서가 아니라 작품이 봉사하는 사회적 정화에 의해 정당성을 느낀다.

모든 것들은 분명했다. 사실주의적이고 사회적이며 인간적이고 윤리적인 연극, 순수하게 마르크스주의적인 정치극이 옹호된 것이다. 《드라마와 사회》(*Drama y sociedad*, 마드리드, 1956), 《리얼리즘의 해부》(*Anatomía del realismo*, 바르셀로나, 1965), 《혁명과 문화비평》(*La revolución y la crítica de la cultura*, 바르셀로나, 1970) 그리고 《상상에의 비평》(*Crítica de la imaginación*, 바르셀로나, 1978) 같은 다른 이론적인 연구들에서 알폰소 사스트레는 분명하면서도 진지하며 깊이 있게 연극과 문학, 문화에 대한 자신의 생각들을 밝혔다. 완전하면서도 진정한 지성의 본보기인 알폰소 사스트레는, 한편으로는 강력하면서도 열망하는 연극을 구성하고, 다른 한편으로는, 자신의 생각에 부합하는 삶을 살면서, 자신의 이론과 실천을 연결시켰는데, 이로 인해 먼저 그의 작품이 금지되었고, 이후 수감되었으며, 나중에는 망명길에 올라, 결국 고립되었다.

사스트레의 극작품에 대한 어느 연구는 시작부터 어려움을 제기하는데, 이 어려움은 우리 시대에 이르기까지의 후대 연극을 다룰 때 여러 번 등장한 것이었다. 그것은 일종의 '상연되지 않는' 연극으로서 검열에 의해 체계적으로 금지된 것이다. 실제로 우리가 아는 사스트레의 작품 스물다섯 편 중에서 단지 열 편만이 상연되었는데, 마지막 두 작품은 각각 1961년과 1967년에 상연되었다. 초기의 짧았던 상징주의적이고 초현실주의적 시대이자 형이상학의 위기시대를 거친 뒤에 사스트레는 《죽음을 향한 함대》(*Escuadra hacia la muerte*)라는 제목의 강력한 드라마로 자신의 진정한 연극이라고 부른 것을 시작했는데, 1953년에 초연된 이 작품은 세 번째 상연 이후 공연 금지되었다. 이러한 작품은 분명한 토대에서 시작하며 사스트레의 보다 더 전형적인 미래 작품형식을 잘 예고하였다. 사스트레 자신은 이에 대해 다음과 같이 말했다.

> 일상적인 다변(多辯)의 베일이 찢어지고 인간 존재의 진정한 현실이 분명해질 때, 우리 존재의 진정한 순간에 우리가 경험하는 고통을 우리는 연극에서 느낀다. 우리들의 진정한 가능성과 대면할 때 ⋯.

《죽음을 향한 함대》에 대해 사스트레는 몇 년 후 다음과 같이 말했다.

> (이 작품은) 새로운 세계대전의 위협적인 모습 앞에 항거하는 절규이며, 전쟁의 두려움을 위장하는 도구로 사용하는 위대한 언어들에 대한 부정이자, 이런 의미에서, 영웅주의와 죽음에 대한 모든 신비로움에 대한 부정이기도 하다. ⋯

1953년의 스페인에서 그것은 더할 나위 없이 충분한 것이다.

사스트레의 연극은 일종의 의식적인 감동의 부재(不在)와 엄격하게 이성적인 도식을 제공한다고 흔히 말한다. 그리고 그것은 그가 베르톨트 브레히트의 원리를 가장 가까이에서 따르는 스페인 작가—아마도 그는 유일한 스페인 작가일 것이다—이기 때문이라고 한다. 또한 적어도 그의 초기 작품에 있는 것은 장 폴 사르트르의 영향, 그의 앙가주망과 도덕에 대한 개념들의 영향이라는 것을 덧붙여야 할 것이다. 아무튼 사스트레의 기본생각은 사람은 혼자가 아니라는 것이다.

> 드라마는 전도체이다. … 관객은 비극을 통해 타인들의 부재와 소통한다.

일련의 급박한 사실주의적인 작품들이 《죽음을 향한 함대》의 뒤를 이었다〔《아나 클라이버》(*Ana Kleiber*)와 《신의 피》(*La sangre de Dios*), 《까마귀》(*El cuervo*) 같이 1955년과 1956년에 나온 주변 작품들과는 다른 이야기인데, 《까마귀》에 대해서는 나중에 언급할 것이다〕. 저질러진 행동에 대한, 개인적·사회적 수준에서 이런 일들이 함의하는 것에 대한 도덕적이고 집단적인 책임, 전횡과 순응주의, 억압과 불의에 대한 타락한 수용, 반항과 혁명 등이 모두 사스트레의 작품에 등장한다. 여기에 이데올로기적인 발전이 분명히 보이는데, 이는 두 문장에 의해 표시될 수 있을 것이다. "나는 두려워. 나는 혼자야. 나는 아주 먼 숲에 있지"(《죽음을 향한 함대》)와 "그러나 지금은 달라. … 지금 우리는 동료들이 있거든"〔《붉은 대지》(*Tierra roja*, 1954)〕이라는 말 사이에는 진정 심연이 존재한다. 그러나 어떤 경우이든 사스트레는 연극에 대한 자신의 생각이라고 선포했던 것을 항상 이루었는데, 그것은 "실제적인 것에 대한 연구와 투쟁의 형태"였다. 이렇게 《재갈》(*La mordaza*, 1954)에서는 알레고리적인 가족이 등장하는데, 이 가족은 누군가가 분명히 말할 결심을 하기까지 모두에 의해 받아들여진 범죄자인 가장(家長)의 전횡적인 공포정치에 굴종돼 있다. 《뿔로 받기》(*La cornada*, 1959)에서는 이른바 '국가적 축제'라는 투우의 숨겨진 면모가 드러나는데, 이는 투우사의 개인적인 상황—그의 공포, 그의 두려움—이상으로 대단히 중요한 것이다. 여기서 사스트레는 자본주의적이고 비인간적인 착취 가운데 투우를 탈신화(脫神話)하고 있다. 이는 《모두의 양식》(*El pan de todos*, 1953)과 《그 지역에서의 죽음》(*Muerte en el barrio*, 1955)에서도 마찬가지이며, 《그물 안에서》(*En la red*, 1959)에서는 매우 독특한 방식으로 나타난다. 《그물 안에서》의 사건은 특이하게도 스페인이 아니고, 프랑스 식민통치에 맞선 독립투쟁 기간의 알제리에서 전개된다. 이는 사스트레 자신의 말에 의하면 "비밀스런 사람의 인간 조건에 대한" 드라마로서 품위와 자유의 이름으로 된 깊이 있고 농축된 변론이다. 그 "감춰진 사람"이 단지 알제리 사람만이 아님은 분명하다. 이 드라마의 기본요소는 가혹하고 무자비한 리얼리즘인데, 이는 관객(예외적으로 《그물 안에서》는 1961년에 상연되었다)에게, 예를 들면, 정치범에 대한 고문같이 쉽게 잊힌 사실들 또는 엄연히 존재하는 줄 알면서도 잊고 싶어하는 사실들에 대한 분노를 유발하였다. 마지막 장면은 사스트레의 의도를 보여준다. 살아남은 마지막 레지스탕스가 동료들 중 하나의 주검 앞에서 관객 쪽을 바라보며 "살인자들"이라는 단 한마디를 한다. 실제로 우리 모두는 드라마의 일부인 것이다. 우리들 자신은 '질서'의 힘에 의해 저질러지는 범죄들과 폭력의 가담자이다. 아무도 그 책임에서 벗어날 수 없다. 그러나 틀림없이, 공포 가운데 희망이 있고, 앞으로 갈 길이 가리키는 밑바닥에 불빛 하나가 있다. 《그물 안에서》의

한 인물은 다음과 같이 외친다.

> 여러분들은 항상 남아 있는 날들이 얼마 없음을, 우리 배를 발로 차는 일이 사라질 것임을 기억하십시오. 아직은 우리가 피를 흘리고 있지만, 썩은 내를 풍기고 죽음의 냄새를 내는 것은 그 자입니다.

이런 식으로 역사의 모든 과정이 변증법적으로 변화되는 구조임이 밝혀진다. 그리고 그것과 함께 실질적이고 긍정적인 방식으로 극작품의 의식화 효과가 보완된다.

1967년부터 1975년이 꽤 지난 다음까지 알폰소 사스트레는 스페인 무대에 오르지 못했다. 그때까지 그가 썼던 글의 일부는 그 자신이 '뒤에서 두 번째 연극'(*Teatro Penúltimo*)이라고 부른 것을 구성한다. 이 '뒤에서 두 번째 연극'은

> 억압의 시기에 쓰인 연극이다. 그것은 일종의 보이지 않은 연극의 조각들로서 그것들이 쓰인 상황에 대해 증언한다. 그리고 아마 상상적 경험을 통해, 우리 시대 연극을 위한 몇몇 노선을 예시한다.

그것들은 또한 사스트레에 의해 '복합적 비극들'(*tragedias complejas*) 이라고 불리는 작품들이다.

> 이 경우에 복합적 비극은 장르와 시적 범주들의 페티시즘에 가시적 충격을 겨냥하고 있다.

이는 '단순한' 아리스토텔레스주의의 극복, 브레히트의 연극, 이른바 베케트풍의 전위, 자연주의와 에스페르펜토에의 시도인데, '총체적인' 언어를 사용하며 이 모든 것을 모든 표현의 수준과 결합시킨

다. 또한 사진과 슬라이드, 소리, 음악과 노래, 프로젝션, 모든 종류의 역사적 시대착오, 빛의 유희, 마네킹, 관객의 참여 등을 이용하기도 한다. '복합적 비극'은 다섯 편이다. 《피와 재》(*La sangre y la ceniza*) 또는 《미겔 세르벳을 위한 대화》(*Diálogos para Miguel Servet*, 1967)는 칼뱅에 의해 제네바의 화형대에서 고난을 당하고 죽은 아라곤 출신의 이단자인 미겔 세르벳[30]을 다룬 비극이다〔극작품보다 먼저 나온 《미겔 세르벳을 위한 붉은 꽃》(*Flores rojas para Miguel Servet*)은 같은 인물에 대한 전기적인 연구서이다〕. 《연회》(*El banquete*)는 어느 여배우와 그녀의 초기 경력, 그리고 사람에 의한 사람의 착취, 소외, 자기 자식들을 잡아먹는 사투르노, 심리적이고 사회적인 식인풍습 등의 내용을 담고 있다.

《환상적인 선술집》(*La taberna fantástica*, 1966)에서는 소외당한 이들과 하위프롤레타리아의 세계와 함께 거친 언어를 듣고 이 암울한 드라마를 목격하도록 독자들을 실제 유령들이 사는 선술집으로 초대한다.

> 진짜 유령들이 사는 이 선술집에서 이 거친 언어를 듣고, 이 암울한 드라마를 보라. 이는 자연주의와 '전위' 사이에 있는 미학적 연관에 대한 단순한 예증이 아니다. … 또한 그것은 돼지우리 같은 언어의 순수한 표본도 아니다. 비록 나한테는 그것을 쓰는 것이 더 편해 보이고….

《로마 연대기》(*Crónicas romanas*, 1968)에서는 비리아토(Viriato)[31]

---

30) 〔역주〕 미겔 세르벳은 칼뱅과는 다른 종교적 신념으로 인해 처형당했는데, 볼테르는 그의 죽음을 개신교에 의해 행해진 최초의 '종교적 살인'이라고 평가했다.

31) 〔역주〕 로마의 팽창에 대항해 싸웠던 지금의 스페인 엑스트레마두라 지방과 포르투갈 지역의 족장.

와 누만시아(Numancia)[32]의 이베리아 반도가 스페인 내전이나 나치의 독일, 베트남과 같은 20세기의 주제와 함께 끊임없이 엿보인다. 《우울한 동지》(*El camarada oscuro*, 1972)는 20세기 스페인에 대한 일종의 역사서술인데, 어느 반(反)영웅의 삶을 통해 이야기가 전개된다. 결국 경찰에 체포되어 시민묘지에 묻힐 때까지의 그의 삶이 작가인 사스트레 자신의 도움으로 이야기되는 것이다. '뒤에서 두 번째 연극' 내에 그러나 '복합적 비극'의 주변부에 《공포에 대한 연습》(*Ejercicios de terror*)이 있는데, 이는 〈오르탈레사의 프랑켄슈타인 박사〉(*El doctor Frankenstein en Hortaleza*)나 〈웁살라의 흡혈귀〉(*El vampiro de Uppsala*) 같이 짧은 에피소드에도 불구하고 사회적 공포에 대해 이야기하고 있다. 이 작품은 출판되지 않은 《자기(磁氣) 테이프》(*Las cintas magnéticas*) 그리고 1956년의 또 다른 작품인 《까마귀》(*El cuervo*)와 함께 《악마의 무대》(*El escenario diabólico*, 바르셀로나, 1973)라는 제목으로 출판되었다. 이런 전집 외에도 알폰소 사스트레의 작품이 하나 있는데, 이는 《아스카타수나》(*Askatasuna*)[33]라는 현대적이면서도 매우 시사적인 제목을 가지고 있다. 1979년에는 마드리드에서 《지금은 웃을 때가 아니여》(*Ahola no es de leil*)가 상연되었다.

페르난도 아라발(Fernando Arrabal: 1932년생)은 사스트레와 다른 경우이지만, 일종의 억압과 진압의 문화상황을 덜 대변하는 것은 아니다. 일반적으로 부조리극에 속하는 연극의 작가인 아라발은 상징주의와 초현실주의적인 요소를 가진 불길한 유머 — 유머가 있을 때 —, 내전, 불로 낙인찍힌 기억의 흔적과 함께, 그 자신이 밝힌 몇 가지

32) 〔역주〕 로마제국에 항거했다 지금은 사라진 스페인의 옛 지역.

33) 〔역주〕 '아스카타수나'는 '자유'를 의미하는 바스크어로 이러한 작품제목은 바스크 분리주의 단체인 ETA(바스크 민족과 자유)를 연상시킨다.

분명한 스페인적인 뿌리를 가지고 있다. 이런 뿌리는 세르반테스와 케베도, 공고라 같은 고전에서 시작해 고야, 솔라나, 피카소, 그리고 물론 유소년기의 두려웠던 개인경험 등에 의한 영감을 거쳐 라몬 고메스 델 라 세르나 같은 1936년 이전의 전위주의에 이르는 것이다. 또한 아라발은 산문으로 쓴 이야기들과 소설화된 매력적인 자서전인 《바알-바빌로니아》(*Baal-Babilonia*, 1977년 마드리드에서 출판)의 저자이며, 자서전에 기초한 〈죽음, 만세!〉(*Viva la muerte!*) 같은 전율적이면서도 놀라운 부뉴엘풍의 영화들을 만들기도 했다. 또한 대단히 품위 있고 용감한 자료인 《프랑코 장군에게 보내는 편지》(*Carta al general Franco*)도 잊지 말아야 한다.

1958년에 아라발은 스페인에서 상연한 최초작인 《세발자전거의 사람들》(*Los hombres del triciclo*)을 마드리드에서 상연했는데, 이것은 1977년에 《자동차 묘지》(*El cementerio de automóviles*), 《건축가와 아시리아의 황제》(*El arquitecto y el emperador de Asiria*) 그리고 《조국이여, 내 탄식을 들으라》(*Oye, Patric, mi aflicción*)를 상연하기까지 유일하게 그가 조국의 관객들과 접촉한 사건이었다. 1958년의 실패 후, 아라발은 프랑스로 떠났다가, 1967년에 귀국하여 묘한 사건으로 투옥된 후에는 아주 망명을 떠나버렸다. 그는 프랑스어로 글을 쓰고 파리에서 자신의 작품을 상연하며 살았는데, 1958년 이후 파리에서는 그의 작품들이 여러 편 출현했다. 결국, 7년 후 스페인에서는 그의 작품 중 아홉 편이 출판되었는데, 《연극》(*Teatro*, 마드리드, 1965)이라는 제목으로 〈자동차 묘지〉, 〈게르니카〉(*Gernica*), 〈2명의 사형집행인〉(*Los dos verdugos*), 〈세발자전거〉(*El triciclo*), 〈기도〉(*Oración*), 〈판도와 리스〉(*Fando y Lis*), 〈미로〉(*El laberinto*), 〈살해된 흑인을 위한 예식〉(*Ceremonia por un negro asesinado*) 등이 수록돼 있다. 그리고 그의 다른 작품들은 1977년에야 출판되었다. 스페인 문화계의 입장에서 볼 때 절반은 잃어버렸다가 세계적 명성의 프랑스 작가(예를 들어, 《건축가와 아시리아의 황제》는 유럽의 여러 무대에서 상연되었다)로 변신한 아라발의 경우가 유일한 경우는 아니다. 예를 들면, 좀더 온건한 수준에서 호세 가르시아 로라(José García Lora)는 영어로 영국에서 활동했다.

의심의 여지없이, 안토니오 부에로 바예호의 초기 사실주의에서 출발하여, 그리고 또 부분적으로는 알폰소 사스트레 — 적어도 몇몇 그의 이론적 가정에서 — 에서 출발하여 1950년대 중반에는 '리얼리즘 세대'라는 일반명칭하에 통합된 작가그룹이 떠오르기 시작했다. 어느 정도의 부침도 있고 또 중도포기도 없지 않았지만 이들 그룹은 언제나 상업연극의 한계, 그리고 물론 난폭한 검열에 맞서 싸우면서 오늘날까지 그 일을 계속해왔다. 이 그룹은 사이네테와 전통적인 풍속주의의 많은 요소들을 통합하고 또 에스페르펜토적인 바예-잉클란과 《베르나르다 알바의 집》의 로르카적인 요소들도 통합한다. 이렇게 해서 스페인의 사회 · 정치적인 여건을 과격하게 비판하는 연극이 탄생하는데, 이 연극은 대단히 스페인적인 좌표 내에서 불의와 착취를 내포하는 — 어느 비평가의 말에 의하면 — 주제를 사용한다. 이러한 작품에는 노동자와 중하류계급의 비참한 삶, 확립된 질서를 대변하는 이들의 위선과 그들이 상정한 가치에 대한 탈신화, '선한 양심'과 '여론' 그리고 '살아있는 권력'의 잔인함, 굴복당한 이들, 상처받은 이들, 주변인들의 인간적 조건 등이 드러나 있다. 그 그룹의 한 구성원인 로드리게스 멘데스(Rodríguez Méndez)가 말한 바에 의하면, 그들 모두는 연극이 현재의 조건하에 있어야 한다는 공통적인 생각에서 시작했다.

대중의 문제가 위기에 처해있고 대중의 문화가 단지 열망일 뿐일 때,

> 만일 연극이 그 시대 사회·문화를 반영하고자 한다면, 연극은 단지 사실주의적인 방식으로, 거의 과학적인 일종의 면밀한 리얼리즘으로써 그 위기를 고발할 수 있을 것이다.

그들 중 하나인 마르틴 레쿠에르다(Martín Recuerda)는 불가결한 언어로 이 연극이 '이베리즘'[34]인 이유를 지적했다.

> 나는 이베리즘이 사실주의 그룹을 지칭하는 가장 정확한 칭호라고 생각한다.… 우리 연극의 대부분이 폭력적이고, 무서우며, 잔인하고, 풍자적이며, 스스로에 갇혀 있고, 거만하고, 노호(怒號)하는 것이기에 이베리즘인 것이다. 그것은 우리가 태어난 대지에서 떠오른, 살아서 시뻘건 투우의 가죽이다.

호세 마르틴 레쿠에르다(José Martín Recuerda: 1925~2007)는 '이베리즘'의 최대 전형인 무서운 안달루시즘(*andalucismo*)[35]의 작가인데, 이러한 안달루시즘은 작가 자신이 명확하게 잘 구별한 두 시기로 나뉜다. 1기는 아무런 희망도 없는, 질식할 정도의 염세적인 시기로 《평야》(*La llanura*, 1954)와 《아트레우스[36]의 후예들》(*Los atridas*, 1954), 《광대와 남쪽 마을들》(*El payaso y los pueblos del sur*, 1956), 《돈 라몬의 소극(小劇)》(*El teatrito de don Ramón*, 1959) 같은 작품들로 대표된다. 2기는 위에서 인용한 마지막 작품의 초연에 뿌리를 두고 탄생했는데, 이에 대해 작가 자신은 다음과 같이 말했다.

> 연극에서는 용기를 격앙시키고 관객들과 맞서 싸우며 정면대치를 해

---

34) 〔역주〕 이베리아적인 성격, 특징을 의미.

35) 〔역주〕 안달루시아적인 성격, 특징을 의미.

36) 〔역주〕 그리스 신화의 인물로 아가멤논과 메넬라오스의 아버지.

> 야 한다. 나는 내 인물들이 언제나 반항할 것을, 언제나 양심을 고취시키고, 소리를 지르며, 절대로 가라앉지 않을 거라고 약속했었다. 왜냐하면 스페인인에게는 투쟁, 열정, 행동, 반항, 위로, 애정, 그리고 특히 우리들의 비참함 속에서 죽지 않는 것을 제공해야 하기 때문이다.

전환기의 작품이자 거친 리얼리즘과 그러한 주제 — 일하는 마을에서 돌팔매질 당하고 쫓겨난 어느 여선생의 이야기이다 — 를 가진 《길가의 메마른 지푸라기처럼》(*Como las secas cañas del camino*, 1960; 그러나 상연은 1965년) 이후 대담하고, 그의 말에 의하면, 반항적인 마르틴 레쿠에르다의 시기가 시작되는데, 이 시기의 작품으로는 《푸엔테 헤닐의 야생녀들》(*Las salvajes en Puente Genil*)과 《그리스도》(*El Cristo*), 《산타 마리아 에힙시아카 수녀원의 여인들》(*Las arrecogías del beaterio de Santa María Egipcíaca*)이 있다. 《푸엔테 헤닐의 야생녀들》에서 마르틴 레쿠에르다는 별 볼일 없는 잡지회사가 안달루시아의 한 마을에 도착하는 것을 동기로 별로 흔치 않은 폭력과 공격성의 광경, 야만적인 불관용 그리고 예술가들로 상징화되어 있는 자유의 광경을 무대에 올린다. 《그리스도》에서는 광신적이고 좀 미신적인 종교가 근대적인 사제와 맞선다. 그리고 《산타 마리아 에힙시아카 수녀원의 여인들》에서 마르틴 레쿠에르다는 결국 마리아나 피네다에 대한 로르카적인 주제로 귀환한다.[37] 그라나다 출신인 마리아나 피네다는 정치극에서, 또 무대와 거실, 배우와 관객, 인물들과 스페인 역사가 진정으로 일관성 없이 혼합된 총체적인 볼거리에서 19세기의 자유로운 여걸(女傑)이었다. 그럼에도 불구하고, 마르틴

---

37) 〔역주〕 가르시아 로르카는 19세기에 자유주의를 위한 투쟁을 했던 그라나다 출신의 여걸 마리아나 피네다(Mariana Pineda)를 소재로 희곡 《마리아나 피네다》(1927)를 썼다.

레쿠에르다의 연극에 대한 반론의 여지도 있다. 거친 내용과 표현에도 불구하고, 그의 많은 작품들이 검열을 통과할 수 있었다는 것은 아마도 스페인적인 전율주의가 겉보기보다는 덜 효과적이었음을, 그리고 그 반대로, 체제에 의해 상대적으로 수월하게 소화흡수될 수 있었음을 의미하는 것이다. 마치 카밀로 호세 셀라의 소설에서와 같이 말이다.

카를로스 무니스(Carlos Muñiz: 1927년생)는 다큐멘터리적인 리얼리즘과 비판적인 신표현주의 사이에서 머뭇거린다. 한편, 그는 연극적으로 말해서 현대 스페인 무대의 난폭한 모순들 가운데 용해돼버린 작가이다. 무니스의 주제는 소(小)시민들과 중간계급 구성원들의 삶의 좌절에 기초하는데, 19세기의 잘 알려진 작품들을 즉각적으로 상기시키는 특징을 가지고 있다. 이러한 작품으로는《귀뚜라미》(*El grillo*, 1957)와《꿈의 상(賞)》(*El premio de los sueños*, 1958),《잉크병》(*El tintero*, 알폰소 사스트레의 GTR에 의해 1961년 상연됨) 등이 있다.《어느 색소폰 독주》(*Un solo de saxofón*, 1961)와《어려운 할머니들》(*Las viejas difíciles*, 1961)은 미국의 인종적 증오와 스페인의 불관용같이 매우 다른 두 현실을 의도적으로 왜곡한 작품이다. 1980년에 그는《차분하기 그지없는 돈 카를로스 왕자의 희비극》(*Tragicomedia del serenísimo príncipe Don Carlos*)을 초연했는데 상연 몇 년 전에 쓰인 이 작품은 펠리페 2세를 탈신화화하려는 것으로 당시에는 검열의 그물을 빠져나갈 수 없었던 작품이었다.

호세 마리아 로드리게스 멘데스(José María Rodríguez Méndez: 1925년생)는 독립적인 그룹이나 연극 페스티벌에서 약간의 작품만 초연된 다작가(多作家)인데 상업극단에 의해서는 매우 드물게 상연되었다. 그는 몇 번의 시도 뒤인 1958년에야 최초의 완성도 있는 작품인《나무로 된 열차》(*Vagones de madera*)를 발표했는데, 이는 스페인 연극계에서 실제적으로 다루지 않았던 모로코 식민지 전쟁과 군인들의 희생을 다룬 작품이었다. 《몽클로아의 죄 없는 이들》(*Los inocentes de la Moncloa*, 1960)에서는 그 희생자들이 매우 다른 차원에서 다시 등장하는데, 이들은 여기서 반대편으로 변화되어 있다. 카르타헤나의 지방분권적인 반란을 주제로 한 《카르타헤나의 분필로 그은 원》(*El círculo de tiza de Cartagena*, 1960)은 어리석고 순진한 이들과 죄인들의 현혹적인 세계를 창조하는데, 여기에는 명백하게 브레히트적이며 에스페르펜토적인 요소들, 세르반테스의 최고 엔트레메스(*entremes*)의 요소들이 모여 있다. 그 외의 작품들로는 "근교의 사이네테"인 《베르둔 전투》(*La batalla de Verdún*, 1961), 《검은 손》(*La Mano Negra*, 1965), 《핑가호와 판당가의 유명했던 결혼》(*Bodas que fueron famosas del Pingajo y la Fandanga*, 1965), 《마드리드의 소외당한 이들》(*Los quinquis de Madrid*, 1967), 《몇 사람들의 이야기》(*Historia de unos cuantos*, 1970; 상업적으로는 1975년에 상연됨) 등이 있다. 역사적이고 에스페르펜토적인, 일종의 신자연주의의 창조자인 로드리게스 멘데스는 다음과 같이 아주 명쾌하게 자신의 연극과제를 요약한다.

> 이베리아의 가치는 매장되었고, 그것을 빛 가운데 꺼내 놓는 것은 부끄러웠다. 그것은, 자신들에게는 더욱 편안하고 더욱 '장식적'인 제단 벽의 전시를 통해, 직·간접적인 방법으로 그 가치를 오염시켰고 또 그것을 늘 감추려는 이들에게는 부끄러운 일이었다.

역사주의적인 내용은 없지만 신자연주의와 에스페르펜토 사이에 있는, 리카르도 로드리게스 부뎃(Ricardo Rodríguez Buded)은 《동물의 소굴》(*La madriguera*, 1960)과 《자고 있는 한 사람》(*Un hombre duerme*, 1960), 《떠버리》(*El charlatán*, 1962)의 작가인데, 세 작품 모두 상연 · 출판되었다.

기법적인 것과 주제 면에서 그 그룹 내에 있는 안드레스 루이스(Andrés Ruiz: 1928년생)는 여러 모로 특별한 경우이다. 독학을 한 그는, 공산당원의 아들이자 그 자신도 공산주의자였는데, 망명, 수감 그리고 결국에는 추방을 경험했으며, 1957년과 1962년 모스크바 국제페스티벌에서 수상한 《어깨 위의 전쟁》(*La guerra sobre los hombros*)과 《기다림》(*La espera*) 두 작품의 저자이다. 그의 연극경력은 이미 1949년에 시작되었지만 다큐멘터리적이고 자연주의적인 특징을 지닌 그는 스페인에서는 완전히 무명이었다.

아마도 이 그룹 내에서 가장 특징 있는 라우로 올모(Lauro Olmo: 1923년생)를 끝으로 현대 사실주의 연극에 대한 언급을 마칠 텐데, 그는 《열두 편의 이야기와 또 하나의 이야기》(*Doce cuentos y uno más*, 1955) 그리고 1957년 나달문학상 최종경선작인 《어제, 10월 25일》(*Ayer, 25 de octubre*) 두 소설로 문학계에 등장한 작가이다. 1962년에 초연한 처녀작 《셔츠》(*La camisa*)는 당시에 괄목할 만한 성공을 거두었다. 작가는 아주 분명하게 "사건은 1960년 10월과 11월에 마드리드에서 발생한다. 이른바 경제안정계획(Plan de Estabilización)의 시기인 것이다"라고 말하는데, 이 경제안정계획은 그 첫 결과로 유럽의 여러 나라들 특히 독일로의 이주노동자의 커다란 증가를 가져왔다. 올모는 그러한 이민을 가능하게 한 사회적 조건을 중심으로 드라마를 하나 만들었는데, 스페인의 수도를 띠처럼 둘러싸고 있는 판자촌에서의 빈곤과 배고픔, 두려움과 교양 없음을 다루었다. 《셔츠》는 호아킨 디센타(Joaquín Dicenta)의 《후안 호세》(*Juan José*) 스타일의 노동극의 부활이라는 희한한 경우인데, 진정한 리얼리즘, 풍속주의 그리고 순전히 감상적인 기형적 요소들이 혼합된 작품이다. 알폰소 사스트레는 자신과 GTR이 1961년에 라우로 올모의 작품을 거절했음을 밝혔다.

> 왜냐하면 그 작품은 포퓰리즘적인 작품 같았기 때문이다. 이듬해 (1962년) 《셔츠》는 대단히 성공적으로 상연되었고 우리는 정말로 기뻐했다. 그것은 우리 '스타일'은 아니었지만, 주제의 중요함과 진지함으로 인해 우리는 그 작품을 '타인의 스타일'로 받아들였다.

그리고 올모 자신도 《셔츠》—그의 모든 연극에 대한 총체적인 가치가 있는 작품—에 대해 이미 위에서 인용한 리얼리스트인 마르틴 레쿠에르다가 설명한 것과 비슷한 말을 했다.

> 여기에 정말로 피가 돌게 하고, 작품들이 오븐에서 갓 구워낸 것처럼 따끈따끈하도록 해야 한다. … 관객을 대면하는 쓰인 연극을 진보시켜야 하는 것이다.

《정어리 가슴살》(*La pechuga de la sardina*, 1963)과 《육체》(*El cuerpo*, 1966), 《잉글리쉬 스포큰》(*English spoken*, 1968)은 올모의 연극적인 궤적의 연속선상에 있다. 숨 막히는 분위기, 선입견, 위선적인 교리와 도덕, 압력, 포퓰리즘적인 자연주의와 알레고리적인 에스페르펜토 사이에 있는 모든 것이, 그 비판력을 잃지 않고, 공연된 이 세 작품을 특징짓는 것이다. 라우로 올모는 1964년에서 1972년 사이에 관객과의 만남에 성공하지 못한 일련의 작품들도 썼다. 《네 번째 권력》(*El cuarto poder*)은 신문 소식란을 중심으로 한 "희비극적인 만화경"이고, 《훈장》(*La condecoración*)은 내전의 승자인 부모와 반항하는 자식들의 이야기이다. 《마레 노스트룸》(*Mare Nostrum*)은 유럽의 관광지로서 스페인 매각에 대한 것으로, 성(性)적인 것에서 고야(Goya)풍의 은밀한 야회(夜會)로 평가받은 장면들이 나오는데, 이는 후안 고이티솔로의 최근 소설을 상기시킨다. 《소(小) 광장》(*Plaza Menor*) 에서는 시간의 흐름에 따른 스페인 국민의 노예성과 무능력, 좌절을 이야기하고, "모든 계급들을 위한 엉터리 아동드라마"인 《위대한 레오니다스》(*Leónidas el Grande*) 는 독재에 대한 풍자로서 라퐁텐(La Fontaine)[38] 에게서 영감을 받은 '교훈적 우화'이다. 상연된 그의 마지막 작품으로는 "중세의 짧은 편년기"인 《잘린 가슴의 이야기》(*Historia de un pechicidio*, 1975) 와 《훈장》(1977) 이 있다. 그는 필라르 엔시소(Pilar Enciso) 와 함께 《총회》(*La Asamblea General*, 1960) 같은 흥미로운 아동극을 쓰기도 했다.

2D. '발전'의 길에서. 노비시모와 최근 시기

아직 최근 10년 동안의 문학작품을 세밀하게 분석하기 위해서는 시간적 거리가 충분하지 않다. 또한, 여기에 그 기간 동안 출판되고 쓰이고 공연된 시, 소설, 극작품의 단순한 목록을 제시하는 것도 의미가 매우 적을 것이다. 대신 우리는 최근 10년 또는 15년간 생산된 문학작품의 주된 경향을 선 굵게 표시하고 또 그것과 스페인 사회와의 기본적인 변화들과의 관계를 분석할 것이다.

사회적 리얼리즘이 1965년경에는 이미 위기상태에 들어간 것 같았음을 우리는 살펴보았다. 단지 출판량이 줄어들었을 뿐 아니라 앞 장에서 언급했던 시와 소설에 대한 공격이 카페의 대화(여기서 사람들은 '배추' 문학[39] 에 대해 말했다) 에서 잡지와 책으로 확산되었던 것이다. 기본적으로 사실주의적인 소설과 시는 '내용주의'(즉, 절대적으로 내용

38) 〔역주〕 프랑스의 시인이자 우화작가.

39) 〔역주〕 사회적 리얼리즘 계열의 작품을 비하한 표현.

에만 관심을 가지고 있다고)라고 불리는 지점에서 비난받았고, 개념의 도식화로도 비난받았으며, 그에 따라 소설과 시에서의 언어와 구조 같은 문학 고유의 요소들에 대한 무관심으로도 비난받았다. 여기서는 그러한 공격이 어떻게 시작되었는가를 따라가지는 않을 것이다. 다만 '사회' 시인들이 그런 사실에 대해 가지고 있는 의식이 그들의 시학에 반영되었고 그것이 레오폴도 데 루이스의 시선집에 수록되었다는 것을 기억하는 것으로 충분할 것이다. 《사회시》(*Poesía Social*, 초판일은 1965년 5월)라는 제목을 단 레오폴도 데 루이스의 시선집은 실제로 한 시대를 마감하는 책이었다.

앙헬 곤살레스의 말에 의하면 "최근 사회시에 대해 매우 부정적인 많은 비판을 듣고 읽었음"에도 불구하고 이 시선집은 출판되었다. 이에 호세 이에로는 만일 "얼마 전까지 많은 이들에게 시인이 '사회' 시인이 아니라면 그 시대의 시인이 아니라는 생각은 일종의 거의 자명한 이치였다. … 이제 대부분의 젊은이들은 사회시는 한물갔다고 생각한다. 이제 사회시는 벤치에 앉아 쉴 때가 온 것이다"고 언급했다. 따라서 몇몇 사람들의 망설임은 이상한 것이 아닌데, 다음은 그 중 빅토리아노 크레메르의 말을 옮겨 놓은 것이다.

> 사실 나는 어떤 현상이 '사회시'의 현상인지 아주 솔직하면서도 명확하게 밝힐 때가 이미 도래했는지 잘 모르겠다. 그 사회시에 대해서 사람들은 두려워하며 그 시적인 형식보다는 비밀스런 음모의 형태를 다루는 듯하다. 나는 그러한 분류로 인해 맨 처음 놀란 사람이 나 자신이라고 말할 수 있다. 왜냐하면 나는 한 번도 내 시가 유행에 따른 분류에 포함될 거라고 예상하지 않았기 때문이다. … 시를 지칭하는 '사회적'이라는 명칭이 현재는 분명 많은 이들, 아주 엄격한 훈계자들을 감안하고 있음을, 또 그 개념을 교정볼 때가 되었음을 우리는 잘 알고 있다.

그러나 레오폴도 데 루이스의 시선집에 포함된 모든 시인들이 물러날 준비가 돼 있던 것은 아니다. 예를 들면, 로페스 파체코는 다음과 같이 말했다.

> 얼마 전까지 그리고 수년 동안 이른바 '사회시'는 스페인에서 절정에 도달해 있었다. 그 결과 그것은 유행이 되었다. 사회시의 절정은 몇몇 사람들을 화나게 했고 유행은 '사회' 시인들을 포함한 모든 이들을 분노케 함으로 끝이 났다. … 얼마 전부터, 이념적으로 잘 어울리지 않는 그런 입장으로의 공격을 포함해, 사회문학, 사회시를 공격하는 것이 유행이 되었다. … 나는 미학적인 사회시를 믿는다. 사회적인 것은 미학적인 것을 제거하지 않는다. 오히려 그 반대이다. 특히, '미학적인'이라는 단어가 느낌을 의미하는 그리스어 동사에서 유래함을 고려한다면 … 사람들이 뭐라고 하든, 또 몇몇 사람들이 '사회적'이라는 형용사에 큰 부끄러움을 느낀다고 해도 스페인에서 사회시의 절정은 지속될 것이다. 왜냐하면 사회시가 많이 그리고 때로 양질(良質)로 계속 출현하기 때문이다.

분명 이와 같은 입장에 동의해서 가브리엘 셀라야는 진행되던 논쟁을 무시하고 1959년에 쓰인 작품을 1965년의 '시학'을 대변하는 시선집을 위해 제출했다. 시선집에 등장한 가장 젊은 2명의 시인 중 하나인 카를로스 사아군(1938년생)은 확신에 차서 "사회시는 실질적으로 다수의 시이다. 그것은 분명한 비판적 성격을 가지고 있으며 누가 보아도 불의한 상황을 우리에게 제시하며 돌출되려 한다"라고 썼다. 한편, 블라스 데 오테로는 자신이 말한 것을 행동하는 매우 그다운 방식으로 편집자에게 자명한 산문이 아닌 세 편의 시(1963년에서 1965년 사이에 쓰인)를 보냈는데, 이 시에는 '사회시'가 논쟁적으로 계속 존재함이 분명했다. 다음은 〈(시적인) 짧은 편지〉〔*Cartilla* (*Poética*)〕라는 제목이 붙은 오테로의 첫 번째 시의 몇 연들이다.

시는 자기 권리를 가지고 있다.
나는 그것을 안다.
나는 종이 앞에서
잉크 땀을 흘리는 첫 사람이다.

시는 언어를 만든다.
나는 그것을 안다.
그것은 사실이고 또 계속해서 사실일 것이다.
그것을 뒤집어 말해도 그렇다.

……

시는 존재의 본질과
관계있다.
그것을 그렇게 많이 반복하지는 말라,
내가 그것을 안다고 다시 말하니.

이제 이의가 제기된다.
시는 자신의 의무가 있다.
그것은 학생과 마찬가지다.
시와 나 사이에 일종의 사회적
계약이 있다.

……

아, 가장 놀라운 언어들인,
'장미', '시', '바다'는

순수한 엠(m)과 오(o), 에이(a) 같은
다른 글자들…

……

그러나 나는 하늘을 보러 온 게 아니다,
그대에게 밝힌다. 기본적인 것은
존재이다; 이 계급
혹은 다른 계급에
있다는 의식.

그것은 일종의 기본의무이다.

그의 두 번째 시의 마지막 부분은 다음과 같다.

나는 구름을, 지나가는
경이로운 구름을 사랑한다. … (보들레르가 그렇게 말했다.)
얼굴을 돌려라. 그대들은 우리가 사는 시간을 건너기 위해
다리를 놓고 있다.

이렇게 해서 1970년에 출판된 카스테옛의 시선집 《9인의 노비시모들》(*Nueve novísimos*)[40]에 의해(즉, 바랄출판사에 의해) 선정된 젊은 시인들이 어쩔 수 없이 관계하는 논쟁이 시작되었다.

사실 누군가가 '전환기'라고 부른 여러 시들(예를 들면, 클라우디오 로드리게스나 프란시스코 브리네스; cf. VI. 2A)과 몇몇 최고 '사회' 시인들(앙헬 곤살레스, 호세 마누엘 카바예로 보날드, 하이메 힐 데 비에드마)의 발전에도 불구하고 시에 관해 이 시기의 의미 있는 것은 시 생산

---

40) 〔역주〕 '노비시모'(*novísimo*)는 신예(新銳) 작가란 의미.

그 자체보다 논쟁이었던 듯하다. 소설에서는 그렇지 않았다. 소설에서는 이전 10년 동안을 지배했던 리얼리즘을 실질적으로 시장 밖으로 보내버릴 일련의 소설들의 출현이 기본적인 것이었다. 이 소설들은 그에 상응하는 '이론'과 함께, 그리고 《침묵의 시간》의 중요성과 관계하고 또 그때까지 스페인에 알려지지 않고 주변적이었던 '세계'의 문학과 중남미문학의 '붐'과 관계되어 나타났다.

분명 1965년에도 다니엘 수에이로(Daniel Sueiro: 1931년생)의 《이들이 그대의 형제들이다》(*Estos son tus hermanos*, 1960년에 쓰인) 같은 작품이 등장했다. 이 작품에서는 비판적 의도의 리얼리즘을 특징짓는 직접적인 방식 — 그러나 검열과 투쟁하는 가운데 — 을 통해 망명생활 후 스페인으로 귀국해서 "형제들"과 적들 사이의 갈등으로 인한 정치·도덕적 고통을 겪는 어느 망명객의 이야기를 하고 있다. 같은 해에 출판된 후안 마르세(Juan Marsé: 1933년생)의 《테레사와의 마지막 오후》(*Últimas tardes con Teresa*)도 대단히 중요하다. 여기서는 작가의 심오한 계급의식에 기초한 이 작품에서는 리얼리즘이 선회하면서 공격적이고 격렬한 기법과 주제를 통해 풍성해진다. 이러한 격렬함은 스페인 사회의 변화(이에 대해서는 곧 다룰 것이다)에 상응하는 것으로 비평 관련 분야를 풍성하게 해주었다. 마르세는 루이스 고이티솔로처럼 자신의 방식으로 리얼리즘 내에서의 혁신자가 될 것이었다. 그러나 1965년에서 1975년 사이의 스페인 소설의 중심경향은 그의 것은 아닌 듯하다. 1966년에 이미 후안 고이티솔로는 《신분증명》(*Señas de identidad*)으로 리얼리즘과 거리를 두었는데, 이 작품에서는 ("국가와 국민의 삶이 회복"하는 데 기여하려는 의도와 함께) "적어도 이 시대의 기록"을 남겨 놓으려는 분명한 의도가 자서전적이라고 할 수 있을 내면적인 이야기로 귀결된다. 그리고 그 글쓰기 과정에서 작가는 자신을 '사회적 리얼리즘'으로부터 거리 두게 하는 '신분증명'

을 발견하게 된다. 이후 비록 그 자체 내에서의 차이는 있지만, 후안 베넷(Juan Benet)의 《그대는 돌아오리라》(*Volverás a región*, 1967), 알폰소 그로소의 《이네스 저스트 커밍》(*Inés just coming*, 1968), 후안 고이티솔로의 《돈 훌리안 백작의 복권》(*Reivindicación del Conde don Julián*, 1970), 후안 베넷의 《명상》(*Una meditación*, 1970), 곤살로 토렌테 바예스테르의 《J. B.의 가문/도주》(*La saga / fuga de J. B.*, 1972), 후안 가르시아 오르텔라노(Juan García Hortelano)의 《메리 트리뷴의 위대한 순간》(*El gran momento de Mary Tribune*, 1972), 호세 안토니오 가브리엘 이 갈란(José Antonio Gabriel y Galán)의 《자료》(*Punto de referencia*, 1972), 또는 호세 마누엘 카바예로 보날드의 《마노 고양이 눈》(*Ágata ojo de gato*, 1974) 같은 작품들—언어적으로 풍부하고, 구조적으로 복합적이며, 모두 다 읽기 어려운 작품들이다—의 연속적인 출현은 증언적 리얼리즘과 거리를 두었음을 분명히 가리키고 있다(증언적 리얼리즘은 가능한 한 최대의 독자를 확보하려는 의도로 인해 단순한 내러티브를 제시하는 것이 그 중심 미학이요 미덕이었다).

문학 경향의 전체적인 변화(또는 단절)가 어느 면에서 그 독자적인 문체가 발전한 결과로 여겨질 수 있다면, 사회문학의 거부와 '새로운 소설'의 출현이 리얼리즘의 한계와 고갈의 결과라는 것에는 이의가 없어 보인다. 그리고 그러한 고갈은 새로운 표현형식을 모색하게 하였다. 이런 의미에서, 모든 비평가들이 인정하는 '붐'으로 불리는 중남미 소설의 결정적인 영향을 결코 무시할 수 없을 것이다. 1962년에서 1967년 사이, 즉 리얼리즘과의 결정적 단절시기 동안 바르가스 요사(Vargas Llosa)의 《도시와 개들》(*La ciudad y los perros*)과 《녹색 집》(*La casa verde*), 코르타사르(Cortázar)의 《라유엘라》(*Rayuela*), 카르펜티에르(Carpentier)의 《빛의 세기》(*El siglo de las luces*), 가르시아 마르케스의 《백 년 동안의 고독》(*Cien años de soledad*), 레사마 리마(Lezama Lima)의 《파라디소》(*Paradiso*) 등이 출판되어 직·간접적으로 유포되었음을 기억해야 한다. 이 모든 소설들은, 당대의 비평에 의하면, 문학 생산의 유일한 기본 '현실'인 언어에 최상의 층위를 부여하면서 중남미 문학의 증언적 경향과 단절하였던 것이다. 여러 번 인쇄된 《녹색 집》과 수십만 부 판매된 《백 년 동안의 고독》의 대부분은 중남미에서 유포된 것으로 추정된다. 그러나 스페인 시장에서도 잠재적 독자는 최대의 포화상태에 이르렀다는 사실 역시 자명하다. 따라서 여기서는 몇몇 사람들이 중남미 '붐' 소설의 '직접적인' 영향이나 '진정한' 품질에 대해 야기하려고 했던 논쟁, 또는 '붐' 소설이 편집자들(기본적으로는 세익스-바랄출판사의 편집자들)에 의해 생산되었는가 그렇지 않은가에 대한 문제는 다루지 않을 것이다. 사실 그 충격은 중남미 못지않게 스페인에서도 엄청났었다. 우리는 여기서 '붐' 소설에 대한 무수한 기사목록이나 출판사 숫자를 넘어, 1960년대 중반부터 매우 최근까지 또는 바로 지금까지 절대적으로 중남미 소설에 파묻혀 살아온 교양 있는 스페인 독자의 존재에 대한 자서전적인 증언을 하려는 것이다.

그러나 변화의 윤곽을 잡아 나가는 문학적 분위기를 포착하기 위해서 — 리얼리즘의 고갈 이외에 — 중남미 소설의 충격적인 영향을 고려하는 것으로는 충분하지 않다. 그 새로운 경향이 여러 작가와 비평가들에 기대고 있던 문학이론과 같이 도래했다는 사실이 강조되어야 할 것이다. 그 작가들과 비평가들의 이름, 그리고 문학과 언어에 대한 그들의 논문들은 거의 주술적인 방식으로 학술회의나 신문기사 또는 인터뷰를 통해 여러 번에 걸쳐 반복되었는데 그들의 명단은 파운드(Pound), 로리(Lowry), 무질(Musil), 브레통(Breton), 보르헤스(Borges), 루이스 캐롤(Lewis Carroll), 횔덜린(Hölderlin), 옥타비오 파스(Octavio Paz) 등이었다. 그리고 시간이 지나면서, 구조주의와 러시아 형식주의, 롤랑 바르트(Roland Barthes) 등이 언급되었다. 스페인의 출판산업이 츠비탕 토도로프(Tzvetan Todorov)와 줄리아 크리스테바(Julia Kristeva)를 필두로 '신비평'에 대한 번역서들을 출판한 것도 이상한 일이 아니다. 또 대서양 건너에서 옥타비오 파스가 〈플루랄〉(*Plural*)지〔지금의 〈부엘타〉(*Vuelta*)〕에 참여한 것도 그런데, 반면 다른 이념성향의 출판물들은 아주 조금만 알려졌었다. 막연하면서도 혼돈스럽게, 그러나 독특하면서도 또 집요하게 이 모든 것은 하나의 중심적인 생각에 대한 주의를 촉구하는데, 그것은 문학작품은 일종의 언어적 구조물이며, 그러기 때문에, 그 미학적 품질은 '내용'과 독립적이라는 것이다. 또는 내용은 형식이라는 형식주의의 중심원리를 멋대로 해석하는 것이다. 1960년대 말경 오랜 전통을 지닌 그런 사고와 모든 지역에 퍼져있던 그 생각의 다양한 변종들을 정리하면서, 후안 고이티솔로는 1974년에 "문학 텍스트는 사상, 감정 또는 감동이 아니라 언어로 쓰이는 것이다"라고 말했다. 이러한 명제는 그 가장 엄밀하고 — 그러기 때문에 — 제한된 의미에서 절대적으로 올바른 것(언어가 아니고서 어떻게 '물질적'으로 글을 쓰겠는가?)으로, '리얼리즘'을 향한 직접적인 공격이 되었다. 이 리얼리즘은, 우리가 지적한 대로, '내용주의적'('내용'이 '사상'이며 '감정'일 것이다)이라고 비난받는데, '내용주의'에서는 그 생산물로서의 언어가 실패했다는 것이다. 글쓰기의 '재료'는 언어라는 분명하면서도 기본적인 것에 대한 오해는, 모델이나 거장 또는 선례들을 모색하는 가운데, 논리적으로 당연하게도, 문학작품으로 지시대상 없는 현실 자체를 만들려고 했던 작가들을 찾아나섰다. 이 작가들은 '신화'를 '역사'에, 꿈을 불면에, 미스터리를 명백함에, 회피를 참여에 대립시키는 이들이었다. 이렇게 해서, 예를 들면, 중남미 소설의 부인할 수 없는 '리얼리즘'(그것은 원하든 원치 않든, 집요하게 우리를 아메리카의 사회·역사적 현실과 연결시킨다)

에서 수입된 것은 그 '마술적' 조건일 것이다. 이렇게 루이스 캐롤의 작품과 모든 환상문학(보르헤스 또는 자족하는 '형식'으로서의 탐정소설)에서처럼, 권위 있는 교훈과 매력은 그 언어적 생산 그 자체로 인해 문학작품이 닫힌 체계임을, 그것은 절대적으로 언어 위에 세워지고 배타적으로 우리를 언어에 관계시킨다는 것을 보여준다. 이것으로 우리가 이미 '서설'(序說: *Explicación previa*)에서 다루었던 러시아 형식주의자들의 몇 가지 생각이 혼란에 이를 정도로 극단화되고, 예를 들면, 델라 볼페(Della Volpe)에 의해 분명하게 전개된 마르크스주의의 중심명제 중의 하나인 "문학은 사상으로 만들어진다"라는 것이 고이티솔로의 말에서 직접적으로 부인된다. 이는 이상한 것이 아니다. 이 당시의 논쟁들을 연구해 보면 '사회'문학에 대한 공격이 마르크스주의에 대한 공격을 동반하고 있음을 볼 수 있는 것이다.

우리는 중남미 최고의 소설들이 엄청난 판매를 거두었음을 언급했고 또 '교양 있는 독자들'에 대해서도 말했다. 한 권의 책이 하나의 상품이라는 사실에서 출발하여, 우리는 '교양 있는' 대중(따라서 부르주아 사회 전체에서는 소수이다)을 겨냥하고 또 충분히 보급되어 그들에 의해 소비된 문학이 출판사들의 호황을 이루었다는 것에 대해 문제를 제기해야 한다. 이는 우리로 하여금 문학생산에서 지배적인 경향의 변화, 그리고 결정적으로는 '경제안정계획'(*Plan de Estabilización*, 1959)과 '제 1차 발전계획'(*Primer Plan de Desarrollo*, 1964) 이후 스페인에서 일어난 사회·경제적 변화 사이에 존재할 수 있는 관계에 대해 생각하게 한다.

한국전쟁의 뒤를 잇는 미국에서의 경제위기와 1950년대 말의 경기회복에 대한 불안한 기미 뒤에, 1960년대는 세계적인 차원에서 자본주의 경제의 지배적인 성장, 즉 (다름 아닌 '붐'을 의미하는) 폭발이 특징이 된다. 이는 메트로폴리스와 미국, 그리고 유럽공동시장(Europa del Mercado Común)에서뿐 아니라 자본주의 경제의 헤게모니를 쥐고 있는 중심국들에 종속된 '저개발' 국가들에서도 분명히 나타나는 현상이었다. 메트로폴리스와 식민지 관계에서의 제국주의에 의해 만들어진 종속구조로 인해, 저개발 국가들의 '개발'은 독자적인 것이 아니고 또 그렇게 될 수도 없다는 사실을 곧 보게 될 것이었다. 또한 '저개발'에도 불구하고, 부자 나라들과 가난한 나라들 사이의 거리는, '저개발' 국가 내에서 빈부의 차이가 커지는 것과 마찬가지로 기하급수적으로 커진다는 것을 알게 될 것이었다. 그럼에도 불구하고, '개발'의 길에 들어선 나라들에게는 행복한 시기였다. 체계의 중심에 있는 나라들에서의 소비증가로, 신식민화된 국가들은 원자재 수출을 증가시켰고, 이렇게 얻은 자본에, 테크놀로지의 수입이 더해져, 불안정한 산업화의 시작을 독촉하는 투자자본과 거대 차관(엄청난 이자)의 투입이 더해졌다. 그 모든 차관에 의해 부담을 받는 저개발의 산업이 세계적 수준에서 경쟁력이 없어지는 것은 중요하지 않았다(사람들은 '아직'이라고 생각했다). '개발주의'의 이론과 실제는 독점자본—이는 초국가적 산업에서 판별가능한 실체를 얻기 시작했다—의 통제하에 있는 '저개발' 국가들의 내수시장의 성장을 겨냥하고 있었는데, 이는 그 고전적 유희(메트로폴리스에 의한 원자재와 식품의 수입; 신식민지로의 생산품 수출)를 계속해 나감과 동시에, 이제 결정적으로 외국자본 또는 국제은행에 저당 잡힌 국내자본으로서 저개발된 국가들은 수입을 통해 내부의 생산을 대체하기 시작하였다('수입대체'이론과 실천). 이렇게 독점자본이 만든 새로운 시장에서 언제나 존재하는 생산과 소비의 관계는 저개발국가에서 '개발'수준의 생산과 소비를 하는 사회계층의 성장을 조성하는데, 기술자들, 관료들, 지식인들, 3차부문 종사자들, 전문노동자들 등이 그들이다. 이렇게 종속의 구조를 깨지 않고 대도시적 자본주의 국가에서 근대사회를 '소비사회'로 인식하는 과정이 재생산되는 것이다. 물가의 앙등 그리고 그 결과로서 노동계급(이들은 TV와 아파트, 그리고 많은 경우에 개인적인 운송수단을 가지고 있기에 덜 착취당하는 듯하다)에 대한 착취가 발생하는 '생산'의 현실 위에 '소비사회'라는 명칭으로 베일을 치려고 함과 동시에, 개발주의는 사회학적으로(또 따라서 정치적으로) 저개발에서 '중간계층'을 만들려고 하는데, 이 중간계층은 급진적으로 대립하는 두 극한 계급 사이에서 중재자('민주주의자') 역할을 한다. 물론 이렇게 도식화된 현상이 개발선상에 있거나 들어가려고 하는 모든 나라들에 기계적인 형식으로 주어지는 건 아니다. 비록 스페인의 경우를 전체적인 흐름 속에서 파악하려고 하겠지만, 다양한 이유로 스페인은, 예를 들어, 동등하다고 여겨질 수 있는 중남미 국가들(멕시코, 베네수엘라, 콜롬비아…)의 경우와의 비교에 있어 각별한 특징들이 있다. 다른 여러 자료들 중에서 다음의 것들을 명심해야 할 것인데, 먼저 IV. 2의 서문에서 지적했듯, 스페인은 이미 19세기 후반부터 산업개발의 역사를 가지고 있다(바스크와 카탈루냐 지방)는 것과 원자재와 농산물의 수출능력이 대단하지 않았다는 것, 역사적으로 스페인은 틀림없이 유럽의 일부였다는 것, 그리고 개발의 두 가지 원동력은—차관과 외국자본의 침투와 함께—유럽으로의 노동력 수출과 관광붐('제 1차 발전계획'이 시행된 첫 해인 1964년에 관광객은 천 백만 명에 이르렀고 이민 노동자는 백만 명에 달했다는 것을 기억하자)이었다는 사실 등이다. 아무튼 그 독특함 내에서 '제 1차 발전계획'부터 스페인 경제는 수입대체 구조—'소비사회'라고 잘못 명명된—로의 진입과, 그 결과인, 중간계층(기술자, 관료, 전문가, 전문노동자, 지식인 등)의 성장에 의해 특징지어졌다. 그 모든 것은 국민총생산과 1인당 국민소득에 분명히 반영돼 있다. 그리고 예를 들어 1976년에는 상위 1% 가정의 수입이 전체 수입의 22%, 즉 하위 53%의 수입과 맞먹었다

(빈부의 격차에 따른 이런 백분율은 브라질의 것과 유사했다). 이런 가운데 스페인에서 출판산업의 성장은 두드러졌고 또 매우 특별했는데, 내수뿐 아니라 수출에도 한몫했던 것이다(이는 스페인의 네 번째 산업이 되었다). 1957년에 2천 종의 서적이 출판되었는데, 1970년에는 전체 생산이 13,639종에 이르렀으며, 1973년 즈음에는 23,608종이 출판되었다. 프티부르주아의 증가와 생산, 소비의 연결은 문학생산(그리고, 그로 인한 소비)에서 겪은 변화의 이해를 위한 핵심들 중 하나이다.

1960년대 내내 노동계급의 어려움과 그들에 대한 착취(남부 지방의 높은 실업률, 유럽 또는 국내로의 어쩔 수 없는 이주, 그리고 자유로운 노동조합 결성의 불가능함 등)가 계속되었고 그들의 투쟁은 증가했다. 이미 서문에서 다루었기에 여기서는 그런 것을 고집하지는 않을 것이다. 그럼에도 불구하고, 이미 앞 장에서 암시했듯, 가장 진보적인 것을 포함해서 '소비사회'의 포장에 의해 이념화된 프티부르주아적인 시각으로 보면, 그런 착취와 투쟁은 이미 1960년대 중반에 '리얼리즘' 시대보다는 덜 급진적인 형태로 나타났다. 아직 판자촌이 사라지지 않았고, 그 결과 '곡괭이'가 계속 사용되고 있었다(cf. VI. 2B). 만일 '개발'의 정점 시기 동안 그 모든 것들이 더 할 수 없을 만큼 분명하다면, 1960년대 중반의 노동계급에게는 《곡괭이》의 후아나가 자신의 끝맺지 못한 말("잘못은 … 잘못은 …") 다음에 항의할 수 없었던 것을 끝맺는 것이 더욱 쉬웠던 것이다. 그러나 실제로는 판자촌이 주된 현상도 아니었고 조직화된 반(反)자본주의적인 의식이 1950년대의 빈곤 그리고 노골적인 착취와 똑같은 힘으로 작가들의 의식에 영향을 주지도 않았다. 이렇게 대부분의 작가들이 볼 때 '고발'(고발로서의 문학)의 급박함과 필요는 이전보다 덜 분명했는데, 그 문제를 합리화하자면, 아무튼 가장 많이 착취당한 계급은 문학을 통해서가 아니라 비밀 정치조직과 노동조합을 통해 높은 수준의 조직화 투쟁에 도달했기 때문이다. 이렇게 해서 교양 있고 부유한 독자를 위한 글쓰기와 일종의 '대중문화' 사이에 있는 단절, 부르주아 사회의 그 전통적인 단절로 회귀한다. 여기서의 '대중문화'는 그 중심에 정치가 있고 또 당연하게도 노동조합의 투쟁을 겨냥하는 것으로 대중적인 커뮤니케이션 수단의 일상적인 폭격에 몸을 맡기는 것이다. 1966년의 리버럴한 '정기간행물법'(*Ley de Prensa*)에도 불구하고, 시나 소설, 희곡은 분명 이러한 수단과 경쟁할 수 없었다.

현대의 어느 카탈루냐 출신 비평가가 이것을 '정상성', 즉 그에 의하면 "문학적 사건과 사회 사이의 정상적인 관계"라고 부른 것으로의 회귀라고 쓴 것은 이유가 없지 않다. 여기서 그가 "정상적인 관계"라고 이해한 것은 다음과 같은 것이다.

> 그것은 상대적인 경제적 개발 그리고 스페인의 문화적 전통과 함께 한 사회에 상응하는 것이다. 분명 당대의 위대한 유럽 문학이 기준이나 시사점을 준다. 정상성(*normalidad*)은 문학활동의 산업화와 상업화의 상당한 정도와 상대적으로 다양하고 폭넓은 시장의 존재에 의해 구성되지만, 또한 작가의 사회적 '위치'와 지식노동자의 조건, 독립된 자치활동, 사회의 진지함, 도덕적 권위와 품위로서 문학 등에 대한 개념으로 구성되기도 한다.

위에서 말한 것은 '사회적 리얼리즘' 이후 주된 문학 경향의 특성이 자본주의적 생산관계와 그 모든 결과들을 함께 수용했다는 것을 의미한다(이는 비판능력이 결여된 어느 비평가가 '정상성'이라고 불렀던 것이다). 따라서 그런 경향에 — 잘 또는 잘못 드러난 — 언어의 독자성이라는 명제를 부여한 단위 내에서, 문학생산은 교리적이고 일방적(이는 '사회주의적 리얼리즘'을 위해 남겨졌다)이 아닌 '다양한' 모습으로, 민주적이고 다수적인 모습으로 나타났다. 그리하여 《돈 훌리안 백작의 복권》, 《마노 고양이 눈》, 《J. B. 의 가문/도주》, 토르쿠아토 루카 데 테나(Torcuato Luca de Tena)의 통속작품들과 가장 소외적인 '대중적' 하위문화같이 너무나 다른 작품들이 완벽한 조화 속에서 공존할 수 있었다. 이 '다양성'(*pluralismo*) 안에서 새로운 소비계층에 의해 거절된 듯한 것이 권위 있는 출판사와 그 상(즉, 그 첨단의 생산품)에서 배제되었는데 그것은 고발의 리얼리즘이었다. 〈인술라〉(*Ínsula*) 같은 전통 문학지에서뿐 아니라 1968년에는 일간지 〈인포르마시오네스〉(*Informaciones*)가 시작한 '예술과 문학'이라는 주말 섹션처럼 대단히 널리 유포된 정기간행물에서 보인 바에 의하면, 이 고발의 리얼리즘에 맞서 분명하면서도 쉼 없는 투쟁이 있었다. '예술과 문학'이라는 주말 섹션은 마드리드에서 수년 동안 새로움과 개방을 갈망하는 독자들의 가이드 역할을 했다. 이는 여러 경향들을 전문적으로 포착하고 장려하는 두세 군데 출판사들을 선전하는 것으로 리얼리즘에게는 재앙이었다. 1975년 이후에는 〈엘 파이스〉지가 더 큰 울림과 함께 이와 비슷한 기능을 수행했다.

아마도 이 지배적인 경향의 가장 극단적인 형태는 호세 마리아 카스테옛이 《9인의 노비시모들》(*Nueve novísimos*, 1970)에서 선정한 젊은 시인들의 모습일 것이다. 거기에 선정된 대부분의 시들은 그 자체로서 대단한 흥미를 끌지 않았고 또 지금도 그런 것 같지 않다. 그것은, 그 대신, 반(反)사실주의적 흐름의 징후였다. 각각 선정된 작품 앞에 있는 시인들의 '시학'(詩學)란에서 그 9명의 시인들은, 대체로 분명하게, 그 기원이 신자본주의(당시에 매우 유행했던 용어였다)의 과학·기술적인 성격을 띤 혁명의 결과인 '소비사회'가 — 카스테옛이 설명하고, 9인 중 가장 비판적인 바스케스 몬탈반(Vázquez Montalbán)이 분석한 바에 의하면 — 결정적인 역할을 하는 새로운 사회·경제적 형성에 빚지고 있다고 밝혔다. 이런 의미에서, 내전을 겪지 않은 1세대 작가들(시선집에 등장하는 시인들 중 가장 연장자인 2명은 1939년에 태어났다)로서 대부분이 사회의 부유계층에 속하는 이 '노비시모들'은 결과적으로 책을 통해서보다도 대중매체, 특히 영화와 현대음악(록, 그리고 몇몇 경우에는 재즈)을 통해 교육된 세대였다. 그들을 매료시키는 '하위문화'에 맞서 그들이 반어적 거리—물론 이 '거리'는 대중계급이 유지할 수 없는 거리이다—를 유지한다는 사실을 잘 이해하기 위해 그들이 호소하는 '통속적인 것'(*lo camp*) 이외에, 그들의 작품에서는 제국주의 특히 미국의 메트로폴리스에 의해 신화화된 가치들에서 나온 위험하지 않고 유아적이며 식민화된 존재가 우리를 주목시킨다(이 시선집의 예외이자 진정 '노비시모들'의 일부로 생각되어서는 안될 이가 마누엘 바스케스 몬탈반인데, 그는 언제나 그런 태도에 대한 빛나는 비평가이다). 예를 들어, '노비시모들'의 책 중 네 권〔《달콤한 짐의 발라드》(*Baladas del dulce Jim*), 《콜 미 스톤》(*Call Me Stone*), 《베벌리힐스에서의 죽음》(*La muerte en Beverly Hills*) 그리고 《이렇게 카나비 스트리트가 세워졌다》(*Así se fundó Carnaby Street*)〕의 제목이 이런 식으로 붙여졌다. 그 시들에는 영화나 책을 통해서, 또는 여행에서 알게 된 장소들인 앵글로색슨의 지명들이 등장한다. 하지만 미국적인 것들이 지배적으로 출현하는 것이 절대적이지는 않다. 엄선된 독자들과 여행자들이 공유하는, 마찬가지로 정선된 유럽의 장소들(예를 들면, 베네치아)에 대한 언급도 다양하게 등장한다. 여전히 모국어 이외의 언어를 잘하지 못하는 이주노동계급이 주로 이동하는 사회에서 이렇게 미학적 가치로서의 (상상적 또는 실제적인) 이동의 자유와 외국어가 (영어의 우세와 함께) 자리 잡았는데, 이러한 미학적 가치를 통해, 암묵적으로, 일종의 모방적이고 종속적인 사회의 특권적인 작가들은 식민주체 문화의 생산물과 '근대성'에 있어 동등해지려고 하였다. 이에 상응하여, 여러 번 언급되는 문학 모델들(로리, 파운드, 루이스 캐롤, 초현실주의, 파스, 횔덜린 등…)도 콘텍스트와 내용에 대한 '언어'의 독립을 제시하는 것들이고, 주제적으로는 직접적인 현실에 대한 집착에 대항하여 여행, 꿈, 초이성적 삶에 대한 자유로운 판타지를 다루었다. '노비시모들'은 '리얼리즘'에 대한 분명한 공격도 수행했는데, 자신의 '시학'(詩學)란에서 그들 이전의 시가 '치료의 임무'에 열중하여 "언어연구, 체계적인 작품, 문체의 건물, 그 자체가 가치 있는 외딴 세계들"에 대한 흥미를 잃어버렸다고 말하는 이도 있었다. 그러한 탈선의 책임은 세사르 바예호(César Vallejo) 같은 시인들이 져야 하는데, 그는 (네루다와 함께) "하지 말아야 할 것, 추방해야 할 것의 본보기"가 되었고 "체계 없는 글쓰기", "거친 상태에 있는 영감이 구술하는 것에 대한 모든 자기 반영의 부재, 즉 모든 정제하는 행위의 부재"로 평가되었다. 이런 표현에 대해 이 글을 쓴 비센테 몰리나 포익스(Vicente Molina Foix)가 바예호를 한 번도 읽어 보지 않았으리라는 의문이 제기되기도 한다.

물론 이것은 대략 1965년부터 오늘날까지 스페인에서 문학과 사회의 관계에 대해 가지고 있는 지배적인 생각이 극단적으로 공식화(게다가, 여기에는 놀라울 정도로 문학에 대한 무지가 드러나 있다)된 것이다. 그러나 수필, 책의 서문, 잡지, 신문기사, 인터뷰, 시와 소설 등에서 표현된 바에 의하면, 이는 비록 극단적이기는 하지만 새로운 경향의 특징이었다. 그리고 새로운 극작가들 역시도 동일한 파동 내에서 움직였다. 새로운 연극은 물론 언제나와 똑같은 적을 계속 상대하고 있었다. 그것은 검열이었다. 그러나 그 결과적인 주변화에서 연극은 이제 그 어떤 스타일의 리얼리즘과도 급진적인 거리를 유지했다. 새로운 연극은 전위연극, 도발의 연극, 독립극, 저항극, 언더그라운드 극으로 평가되었다. 어느 비평가는 거기서 세 가지 기본적인 특징을 보았는데, 인물들의 내적 파괴, 비유적인 행동과 언어, 그리고 여러 가지가 설치된 무대의 공격이었다. 아무튼 그것은 서양극의 가장 진보적인 경험 — 그 가운데에는 의심의 여지없이 바예-잉클란의 작품도 있다 — 에서 자양분을 취한 것이었고, '전통적'이고 '사실주의적'인 대중의 감성과 직접 맞서면서 잔인함과 부조리함, 조악함과 동물화, 로봇화의 넘치는 요소들을 혼합한 연극이었다. 그리하여 이러한 연극은 결국 '반(反) 연극'으로 평가되었다.

검열에 맞서고 관중이 있을 때는 그 관중에 맞서, 또한 우파와 좌파적인 비판 모두에 맞서, 그리고 그것이 고발하는 소비적인 부르주아 사회에 맞서며, 새로운 연극은 상상의 자유를 요구하였다. 미겔 로메로 에스테오(Miguel Romeo Esteo)는 다음과 같이 밝혔다.

> 우리나라에는 상상력의 모든 것에 대한 알레르기가 있다. 여기서 상상력은 범죄로의 서곡(序曲) 또는 그런 어떤 것인 듯하다. 나는 이러한 우리 세대가 기여한 것이 예민한 상상력의 침투라고 생각한다.

다음과 같은 호세 루이발(José Ruibal)의 말에서 추측할 수 있듯, 즉각적으로 '상상'은 '사실'에 맞선다는 결론이 나온다.

> … 무대는 현실의 시뮬레이션이 생산되는 장소이기를 그만두고 작품을 구성하는 극적 공간으로 변화하였다. … 우리의 인물들과 우리의 극적 현실은 사실에 대한 지문이 아니고, 상상력에 의해 풍요로워진 생산물이다.

이러한 반(反) 리얼리즘에 대한 의지가 이성의 거부를 가져온다는 것 역시 놀라운 사실은 아니다. 루이발 자신이 설명하기를, 이는 "이성(理性)이 아닌 극단적인 비이성을 지향하는" 연극이다.

새로운 작가들은 자신들이 대중으로부터 이중으로 소외된다는 것을 분명히 의식하고 있었다. 검열의 문제와는 별도로 그들은 '대중'이 자신들의 작품과 동질화되지 못할 거라고 주장하며 "대중은, 무대에서부터 발사되는 비이성의 지속적인 포격하에, 어쩔 수 없이 작품을 거부할 것이다"는 사실을 자랑스러워했다.

여러 번 생각해봐도, 대중없는 연극은 상상할 수 없고, '거부'라는 단어를 엄밀한 의미에서 고려한다면, 그것은 결국 연극에서 대중의 부재를 의미할 것이다. 그럼에도 불구하고, 작가들은 극장에서 작품을 '거부'할 현재의 대중을 겨냥한다. 이렇게 우리는, 그 분야에 적당한 언어(그 결과, 시나 소설을 말하는 언어와는 부분적으로 다른 언어)로 모든 것이 표현된 연극의 독특한 문제 내에서, 새로운 극작가들이 '새로운' 시인이나 소설가들과 같은 말을 하는 것이라고 이해한다. 그리고 그것은 그들의 반(反)사실주의적이고 반(反)이성적인 연극이 그들이 공격하려고 하는 바로 그 신(新)'소비사회'의 엄선된 핵심을 향하는 것이라는 사실이다. 왜냐하면 '대중'에 맞서 겨누는 것은 '일정' 대중과 맞서고 '또 다른' 대중을 향하는 것이기 때문이다. 문학작품 또는 극작품에 대하여 '대중'이라는 전통적인 큰 단어가 사용되었을 때는, '시장'이라는 현실뿐 아니라 사회의 계급구성이라는 모든 사실주의적 분석에 대한 부정까지도 그 뒤에 감춰져 있다. 상상력이 없는 예술은 있을 수 없다. 모든 미학적 혁명은 그 세력 안에 필요한 세계관을 가두어 넣는다. 통속적 방식에 의해 '리얼리즘'으로 평가된 것에 대한 가장 통속적인 형식들은 거부된다. 결과적으로, 새로운 연극이 공격하고자 하는 부르주아 사회에서 총체적으로 의미가 결여된 '대중'이라는 용어를 사용하면서, 그러한 반론에 대한 의지로부터 문학과 사회, 문학과 그 시장의 관계에 대한 '사실주의적'(즉, 비판적인) 분석이 회피되는 것은 지지할 수 없다.

한편, 극의 새로운 경향과 최근 나머지 문학 사이의 관계 역시 모든 반(反)리얼리스트들에 공통되는 언어로 확립되는데, 이는 마치 루이발이 다음과 같이 말한 것과 같다.

> (내 관심을 끄는 것은) 총체적인 언어체계의 창조인데, 그 언어체계의 시학은 사실과의 비교에 의지하지 않을 것이다. … 이 경우, 언어는 주어진 작품의 시적 구조의 자율성에 정확하게 기대는, 자신의 고유한 시적 분위기를 만들 것이다. … 그 언어는 … 그 일반적 기능으로부터, 구문의 억압으로부터, 그리고 빈곤의 원인이 되는 지시적 임무로부터 벗어난다.

1956년부터 글을 썼으며 처음부터 풍자적이었던 호세 루이발(1925년생)의 작품으로는 《당나귀》(*El asno*, 1962), 《라 소타 폐하》(*Su Majestad la Sota*, 1965), 《사람과 파리》(*El hombre y la mosca*, 1968; 1977년에 재판), 《요구하는 기계》(*Máquina de pedir*, 1969) 등이 빼어나다. 그리고 그와 함께 《놀라운 판당고》(*El fandango asombroso*, 1961)와 《뜨거운 납으로 된 마차》(*La carroza de plomo candente*, 1971), 《타타르족 부인》(*La señora tártara*, 1980) 등의 작가인 프란시스코 니에바(Francisco Nieva: 1929년생), 아마도 《짐승우리》(*Las jaulas*, 1969)와 《하얀 불꽃 위에서 빨래하는, 하늘색 변기에서 하늘색 옷 조각을 빨래하는 귀부인의 드라마》(*Drama de la dama que lava sobre las blancas llamas, que en los celestes retretes celestes pingajos lava*, 1974)가 돋보일 루이스 리아사(Luis Riaza: 1925년생), 《축구》(*Fútbol*, 1963)와 《나비들을 위한 솔페오》(*Solfeo para mariposas*, 1970)의 늦된 작가인 호세 마리아 베이도(José María Bellido: 1922년생), 부르주아적 진지함을 급진적으로 공격한 작품들 중 《부엉이들의 대단한 파반과 우스운 피치카토》(*Pizzicato irrisorio y gran pavana de lechuzas*, 1966)와 《고기 요리를 위한 장비, 동정심과 많은 위로》(*Paraphernalia de la *olla podrida, la misericordia y de la mucha consolación*, 1972)가 돋보이는 미겔 로메로 에스테오(Miguel Romero Esteo: 1930년생), 《다림질하는 여인들》(*Las planchadoras*, 1971)과 《버팔로 빌의 자매들》(*Las hermanas de Buffalo Bill*, 1975)의 작가인 마누엘 마르티네스 메디에로(Manuel Martínez Mediero: 1938년생) 등이 신연극을 대표한다.

우리가 이 《스페인 문학의 사회사》의 2판[41] 마지막에 쓴 바에 의하면, 오늘날 스페인 문학의 주된 경향이 무엇인지에 대해 의심하는 것은 불가능한 듯하다. 1978년과 1979년에 어느 곳에서나 리얼리즘에 대한 공격이 조금씩 있었다는 것은 이제 그 두 강한 경향들이 지속적으로 갈등하고 있다는 의미는 확실히 아닌 것이다. 오히려 변화의 도구—이미 프랑코가 죽었기에 '민주주의'에서의 변화—로서의 문학에 반대하는 청산작업이 이루어지는데, 문학을 변화의 수단으로 생각하는 것은 불필요해 보였다.

물론 당대의 투쟁에 대한 증언을 남기고 정치적인 입장을 가지려고 했던 사람들이 쓴 작품의 연속선상에 있는 것으로 보이는 그런 시집들은, 1965년 이후 많지 않았다. 비록 간헐적으로 새로운 분위기의 작품〔cf. 예를 들면 1971년의 《의미론의 평원들》(*Campos semánticos*)〕으로 끊기기도 했지만, 분명 셀라야는 자신의 글쓰기를 지속했다. 그러나 호세 마누엘 카바예로 보날드가 사회적인 것을 거부함이 없이 객관적인 것과 주관적인 것이 어우러져 있는 시집 《살아서 이야기하기》(*Vivir para contarlo*, 1969)를 출간한 것은 이미 좀 시간이 됐었다. 그리고 예를 들어, 에우헤니오 데 노라와 호세 이에로, 그리고 클라우디오 로드리게스 같은 이들의 침묵은 길게 이어졌다〔클라우디오 로드리게스는 1976년에 《축하비행》(*El vuelo de la celebración*)〕을 출간했다).

---

41) 〔역주〕 이 《스페인 문학의 사회사》는 1981년에 2판이 출판되었다.

분명 카를로스 사아군이나 카를로스 알바레스 같은 이들은 계속해서 작품활동을 했다〔사아군은 《그대와 함께하기》(*Estar contigo*, 1973)와 《밤에 대한 비망록》(*Memorial de la noche*, 1976), 《처음이자 마지막 작업》(*Primer y último oficio*, 1979)을 썼는데 이 마지막 작품은 1980년 국가 시문학상(Premio Nacional de Poesía) 수상작이었다〕. 그리고 예를 들면, 안달루시아 지방 잡지인 〈남쪽 문학〉(*Letras del Sur*) 같은 새로운 참여적 잡지들에 시인들의 출현이 끊이지 않았다는 것은 추측할 수 있을 것이다. 앙헬 곤살레스는 1976년에서 1978년 사이에 출판한 작품들에서 원숙기에 도달했는데, 거기서 예의 그 회화체 언어, 형식과 (일종의 신중한 주관주의와 저항적인 역사의식 사이에서 주저하는) 감정에 대한 강력한 통제는 폭넓은 의미에서 '리얼리즘'의 지속을 포고하는 것이었다. 그 전인 1975년에 하이메 힐 데 비에드마는 자신의 시들을 《동사(動詞)의 인칭들》(*Las personas del verbo*)에 모아 출판했는데, 가장 빛나는 전후 시집 중 하나인 이 작품에는 몇 년 전의 사회시들과 찬란하며 에로틱한 작품들, 그리고 '네 편의 도덕시들'이 전체적으로 감동적인 비평의 깊이 안에서 양질의 서정성을 공유하고 있다. 이 작품은 깔끔하면서 간단한 메모를 동반하는데, 여기서 힐 데 비에드마는 원치 않는 사람인 양, 다음과 같이 안토니오 마차도의 《후안 데 마이레나》(*Juan de Mairena*)[42]를 추억하게 한다.

만일 자기 작품에 — 거의 의식하지 못하고 — 자기 삶의 내적인 필요

42) 〔역주〕 후안 데 마이레나는 안토니오 마차도가 "철학적인 나"라고 밝힌 흥미로운 가상의 인물로서 그의 작품에 등장하는 평론가이다. 마차도는 내전 직전 《후안 데 마이레나. 진위가 의심스러운 어느 교수의 금언, 경구, 메모 그리고 추억》(*Juan de Mairena. Sentencias, donaires, apuntes y recuerdos de un profesor apócrifo*)을 출판했는데, 이 작품은 내전으로 오랫동안 잊혀졌다.

> 와 일치되는 그 무엇을 두지 않는다면 사람은 아주 불쌍하게 될 것이다. 결국, 한 권의 시집은 다름 아닌 그 저자의 이야기가 되는 것이다. 그러나 그 이야기는 한 사람의 삶이 이미 모든 이들의 삶이 되어버리거나, 적어도 ― 각각의 개인적 경험의 어쩔 수 없는 객관적인 한계들에 유의한다면 ― 그들 중의 몇몇 이들의 삶이 되어버린 의미의 수준으로까지 고양된 이야기이다.

이렇게 깨끗한 소박함 가운데 연합의 의지가 굳게 선포되고 적지 않은 왜곡이 암묵적으로 거절되었다. 우리는 너무도 이질적으로 보일 수 있는 시인들을 어느 정도 비슷한 노선 안에서 간단하게 언급할 수 있는데, 《칼라마르가》(*Calamarga*, 1976)의 앙헬 베렌게르(Ángel Berenguer), 《라오콘》(*Laocoonte*, 1978)[43]의 훌리오 벨레스(Julio Vélez), 《스페인의 평화에 대한 쓰라린 추억》(*Memoria amarga de la paz de España*, 1978)의 라몬 데 가르시아솔(Ramón de Garciasol), 《이런 나라는 우리나라가 아니지》(*Un país como éste no es el mío*, 1978)의 호세 안토니오 가브리엘 이 갈란(J. A. Gabriel y Galán), 그리고 《회색 장갑과 같이》(*Igual que guantes grises*)로 1979년 국가 시문학상을 수상한 레오폴도 데 루이스(Leopoldo de Luis)가 그들이다.

그러나 《카스티야어(語)로》가 출판된 지 정확하게 20년 만인 1979년 여름에 발생한 블라스 데 오테로의 가슴 아픈 죽음은 분명 한 시대의 종말을 기록했다. 그리고 그 위대한 빌바오인[44]의 삶과 죽음을 특징짓는 결단성과 분석적이고 언어적인 엄격함, 시적 지성을 스페인 문학에 부여할 사람이 다시 등장하는 데는 오랜 시간이 걸릴 것이었다. 그러나 또한 오늘날 그의 작품들이 광범위하게 읽히고 있다는

---

43) 〔역주〕 그리스 신화의 인물로 트로이의 왕자이자 아폴론 신전의 사제.

44) 〔역주〕 블라스 데 오테로는 바스크 지방의 빌바오(Bilbao) 출신이다.

사실도 주목할 만한데, 시적 산문으로 된 그의 《꾸며지고 참된 역사들》(*Historias fingidas y verdaderas*, 1970)은 문학적 과제와 역사적 과제의 중심문제들이 제기되는 작품으로 남아있다. 이런 의미에서 그토록 정직하고 깊이 있는 블라스 데 오테로의 교훈이, 《무(無)와 마음》(*Nada y el corazón*, 1977)의 알리시아 시드(Alicia Cid), 《쓰러진 장작의 숯불》(*Las ascuas de la leña combatida*, 1978)의 알프레도 북산(Alfredo Buxán), 《오라시오 마르틴의 루바이야타스》(*Las rubáiyatas de Horacio Martín*, 1978)의 펠릭스 그란데(Félix Grande) 그리고 《루스벨에서의 고집》(*Insistencia en Luzbel*, 1978)의 프란시스코 브리네스(Francisco Brines)와 같이 다른 징후의 시적 선언과 함께 새로 개선된 표현에서도 계속해서 유효할 것이라고 예상하는 것이 터무니없지는 않을 것이다.

소설과 관련된 것에서는, 1959년의 《변두리》(cf. VI. 2B)의 출간 뒤 14년 동안의 침묵 끝에, 루이스 고이티솔로의 《다시 이야기하기》(*Recuento*, 1973)가, 우아한 언어 이외에도, 가장 복잡한 이야기 기법 같은 것을 보여주었는데, 이 기법은 매우 분명한 역사의식이 중심에 있는 어느 개인의 이야기이다. 《5월에서 바다까지의 풀밭》(*Los verdes de mayo hasta el mar*, 1976)과 《아킬레스의 분노》(*La cólera de Aquiles*, 1979) 그리고 《지식의 이론》(*Teoría del conocimiento*, 1981)에서도 마찬가지이다. 아마 후안 마르세의 《만일 내가 쓰러졌다고 네게 말하면》(*Si te dicen que caí*)은 더 인상 깊은 작품일 것이다. 후안 마르세의 작품에서 거의 항상 그렇듯이 이 작품에서는 작가의 격렬한 계급의식이 빛나는데, 이 계급의식은 전후 바르셀로나에서 교차되는 고단한 삶에 대한 이야기가 전개됨에 따라 그 통제된 기법을 긴장에 빠뜨린다. '잠시' 패배한 늙은 2명의 무정부주의자들("아이처럼 꿈을 꾸는, 그 많은 전투에서 단련된 강철 같은 사람들")이 지하철에서 헤어지는 것에서 소설은 절정에 이르는데, 이는 주목할 만하다. 이러한 기법과 주제는 《어느 날 돌아오리라》(*Un día volveré*, 1982)에서 다시 등장한다. 반면 《황금 팬티의 소녀》(*La muchacha de bragas de oro*, 1978년 플라네타상 수상작)는 마르세 문학의 슬픈 추락을 예상케 하는데, 이는 아마도 출판사들의 유혹 때문이었을 것이다.

한편, 1960년에 쓰이고 1965년에 멕시코에서 출판된, 이미 언급했던 수에이로의 소설 《이들이 그대의 형제들이다》가 새롭게 마드리드에서 등장한 것(1977년)도 흥미로운 일이다. 또한 사실주의 소설들의 재판(再版)이 등장했는데, 디아스 페르난데스의 《병영》(*El blocao*, 마드리드, 1976), 아르코나다의 《터빈》(*La turbina*)과 《타호 강(江)》(*Río Tajo*, 1975), 바레아(Barea)의 《어느 반항자의 단련》(*La forja de un rebelde*, 마드리드, 1977) 그리고 센데르(이들에 대해서는 cf. V. 1D)의 작품들이 그 예이다. 센데르의 《자석》(*Imán*, 바르셀로나, 1976)은 비평과 판매 모두에서 주목할 만한 성공을 거두었다. 또한 이삭 몬테로(Isaac Montero: 그의 소설과 논쟁적인 태도는 세밀한 관심을 촉구한다)와 알폰소 그로소 같은 작가들이 계속해서 활동하고 있었다는 사실도 고려해야 하는데, 그러는 동안 《사볼타 사건의 진실》(*La verdad sobre el caso Savolta*, 1975)과 《마술에 걸린 납골당의 미스터리》(*El misterio de la cripta embrujada*, 1979), 《올리브의 미로》(*El laberinto de las aceitunas*, 1982)를 쓴 에두아르도 멘도사(Eduardo Mendoza)와 《엉뚱하게 자본론 읽기》(*Lectura insólita del Capital*, 1976)를 쓴 라울 게라 가리도(Raúl Guerra Garrido) 같은 소설가들이 나타났다. 《엉뚱하게 자본론 읽기》는 기푸스코아 지방의 어느 실업가의 납치에 대한 대단히 흥미로운 이야기인데, 순수한 플롯(납치 자체)은 마르크스 《자본론》의 모든 페이지를 읽게 만든다. 그러는 동안 납치에 대한 논평처럼 여러 목소리들이 기푸스코아와 카스티야, 안달루시아 억양으로 들리면서, 전후 기푸스코아의 자본축적과 계급투쟁으로 우리를 이끈다. 《오르텐시아 로메로의 천일 밤》(*Las mil noches de Hortensia Romero*, 1979년 플라네타 문학상 결선작)을 쓴 페르난도 키뇨네스(Fernando Quiñones)는 매우 다른 층위에 있는데, 이 작품은 출판사에 의한 상업화의 또 다른 산물이다. 마누엘 바스케스 몬탈반의 《남쪽 바다》(*Los mares del Sur*, 1979년 플라네타 문학상 수상)도 비슷한 방식의 작품인데, 그럼에도 불구하고, 바스케스 몬탈반은 이전에 탁월한 정치·탐정소설인 《매니저의 고독》(*La soledad del manager*, 1978)을 발표했고 이후 이와 유사한 선상에 있는 《중앙위원회에서의 살인》(*Asesinato en el Comité Central*, 1981)도 발표했다. 한편, 후안 고이티솔로는 《막바라》(*Makbara*, 1980)로 재등장했는데, 이는 작가가 반(反)자본주의, 반사회주의, 또 하산 2세의 서정적인 모로코 왕국으로 재현되는 '제 3세계'의 신화화 같은 자신의 정치적 사고를 자명하게 드러낸 형식적 실험의 흥미로운 작품이다.

가장 궤변적이고 은둔적인 문학〔예를 들면, 아주 참신했지만 실패했던 〈리베라시오네스〉(*Liberaciones*)지의 1호(1977년)와 그보다 덜 참신하지 않았던 〈에스피랄〉(*Espiral*), 〈이페리온〉(*Hiperión*), 〈시를 위한 그리스 말〉(*Caballo griego para la poesía*) 같은 잡지들〕의 옆에 '사회시'를 노래로 만든 디스크가 계속해서 출현한다. 또 세사르 바예호의 작품들이 출판되고, 대중들을 거부하는 것이 아니라 끌어들이는 저항적 연극 그룹들이 생성되고 있으며, 마르크스와 레닌, 그리고 다른 혁명가들의 저작들과 정치성향의 신랄한 잡지들이 꾸준히 팔리고 있다. 그리고 새로운 비평적 상업영화〔〈종이호랑이들〉(*Tigres de papel*)과 〈미결정 과목〉(*Asignatura pendiente*), 〈1월의 7일〉(*Siete días de enero* …) 등〕가 시작된 듯하고, 알폰소 사스트레는 TURS(Teatro Unitario de Revolución Socialista: 사회주의 혁명 통일극)를 출범하려 한다. 그리고 동시에 이른바 '대중문화'라고 불리는 것의 문제는 중요한 토론의 주제이다.

그러나 이 모든 것에 맞서 직접적인 현실에 계산된 무관심을 보이는 일종의 반리얼리즘적 경향이 부여된 듯한데, 그 첨병으로 알베르토 카르딘(Alberto Cardín), 하비에르 마리아스(Javier Marías), 펠릭스 데 아수아(Félix de Asúa) 등의 몇몇 젊은 작가들이 있다. 그리고 이전 작가들과 비교되는 방식으로 훨씬 더 품위 있게 《사실적 예술》(*Arte real*, 1979)의 '새로운' 이삭 몬테로, 《교외(郊外)에서》(*Extramuros*, 1978)와 《양치기 아내》(*Cabrera*, 1981)의 헤수스 페르난데스 산토스, 《유대인 애인》(*La novia judía*, 1977)과 《노예, 파티마》(*Fátima, la esclava*, 1979)의 레오폴도 아산콧(Leopoldo Azancot), 《우물에 빠진 카우보이들》(*Los vaqueros en el pozo*, 1979)의 후안 가르시아 오르텔라노, 그리고 《밤새 새들이 지나가는 소리가 들렸다》(*Toda la noche oyeron pasar pájaros*, 1981)의 호세 마누엘 카바예로 보날드 등이 부분적으로 이러한 경향에 참여했다. 섬세하고 정밀한 에스테르 투스케스(Esther Tusquets)는 《매년 여름의 같은 바다》(*El mismo mar de todos los veranos*, 1978)와 《사랑은 외로운 유희》(*El amor es un juego solitario*, 1979), 《마지막 조난 뒤의 좌초》(*Varada tras el último naufragio*, 1980)로 특별하게 언급될 만하고, 그보다 낮은 어조로는 아나 마리아 나발레스(Ana María Navales)의 《갈매기들의 오후》(*La tarde de las gaviotas*, 1981)가 있다. 비록 어느 정도는 계속해서 스페인 사회의 변화를 반영하려는 글쓰기의 특징〔cf. 예를 들면, 1979년 작 《코펜하겐은 없다》(*Copenhague no existe*)〕을 가지고 있지만, 《공작의 깃털, 개껍데기 북》(*Pluma de pavo real, tambor de piel de perro*, 1977)과 《죽는 습관》(*La costumbre de morir*, 1981)의 라울 게라 가리도도 이런 작가들과 함께 한다. 또한 이렇게 《포로의 기억》(*La memoria cautiva*,

1981)과 《꽁무니빼기》(*A salto de mata*, 1981)의 가브리엘 이 갈란과 《민중, 만세!》(*Viva el pueblo!*, 1981)의 헤르만 산체스 에스페소도 기억해야 한다. 또한 독재는 사라졌지만 프랑키스트 소설가들도 존재했었다는 사실 역시 잊지 말아야 한다. 직전 과거를 그리워하며 현재 상황을 비판하는 페르난도 비스카이노 카사스(Fernando Vizcaíno Casas)는 엄격하게 말하면 문학적 자질의 부재를 넘어 충성스런 대중과 함께 했고, 영웅시대의 팔랑헤주의자(cf. V. 2F와 VI. 1B)인 라파엘 가르시아 세라노(Rafael García Serrano)는 《평화는 끝났다》(*La paz ha terminado*, 1980)를 썼다.

그리하여 프랑코 사후의 첫 기간 동안 여러 해 동안의 이데올로기적이고 문학적인 과제가 정점에 달했는데, 이 과제는 상대적으로 지지된 민주적이고 부르주아적인 삶을 향한 진보에 사회학적으로 상응하는 것이었다. 광범위한 계층에 대한 커가는 환멸과 회의주의를 반영하는 프티부르주아 작가들은, 그 대신 문체적인 다원성 내에서, 사회적으로 지시된 것에 대한 '글쓰기'의 독립성을 주장하며 계급투쟁을 외면했다. 이런 글쓰기의 동질선상에서, 비록 자체 내에서는 차이가 있지만, 1980년의 소설 세 작품을 언급할 수 있는데, 곤살로 토렌테 바예스테르의 《절단된 히아신스의 섬》(*La isla de los jacintos cortados*, 작가 자신은 이 작품을 "오락적"이고, "환상적"이며, "사실주의적이지 않은" 것으로 평가했다)과 후안 베넷의 《범죄의 바람》(*El aire de un crimen*), 그리고 알폰소 그로소의 《이스탄불 우편》(*El correo de Estambul*)이 그것이다. 그러나 언급한 모든 것에 반해, 리얼리즘의 개선된 새로운 모습을 탐지하는 것도 가능하다고 말하는 것 역시 잘못은 아닌 듯하다. 예를 들면, 1980년에 있었던, 시인으로 더 알려진 빅토리아노 크레메르의 《성 마가복음》(*El libro de San Marcos*) 출판이 이러한 사실을 보여주는데, 이 작품은 프랑코 치하 레온 지방에 있던 동명의 감옥에 대한 소설로 무서운 이야기를 담고 있다. 에두아르도 알론소(Eduardo Alonso)의 《부동(不動)의 바다》(*El mar inmóvil*)는 전후 사회에 대한 신랄한 우화였고, 알론소 사모라 비센테(Alonso Zamora Vicente)의 단편 모음집인 《테이블, 테이블보》(*Mesa, sobremesa*)는 현대사회를 섬세하게 비판한 것으로 1980년 국가 소설문학상(Premio Nacional de Narrativa)을 수상한 작품이다. 안토니오 마르티네스-멘첸(Antonio Martínez-Menchén)의 《조국을 위하여 목숨을》(*Pro Patria Mori*)은 매우 특별한데, 거기서는 독재자의 육체적 최후의 순간이 전후의 기억과 조화를 이룸으로써, 이 소설은 작가의 가장 중요한 작품일 뿐 아니라 프랑코 사후 시대의 가장 의미 있는 작품 중 하나일 가능성이 농후하다. 이런 선상에서 최근에 공헌한 작품은 레오폴도 아산콧의 '무정부주의적인' 작품인 《스페인의 밤》(*Noche española*, 1981)이다.

최근 중도우파인 보수 정치체제가 수립된 것이 불안할 수 있어도, 그 직접적인 결과는 매우 분명하다. 예를 들어, 노동법규(*Estatuto de los Trabajadores*: 1980년 봄에 발표)와 새로운 교육법(*Ley de Centros Escolares*: 1980년 3월 발표) 또는 대학자치법(*Autonomía Universitaria*)에 반영된 계급주의적인 억압과 강압에, 문화와 그 문학적 형식들의 구획화(*compartamentalización*)—어느 정도 발전된 부르주아 사회에서는 그 문화 안에서 다양한 계급과 계급의 부분들이 최소한의 내부관계를 유지한다—가 필연적으로 상응한다. 이런 상황에서 대중계급들이 모두가 아는 '대중문화'에 굴복한 것으로 보이는 동안, 엄선된 '글쓰기'의 생산자들은 점진적으로—물론 반대가 없지는 않다—'교양 있는' 독자들이 따를 게임의 규칙을 확립하는 것이다.

물론 독자들과의 관계확립에서 이 모든 작가들을 혼동해서는 안 된다. 예를 들어, 만일 《교외에서》가 곧 6만 부 이상이 판매되었다면,

더 내밀하고 과시적인 소설 몇 권은 3천 부나 5천 부가 가까스로 판매될 것이다. 아무튼 리얼리즘이나 리얼리즘의 부인에 관한 것이 아닌 계급사회에서 문학의 기능 자체에 대한 진지한 문제들이 다시 제기되는데, 아르고스-베르가라(Argos-Vergara) 출판사의 한 앙케트에 의하면, 스페인 국민의 36%가 한 번도 책을 사본 적이 없고, 23%는 1년 이상의 기간 동안에 그 어떤 책도 사지 않았는데, 대중계급(수입에 따른 분류)에서는 68.5%의 사람들이 한 번도 책을 사지 않았다고 한다.

이제 독재도 검열도 없지만〔상대적으로 그렇다는 것이다. 여러 기자들에게 시행된 소송을 기억하자. 압류되고 상영금지된 영화 〈쿠엔카의 범죄〉(*El crimen de Cuenca*)의 경우 군사재판권이 개입되었고,[45] 급진적인 교육학 도서인 《학교의 붉은 책》(*El libro rojo del cole*)의 경우 역시 그 편집자가 소송당했다〕, '리얼리즘'적인 시각에서 보면, 문제는 블라스 데 오테로가 제기했던 그대로이다. 즉, '무한다수'와 어떻게 의미 있는 관계를 수립할 것인가의 문제인 것이다. 그런 문제를 제기하지 않는 이들은 언제나 (시가 아니라 소설) 50권에서 10만 권 사이를 구입하는 그 시장으로 가려 하거나 — 더 순수하다면 — 엄선된 3, 4천 명의 독자를 겨냥할 수 있을 것이다. 어떤 경우든 선거에 대한 커다란 환상 사이에서 얼마 전에 시작된 새로운 환경에서, 작가와 비평가 그리고 문화의 문제를 담당하는 모든 이들은 한 번 더 이 글에서 우리를 이끌어 온 중심문제, 즉 문학의 사회적 기능(다른 기능은 없다)은 무엇인가에 대해 다시 생각해 보아야 한다. 따라서 이 글을 끝내면서, 언제나처럼 그리고 그 모든 것에도 불구하고, 미래는 열려있다고 말할

---

45) 〔역주〕 1979년에 상영된 이 영화는 실제사건을 재현한 것인데, 무고한 두 사람을 잔인하게 고문하는 치안대(*Guardia Civil*)를 비판하는 내용으로 인해 몇 달 동안 상영금지되었다.

수 있는 것이다. 그리하여 우리는 후안 데 마이레나(Juan de Mairena)가 말했던 것으로 돌아가는데, 그것은 "오늘은 늘 아직이다"(*Hoy es siempre todavía*) 라는 것이다.

▪기본 참고문헌[46]

1. 역사와 사회

Caparrós Lera, J. M.: *El cine político visto después del franquismo* (Barcelona, 1978).

Díaz, Elías: *Pensamiento español, 1939-1973* (Madrid, 1974).

Gallo, Max: *Historia de la España franquista* (París, 1971).

García Nieto, María del Carmen, et al: *Bases documentales para la historia de España. La España de Franco* (Madrid, 1975).

Gómez Pérez, Rafael: *Política y religión en el régimen de Franco* (Barcelona, 1976).

Goytisolo, Juan: *El furgón de cola* (Barcelona, 1976, 2ª).

Lizcano, Pablo: *La generación del 56. La Universidad contra Franco* (Barcelona, 1981).

Marsal, Juan F.: *Pensar bajo el franquismo. Intelectuales y política en la generación de los años cincuenta* (Barcelona, 1979).

Muñoz, Juan et al.: *La internacionalización del capital en España (1959-1977)* (Madrid, 1978).

Ruiz Rico, Juan José: *El papel político de la Iglesia católica en la España de Franco* (Madrid, 1977).

Vázquez Montalbán, Manuel: *La penetración americana en España* (Madrid,

46) 이 참고문헌에서 별표(*)는 그 문헌이 포함된 시대뿐 아니라 이후의 다른 시기도 다루고 있다는 의미이다.

1974).
Tamames, Ramón: *Estructura económica de España* (Madrid, 1965).
Varios: *Fascismo y educación*, número especial de *Cuadernos de Pedagogía* (Septiembre, 1976).
Ynfante, Jesús: *La prodigiosa aventura del Opus Dei. Génesis y desarrollo de la Santa Mafia* (París, 1970).

전후를 개괄한 이 연구들 가운데 가르시아 니에토(García Nieto)가 책임편집한 프랑코시대 스페인의 자료모음이 빼어나다. 그 누구에 의해서도 조작되지 않은 대단히 유용한 역사는 막스 가요(Max Gallo)의 저서로, 그는 다른 여러 가지 사실 중에서 '스페인 팔랑헤'의 창당인인 호세 안토니오 프리모 데 리베라가 파리에 있는 이탈리아 대사관을 통해 어떻게 무솔리니의 직접적인 첩보원 노릇을 했는지를 밝히고 있다. 타마메스(Tamames)는 프랑코체제의 경제구조에 대한 현재 고전이 된 기본연구서의 저자이다. 독재정치에서 가톨릭교회와 종교의 역할은 고메스 페레스(Gómez Pérez)와 루이스 리코(Ruiz Rico)에 의해 분석되었고, 인판테(Ynfante)는 '오푸스 데이'와 프랑코체제에서의 그 정치·경제적인 중요성에 대해 필수불가결의 연구서를 썼다. 《교육학 노트》(*Cuadernos de Pedagogía*)의 특별호는 파시즘하의 교육의 주요 주제에 대해 다루고 있다. 고이티솔로(Goytisolo)는 다양한 이전 글들을 모아 놓은 자신의 격앙된 저서에서 스페인의 문화적 위치에 대한 날카로운 관찰을 했다; 엘리아스 디아스(Elías Díaz)는 1939년부터 1973년까지의 스페인 사상에 대한 엄격하고 정확한 파노라마를 그렸는데, 이러한 작업에서 독재의 역사·사회적 좌표 내에서의 그 구조화를 간과하지 않아 필수불가결한 참고도서가 되었다; 마르살(Marsal)의 작업 또한 유용하다. 바스케스 몬탈반(Vázquez Montalbán)의 책은 스페인의 모든 분야에 미국이 침투해 왔다는 기본적인 주제에 접근하는데, 희한하게도 그 주제에 대한 참고문헌이 없다. 무뇨스(Muñoz) 등이 쓴 가장 최근의 참고자료가 많이 있는 연구는 대단히 흥미로운 리스카노(Lizcano)의 연구만큼이나 유용한 것이다. Cf. VI. 1A의 참고문헌.

2. 문학

Abellán, José Luis: *La industria cultural en España* (Madrid, 1975).
Clotas, Salvador, y Gimferrer, Pedro: *Treinta años de literatura en España* (Barcelona, 1971).
Gimferrer, Pedro: Cf. Clotas, Salvador.
López Salinas, Armando: "Situación actual del escritor español". *Unión*, IV (1965), 74~90.
Mancisidor, José: "La literatura española bajo el signo de Franco", *Cuadernos Americanos*, XI, 3 (1952), 26~48.
Marichal, Juan: "Some Intellectual Consequences of the Spanish Civil War", *The Texas Quarterly*, IV (1961), 39~47.
Sastre, Alfonso: *La revolución y la crítica de la cultura* (Barcelona, 1971, 2ª).

클로타스(Clotas)와 힘페레르(Gimferrer)는 1931년 이후 스페인 문학에 대한 유용한 도식을 작성했는데, 이는 물론 특별히 내전 이후의 작품들을 다룬 것이다. 만시시도르(Mancisidor)와 마리찰(Marichal)의 논문들은, 로페스 살리나스(López Salinas)의 것처럼, 짧고 당시의 상황과 연결된 것이다: 이 세 논문들은 일정 시기의 상황을 반영하고 있다. 다른 차원에서 아베얀(Abellán)은 산업과 문화 생산물의 현상에 대한 탁월한 연구를 수행했다. 사스트레의 논쟁적인 책은 특별히 따로 다룰 만한데, 그는 이 책에서 프랑키즘에 포획된 개들에 대해서뿐만 아니라 좌파의 기계론적이고 거짓 '정통주의적'인 '문화경찰'에 대해서도 포문을 열고 있다. 여러 연구들 가운데, 사스트레는 지금까지는 비교할 것이 없을 정도의 깊이를 가지고 스페인 문화의 상황을 분석하고 있다.

VI.2A. (불안정한) 평화와 (침묵된) 언어 : 참여시(詩)

Alarcos Llorach, Emilio: *La poesía de Blas de Otero* (Salamanca, 1966).

Blanco Aguinaga, Carlos: "El mundo entre ceja y ceja: releyendo a Blas de Otero", *Papeles de Son Armadans*, CCLIV, V (mayo-junio, 1977), 147~196.

Debicki, Andrew P.: "El texto y el lector: la poesía de Francisco Brines", en *Homenaje a Antonio Sánchez Barbudo* (Universidad de Wisconsin, Madison, 1981), 269~290.

Galán, Joaquín: *Blas de Otero, palabras para un pueblo* (Barcelona, 1978).

García Hortelano, Juan: *El grupo poético de los años cincuenta* (Madrid, 1980).

Lechner, J.: *El compromiso en la poesía española del siglo XX: 1939-1974* (Leiden, 1975).

Luis, Leopoldo de: *Poesía social. Antología* (Madrid, 1965).

Rodríguez-Puértolas, Julio: "Blas de Otero o la voz de España", *Norte*, X-3 (1969), 45~52.

______: "La poesía de Carlos Sahagún: niños y ríos", *ibid.*, XI-3 (1970), 117~124.

레히너(Lechner)의 책은 절대적으로 필수불가결한 것으로 대단히 유용하게 스페인 사회시를 요약하고 있다. 레오폴도 데 루이스가 만든 선집(選集)도 참고해야 하는데, 이는 거기에 포함된 텍스트뿐 아니라 시인들의 이론적 표명으로도 가치가 있다. 마찬가지로 가르시아 오르텔라노의 책도 필요한 것이다. 블라스 데 오테로에 대해서는 알라르코스 요락(Alarcos Llorach)의 책이 엄격하게 형식적인 접근을 하고 있는데, 그 안에서는 오테로 시의 정치·사회적인 내용이 완전히 사라져버렸다; 반면, 갈란(Galán)의 책과 블랑코 아기나가(Blanco Aguinaga)와 로드리게스 푸에르톨라스(Rodríguez-Puértolas)의 논문들을 참고해야 하는데, 로드리게스 푸에르톨라스는 카를로스 사아군에 대해서도 짧은 연구를 수행했다. 브리네스에 대한 데비치(Debicki)의 연구도 대단히 유용하다.

VI.2B. 사회소설 : 비평적 의도의 리얼리즘

Bosch, Rafael: *La novela española del siglo XX*, v. II(New York, 1970).

Bozal, Valeriano: *El realismo entre el desarrollo y el subdesarrollo*(Madrid, 1968).

Cardona, Rodolfo, ed.: *Novelistas españoles de postguerra*, I(Madrid, 1976).

Castellet, José María: *La hora del lector. Notas para una iniciación a la literatura narrativa de nuestros días*(Barcelona, 1957).

Gil-Casado, Pablo: *La novela social española, 1942-1968*(Barcelona, 1968).

*Joly, Monique; Soldevila, Ignacio; Tena, Jean: *Panorama du roman espagnol contemporain, 1939-1975*(Montpellier, 1979).

Morán, Fernando: *Novela y semidesarrollo*(Madrid, 1971).

______: *Explicación de una limitación. La novela realista de los años cincuenta en España*(Madrid, 1971).

Marfany, Joan-Lluis: "Notas sobre la novella espanyola de postguerra", *Els marges*(1976).

Nora, Eugenio de: *La novela española contemporánea*, v. III(Madrid, 2ª, 1970).

Sanz Villanueva, Santos: *Historia de la novela social española*, 2 vv. (Madrid, 1980).

Sinningen, Jack H.: *Narrativa e ideología*(Madrid, 1982).

Sobejano, Gonzalo: *Novela española de nuestro tiempo*(En busca del pueblo perdido) (Madrid, 1970).

Soldevilla, Ignacio: Cf. Joly, Monique.

Spires, Robert C.: *La novela española de postguerra*(Madrid, 1978).

Tena, Jean: Cf. Joly, Monique.

《독자의 시간》(*La hora del lector*)에서 사회소설의 필요성을 이론적·

역사적으로 옹호한 것은 카스테옛이었다(시에서도 마찬가지였다. cf. VI. 1A). 힐 카사도(Gil-Casado)는 그 장르에 대한 대단히 유용한 광범위한 파노라마를 만들었다. 보살(Bozal) 그리고 특히 모란(Morán)은 개발과 저개발의 스페인에서 사회소설의 존재를 엄격한 표현으로 제기했다. 《소설과 반(半) 개발》(*Novela y semidesarrollo*)에서 모란은 문학과 사회에 대한 일반고찰을 수행하고, 그 형식적이고 이데올로기적인 도식주의처럼, 셀라 이후 스페인 사회소설의 '문학적 포퓰리즘'이라고 불린 것을 연구하였다. 그는 자신의 두 번째 연구에서도 그 한계들을 분명히 설명하면서 그 주제를 주장하였다. 소베하노(Sobejano)의 연구는 가장 중요한 것 중 하나인데, 거기서 그는 대단히 유용한 경향분석과 분류를 시도하였다. 논쟁적이면서도 시원시원한 마파니(Marfany)의 논문은 소베하노와 다른 이들의 시각에서 '연역적으로'(*a priori*) 생각했던 것을 수정하려고 하였다. 노라(Nora)의 책은, 어쨌든, 절대적으로 필요한 것이다; 그것은 사실 대단히 날카로운 분석 — 이러한 분석은, 몇 번에 걸쳐, 이 책의 논조와 같다 — 을 담고 있는 탁월한 비평서인데 주로 '카탈로그'로 여겨진다. 나머지 연구 중에서 매우 특별하게 졸리(Joly)와 솔데비야(Soldevilla) 그리고 테나(Tena)의 책들이 뛰어나다. 신닝겐(Sinningen)의 연구는 루이스 고이티솔로와 후안 마르세, 호르헤 셈프룬(Jorge Semprún)에 대한 마르크스주의적인 분석이다.

VI.2C. 재갈과 그물 : 연극의 경우

Anderson, Farris: *Alfonso Sastre* (Nueva York, 1971).

Berenguer, Ángel: Introducción a *Pic-Nic, El triciclo y El laberinto*, de Fernando Arrabal (Madrid, 1977).

______: Introducción a *L'Exil et la céremonie. Le premier théatre d'Arrabal* (París, 1977).

______: "Veinticinco años de exilio en el teatro español contemporáneo",

Ínsula(núm. 371, 1977). 1 y 10.

______: Introducción a *Fernando Arrabal. Teatro completo*, I (Madrid, 1979).

______, Ángel, y Joan: *Arrabal* (Madrid, 1970).

Bernard, Gille: *Fernando Arrabal* (París, 1970).

Díaz-Plaja, Guillermo-Luis: "Aproximación socioeconómica al teatro", *La Actualidad Española* (18 septiembre 1971), 8~15.

Doménech, Ricardo: *El teatro de Buero Vallejo. Una meditación española* (Madrid, 1973).

Fernández Torres, Alberto: Cf. Requena, Jesús C.

García Pavón, A.: *Teatro social en España* (Madrid, 1962).

González Cobos, Carmen: *Antonio Buero Vallejo. El hombre y su obra* (Salamanca, 1979).

Isasi Angulo, Armando C.: *Monólogo sobre teatro español contemporáneo* (Madrid, 1975).

Naald, Anje C. van der: *Alfonso Sastre, dramaturgo de la revolución* (Madrid-Nueva York, 1973).

O'Connor, Patricia: "Government Censorship in Contemporary Spanish Theatre", *Educational Theatre Journal*, XVIII, 4 (1966), 443~449.

______: "Torquemada in the Theatre: A Glance at Government Censorship", *Theatre Survey*, XIV, 2 (1973), 23~45.

Quinto, José María de: *La tragedia y el hombre* (Barcelona, 1962).

Requena, Jesús G., y Fernández Torres, Alberto: "Teatro y burguesía. Notas para un análisis materialista del teatro comercial en España", *Pipirijaina*, 6-7 (1974), 4~16.

Rodríguez Méndez, José María: *Comentarios impertinentes sobre el teatro español* (Barcelona, 1971).

Rodríguez-Puértolas, Julio: "Tres aspectos de una misma realidad en el teatro español contemporáneo: Buero, Sastre, Olmo", *Hispanófila*, 31 (1967), 43~58.

Sastre, Alfonso: *Drama y sociedad* (Madrid, 1956).

______: *Anatomía del realismo* (Barcelona, 1965).

Varios: Número extraordinario dedicado al teatro, *Cuadernos para el Diálogo* (Junio, 1966).

______: "Encuesta sobre la censura", *Primer Acto*, 165, 166 (1974), 4~14 y 4~11.

연극에서 리얼리즘을 이론화한 이들은 킨토(J. M. de Quinto)와 독특한 방식의 알폰소 사스트레였다. 그 시대 스페인 연극의 사회학적 문제들은 디아스 플라하(G. L. Díaz-Plaja), 레케나(Requena)와 페르난데스 토레스(Fernández Torres)의 토대작업에서 다루어졌고 이사시 앙굴로(Isasi Angulo)는 더 일반적인 수준에서 이 문제들을 연구했다; 로드리게스 멘데스(Rodríguez Méndez)는 연극에 대한 터무니없고 우스꽝스러우며 솔직하게 반동적인 논평들과 문장들을 모아 놓은 매력적인 선집을 편집했다. 검열에 대한 구체적인 주제에 대해서는 오코너(O'Connor)의 두 논문과 〈1막〉(*Primer Acto*)지에 의해 수행된 앙케트를 참고하면 좋다. 장르 문제에 대한 일반적인 파노라마는 《대화노트》(*Cuadernos para el Diálogo*) 특별호에서 볼 수 있다. 가르시아 파본(García Pavón)의 책은 균형 잡히지 않았는데, 대체로 전후에 초점을 맞추면서 20세기 초부터의 스페인 사회극을 이야기하려는 비생산적인 의도를 가지고 있다. 구체적인 작가들에서, 도메네크(Doménech)는 곤살레스 코보스(González Cobos)와 마찬가지로 부에로 바예호에 대한 탁월한 연구서를 썼다; 나달(Nadal)은 앤더슨(Anderson)과 마찬가지로 사스트레에 대한 수준 높은 연구서의 저자이다. 아라발에 대해서는 베렝게르(Berenguer)의 연구가 피할 수 없는 것들인데, 이는 버나드(Bernard)의 연구에 의해 보완된다. 로드리게스 푸에르톨라스는 짧은 연구서에서 부에로와 사스트레, 올모를 함께 다루고 있다.

VI.2D. '발전'의 길에서. 노비시모와 포스트리메리아

Armas, Emilio de: "Sobre nueve que no son novísimos y uno que pretende renovarse", *Casa de las Américas*, 76(1973), 146~152.

Berenguer, Ángel: "El hombre y la mosca de José Ruibal: un análisis apasionado del poder", en *Homenaje a Antonio Sánchez Barbudo* (Universidad de Wisconsin, Madison, 1981), 153~184.

Blanco Aguinaga, Carlos: "Sobre la reivindicación del conde don Julián: la ficción y la historia", *De mitólogos y novelistas* (Madrid, 1976), 51~71.

Castellet, José María: *Nueve novísimos* (Barcelona, 1970).

Corrales Egea, José: "Don Julián y la segunda 'destrucción' de España", *Cuadernos de Ruedo Ibérico*, 31-32(1971), 97~101.

Goytisolo, Juan: "Destrucción de la España Sagrada", *Mundo Nuevo*, 12 (1967), 44~60.

Marco, Joaquín: *Nueva literatura en España y América* (Barcelona, 1972).

Pérez Coterillo, Moisés: Introducción a *Teatro Furioso*, de Francisco Nieva (Madrid, 1975).

Requena, Jesús G.: "Sobre el 'teatro' y el nuevo teatro", *Pipirijaina*, 5 (1974), 1~3.

Rodríguez-Puértolas, Julio: "Las reivindicaciones de Juan Goytisolo", *Estudios Filológicos*, VII(1971), 251~260.

Romero, Héctor R.: *La evolución literaria de Juan Goytisolo* (Barcelona, 1979).

Ruibal, José: *Teatro sobre teatro* (Madrid, 1975).

Wellwarth, George E.: "Teatro español de vanguardia", *Primer Acto*, 119(1970), 50~58.

______: *Spanish Underground Drama* (Pennsylvania State University Press, 1971).

일종의 사실주의적이고 참여적인 문학의 필요성을 선포한(cf. VI. 1A

와 VI. 2B) 카스테옛은 1970년에 이전 것들에서 멀리 떨어진 '노비시모' 시의 선구자였다; 그의 책은 여러 작가들의 이론적 선언과 의미 있게 선정된 시들을 포함하고 있다. 에밀리오 데 아르마스(E. de Armas)는 거칠면서도 매우 필요한 논문에서, 이 책의 논조에 일치하여, 비평가와 시인들을 함께 비판했다. 2기의 고이티솔로—역시 화려하게 변신했다—에 의해 패러다임적으로 보여진 '노비시모'한 소설에 대해서는 코랄레스 에헤아(Corrales Egea), 로드리게스 푸에르톨라스, 그리고 더 일반적으로는, 마르코(Marco)와 로메로(Romero)의 연구를 참고하고, 또 블랑코 아기나가의 연구도 참고하면 좋은데, 이 연구는 이 책에서 후안 고이티솔로에 대해 말한 것과 일치하고 있다. 그리고 연극에서는, 니에바(Nieva)에 대해서는 페레스 코테리요(Pérez Coterillo)를, 루이발에 대해서는 루이발 자신의 글을, 그리고 베렌게르(Berenguer)의 탁월한 연구를 참고하라. 그리고 새로운 그룹에 대해 전체적으로는 루이발과 레케나의 짧은 논문을 참고하라. 모든 것에 대한 가장 완벽한 연구는 웰와스(Wellwarth)의 연구들인데, 특히 1972년에 출판된 것이 뛰어나다.

'문학사'라는 말은 그 언어의 조합에서부터 문학과 역사의 절묘한 만남을 전제한다. 그리하여 그 작업은 한 민족 또는 국가의 변화를 반영할 수밖에 없다. 그래서인지 사회의 변화에 의해 문학의 역사가 좌우된다는 실증주의적인 입장까지는 아니더라도 사회의 변화를 문학이 어느 정도 수용한다는 것은 19세기 이후 문학사 기술의 기본적인 입장이 된 듯하다. 《스페인 문학의 사회사》는 이러한 문학사의 입장보다 문학의 요인으로서 역사와 사회에 조금 더 많은 비중을 허용한 작품이라고 할 수 있다.

그 제목에서부터 아놀드 하우저의 명저인《문학과 예술의 사회사》에 대한 모방 또는 오마주를 드러내고 있는 《스페인 문학의 사회사》는 일반적인 문학사보다 문학의 사회적 조건에 보다 많은 관심을 기울인다. 그리고 저자들은 역사와 사회, 문학을 바라보는 자신들의 시선이 마르크스주의에 입각한 것임을 분명히 한다. 서설에서 저자들은 다음과 같이 기술하고 있다.

마르크스주의 문학비평은 토대와 상부구조 사이에 존재하는 복잡한

> 관계와 역사적 변화에 대한 과학적 법칙들을 작동하게 하려는 비판적 사고의 특정부분에 다름 아니다. 그래서 단지 이러한 유형의 비평으로부터만이 진정한 문학사가 가능할 것인데, 사실, 인간의 모든 생산물처럼, 문학은 결국 커다란 '역사'의 한 줄기에 다름 아닌 하나의 작은 역사를 가지고 있다고 말할 수 있는 것이다.

이는 마르크스주의가 역사를 이해하는 가장 좋은 방식일 것이기에, 문학사 역시 마르크스주의적인 방식이 가장 좋은 방법이라는 견해이다.

아마도 이 책의 초두에 안토니오 마차도의 《후안 데 마이레나》를 인용하며 "우리 문학에 대한 광범위한 생각" 또는 "훌륭한 입문서"를 언급한 것은 저자들과 이데올로기 면에서 유사한 공화파 시인인 안토니오 마차도의 문제의식 및 안목에 대한 경의를 표현함과 동시에 사회의 변화와 연동된 문학사의 필요성을 절감하기 때문일 것이다.

이 작품은 스페인 문학사를 크게 여섯 시대로 구분한다. "중세"(中世)와 "투쟁기", "계몽적 전제주의", "부르주아의 세기", "20세기: 위기의 군주정, 공화정, 내전", 그리고 "독재정치"가 그것이다. 1978년에 초판이, 그리고 재판이 1986년에 나왔기에 이 작품에서는 1980년대 초까지의 작품만을 다루고 있다. 대부분의 문학사가 중세와 황금세기, 18세기, 19세기, 20세기 등 100년 단위의 시간을 중심으로 시대를 구분했던 것과는 달리, 《스페인 문학의 사회사》는 사회적인 사건 또는 문학에서 계층(급)의 역할을 시대구분에 반영하였다. 이러한 시대구분에 있어 가장 특징적인 것 중의 하나는 16, 17세기 스페인 문학을 지칭하는 데 사용되어져 온 '황금세기'라는 표현 대신에 '투쟁기'라는 용어를 사용한 것이다. 이 표현은 중세 이후에 부르주아가 출현함과 동시에 중세라는 조직적인 폐쇄사회에서 개인의 능력과 가치가 중요해지는 열린 경쟁사회로의 전환을 내포하는 것으로 저자 중 하나인 훌리오 로드리게스 푸에르톨라스의 저서인《중세에서 투쟁기까지》에서의 표현과 일치하는 것이기도 하다. 또한 이 책은 18세기라는 표현 대신에 '계몽적 전제주의', 19세기 대신에 '부르주아의 세기'라는 표현을 사용하여 이데올로기 및 사회·역사적인 흐름 안에 문학을 구축하고 구조화하려는 노력을 가시화하였다. 또한 20세기 문학을 기술함에 있어 군주정에서 공화정을 거쳐 내란과 독재로 이어지는 역사적 흐름을 중시하였다.

저자들은 '르네상스'나 '인문주의'라는 표현을 사용하지 않는 것은 아니지만, 마르크스주의적인 입장으로 인해 이러한 용어보다는 '절정기의 부르주아' 또는 '부르주아'라는 표현을 사용하는 것이 더 정확한 역사적 의미를 가지고 있음과 동시에 더 본질에 가까운 명칭이라고 생각한다.

작가와 작품을 포함한 문학의 흐름을 기술함에 있어 이러한 것들을 역사적 맥락 안에 구조화하기 위해 이 작품은 "서문"의 형식으로 역사적이고 사회적인 흐름을 개괄한다. 공간의 제약 및 저자들의 현학(?) 등으로 인해 이러한 "서문"들은 압축되어 있고 난해하기도 하지만 해당 시대를 이해하기에 앞서 좋은 가이드라인을 제시한다. 그러한 서문에 드러난 시대설명을 염두에 두면서 이후의 문학적 흐름을 이해하면 스페인 역사 속의 문화, 문학 속의 역사를 이해하는 데 큰 도움이 될 것이다. 인류의 모든 산물이 역사적 구조라는 생각의 토대 위에 존재한다는 전제에서 출발하여 각각의 텍스트에 대한 이해를 시도하려는 저자들의 의도가 이러한 구조를 가능하게 한 것이다. 마르크스의 설명에 의하면 인간의 모든 생산은 특정한 역사적 방식 안에서 이루어지는 것으로 이해되기 때문이다. 그리하여 "서설"에서 저자들은 자신들 논리의 토대가 되는 이론적 근거인 마르크스주의를 이러한 시각에서 설명한다. 그리하여 "의식이 생활을 규정하는 게 아니라, 생활이 의식을 규정한다"라거나 상부구조와 토대의 관계가 기계적이지 않다는 등 1980년대 우리나라 대학가를 휩쓸었던 마르크스주의의 매혹적인 명제들이 논리적으로 추억된다.

이 책의 저자들은 러시아 형식주의와 구조주의, 신비평 등 문학비평의 역사를 개괄하면서 자신들의 마르크스주의적인 세계관을 제시한다. 이들은 마르크스주의의 생산이론을 설명하면서 일반적인 생산에 대해 말하는 것이 터무니없는 것임을, 생산개념은 특정한 역사적 방식 안에서 이해되어야 하는 것임을 재확인한다. 그리고 엥겔스에 의하면 텍스트나 한 시대의 스타일은 특정 시기에 지배적인 생산의 사회적 관계들에 의해 결정된다. 하지만 마르크스주의에서 말하는 토대와 상부구조의 관계는 기계적인 것이 아니다. 같은 시기에 속해 있는 작가라고 하더라도 새로운 생산양식에 대해 수용 또는 거부의 입장을 가지고 투쟁할 수 있는 것처럼, 문학을 포함한 예술은 현실을 단순하게 반영하지 않기 때문이다. 19세기 스페인 사실주의 시대 소설가였던 베니토 페레스 갈도스(Benito Pérez Galdós)와 호세 마리아 페레다(José María Pereda)가 당시에 모습을 드러내고 있던 스페인 자본주의에 대해 상반되는 태도를 보인 것은 이에 대한 좋은 예라고 할 수 있을 것이다. 마르크스주의에 속하는 최고 문학비평가 중 하나인 루카치는 객관적인 현실에 의해 의식에서 만들어진 이미지가 어떻게 작용하는지를 알아내는 것이 인식론적으로 중요하다고 말한다.

그래서 인간은 현실에 대한 인상에만 한정될 수 없고, 그러한 현실에 반응해야 한다는 것이다. 그것은 개인 그리고 개인의 운명과 연관 지어 인간의 모습을 보여주는 것인데, 이렇게 예술이 보여주는 현실은 "자기가 반영하는 현실과는 다른 현실"이며 그 반영은 "자신의 자율성을 부여하려는 반영"이다. 레닌을 인용해서 말하면, 인간의 의식은 세계를 반영할 뿐 아니라 창조하는 것이고, 볼로쉬노프의 말에 의하면, 문학작품(모든 기호)은 '반영'하고 '굴절'하는 것이다. 브레히트는 이에 대해 다음과 같이 말했다.

> 리얼리즘 역시 판타지와 독창력의 배제와 동일한 것이 아니다. 세르반테스의 《돈키호테》는 사실주의적인 작품이다. … 그리고 그럼에도 불구하고, 기사들은 결코 풍차와 싸우지 않았다.

또한 모든 문학작품은 전달하고자 하는 의미가 있는 일종의 메시지이다. 그리고 저자들은 문학적인 생산만큼이나 경향적이고 당파적인 독서 역시도 피할 수 없는 현실이기에, 스스로를 비판적으로 돌아보는 마르크스주의적인 사고(思考)만이 상부구조의 생산에 대한 이데올로기적 의도들을 탈신화할 수 있다고 주장한다. 그리고 마르크스주의 문학비평은 텍스트를 특정한 역사적 배경에서 자신의 고유한 계급적 시각으로 그것과 대면하는 독자들에게 메시지를 부여하려는 것으로 보기 때문에 열린 텍스트를 지향한다고 주장한다. 문학은 특정한 사회적 조건의 산물로서 특정한 세계관을 자신의 독자에게 부여함으로써 세계를 변화시키려는 것이다.

이렇듯 문학과 예술에 대한 마르크스주의적인 입장에서 《스페인 문학의 사회사》는 중세에서부터 1980년대 초까지 스페인에서의 문학 활동에 대한 총체적인 시선을 제공한다. 여기서 언급되는 작가들은 기존의 문학사에서 다루었던 작가들과 크게 다르지 않다. 아니, 오히려 공간의 제약으로 최근에 출판된 다른 문학사보다 언급된 작가들의 수가 적을 수도 있다. 그러나 그러한 단점(?)에도 불구하고 이 작품에 등장하는 작가들이 특정한 사회상황에서 어떤 방식으로 현실, 역사, 인간의 문제들에 맞서는가를 조망하려고 노력한 것이 이 작품의 특징이다. 대부분의 역사가 그렇듯 문학사 역시도 민족적이고 국수적인 시선에 사로잡히기 쉽다. 하지만 이 《스페인 문학의 사회사》는 사물의 객관성에 대한 믿음을 지니고 있는 듯하다. 저자들은 "서설"에서 다음과 같이 말하고 있기 때문이다.

> 요컨대, 사물들은 있는 그대로 존재한다. 즉, 그것들은 '역사'가 우리에게 가르쳐 주는 대로 존재하지, 몇몇 서사적이고 민족적인 몽상들이 긍정하려고 하는 대로 존재하는 것이 아닌 것이다.

역사에 대한 그들의 믿음이 무엇인지, 과연 "역사가 우리에게 가르쳐 주는" 것이 객관적이거나 확고한 신념에 기초할 수 있는 것인지에 대해서는 의문의 여지가 있다. 그러나 이들의 이러한 믿음은 문학사처럼 서술의 큰 줄기를 잃고 자칫 난삽해질 수 있는 종류의 저술에 적어도 일관성 내지는 일관성에 대한 노력 정도는 기여하지 않았나 싶다. 이러한 일관적인 시선에 대한 노력은 세르반테스와 로페 데 베가를 보다 더 합리적으로 평가하게 만들었다.

> 예를 들어, 만일 세르반테스가 투쟁기 — 이른바 "황금세기" — 의 의심할 여지없는 최고 작가라면, 이는 스페인 전통주의가 지적한 상투적인 이유 때문이 아닌 것이다. 그리고 만일 로페 데 베가가 오늘날 우리가 반동주의라고 부를 것의 패러다임이라면, 우리는 우리의 역사관을 빈곤하게 하고 제한함으로써 그를 순혈주의적인 스페인의 다락방으로 내쫓지 말고, 로페가 그러한 스페인, 그 부인할 수 없는 현실을 재현한 이유와 방법을 설명해야 한다. 이렇게 세르반테스와 로페 사이의 대조에서, 변증법적이면서 또 구체적인 방식으로, '영원한' 스페인의 옹호자들[1]에 의해 제시된 것 그리고 극단적인 전통파괴자들이 제시하는 것보다 더 정확한 올바른 파노라마가 나올 것이다.

이 작품은 순혈주의 또는 민족주의적인 요소들을 스페인 문학 또는 스페인의 상수로 보고 이를 놓치지 않으려고 했다. 결국 오래전부터 존재했던 순혈주의적인 요인들이 20세기에 스페인 내전이라는 비극을 잉태했는데, 그러한 현상들은 문학의 곳곳에서 여지없이 드러나 있다. 이는 스페인 역사 또는 스페인 지성사를 통해 면면히 이어 내려오는 '2개의 스페인'에 대한 지적에 다름 아니다.

마르크스주의에 입각해 수백 년의 역사를 기술하는 것이 자칫 어떤 독자에게는 대단히 불편하고 또 불쾌감을 줄 수도 있을 것이다. 또한 문학에 있어 사회적인 요인이 없을 수는 없으나 이를 최소화하면서 작품들을 해석해 나가는 것이 필요하다고 생각하는 이들도 없지 않을 것이다. 이 책이 어느 정도로 사회성을 강조하고 있는지에 대해서는 뭐라고 표현하기가 어렵다. 다만 마르크스주의가 오해받고 있듯, 사회적인 요인이 예술을 결정짓는 요소가 아니라는 것에 대한 믿음이

1) 민족주의자를 지칭한다.

이 책의 저자들에게 있다는 것, 하우저의 작품에서 언급되듯 “모든 예술은 사회적으로 조건 지어져 있지만 예술의 모든 측면이 사회적으로 정의될 수 있는 것은 아니다”라는 생각이 이들 사이에 공유되고 있다는 것은 이 작품이 지니고 있는 적지 않은 미덕일 것이다.

찾아보기

(용 어)

ㄱ ~ ㄴ

ㄷ ~ ㄹ

ㅁ ~ ㅂ

ㅅ ~ ㅇ

ㅈ ~ ㅊ

ㅋ ~ ㅌ

ㅍ ~ ㅎ

기 타

찾아보기

(인 명)

ㅅ ~ ㅇ

ㅋ ~ ㅌ

ㅍ ~ ㅎ

카를로스 블랑코 아기나가(Carlos Blanco Aguinaga, 1926~)
1926년 스페인 바스크 지방에서 태어났다. 프랑스와의 국경지대인 이룬(Irún) 출신인 블랑코 아기나가는 1936년 스페인 내전이 발발하자 국경을 넘어 프랑스로 갔고 이후 가족과 함께 멕시코로 망명했다. 멕시코에서 고등학교를 마친 그는 미국으로 가 하버드대학을 졸업했는데, 대학 졸업 후에는 몇 달 동안 선원으로 일하기도 했다. 이후 멕시코 국립 자치대학(UNAM)에서 우나무노에 대한 논문으로 박사학위를 취득했다. 콜레히오 데 멕시코(Colegio de México)의 연구생으로 활발한 활동을 하던 그는 1953년 미국 오하이오대학으로 자리를 옮겼고, 이후 존스홉킨스대학 등 미국의 여러 대학에서 전공주임교수로서 연구활동을 수행하였다.
1958년 구겐하임재단의 초청으로 유럽으로의 첫 여행이 이루어졌고, 드디어 1963년에는 스페인을 방문하게 되었다. 이후 1980년에서 1985년까지 바스크대학(Universidad de País Vasco)의 전공주임교수로 근무했는데, 이 기간 중 스페인 공산당에 입당하였다. 현재 그는 미국 캘리포니아대학의 명예교수이다.

훌리오 로드리게스 푸에르톨라스(Julio Rodríguez Puértolas)
영국 노팅햄대학과 뉴욕주립대학, UCLA 등에서 근무했으며 현재는 마드리드 주립대학(Universidad Autónoma de Madrid)의 교수로 재직하고 있다.

이리스 사발라(Iris M. Zavala, 1936~)
1936년 푸에르토리코에서 태어나 스페인 살라망카대학에서 우나무노에 대한 논문으로 학위를 받았다. 이후 그녀는 멕시코, 미국, 푸에르토리코, 이탈리아, 네덜란드, 폴란드, 스페인 등에서 교수생활을 했다. 스페인 및 라틴아메리카 문학 연구자로 다양한 수상경력이 있는 그녀는 소설가로도 활동하고 있으며 그녀의 작품은 여러 언어로 번역되었다.

정 동 섭

서울에서 태어나 고려대 서어서문학과를 졸업하고 스페인으로 건너가 마드리드 주립대학(Universidad Autónoma de Madrid)에서 석사학위를, 마드리드 국립대학(Universidad Complutense de Madrid)에서 스페인 현대소설에 대한 연구로 박사학위를 취득했다. 그후 한국예술종합학교 영상원에서 영화이론과 영화사를 전공했다. 현재 전북대 스페인·중남미학과 교수 겸 인문학연구소장으로 재직 중이다.

저서로《돈 후안: 치명적인 유혹의 대명사》가 있고, 역서로《소설의 이론》,《스페인 영화사》,《돈 후안 테노리오》,《바람의 그림자》,《파스쿠알 두아르테 가족》,《달에서 떨어진 사람들》 등이 있다.

폭력에 대한 성찰

2008년 대한민국학술원 우수학술도서

조르주 소렐 지음 | 이용재(전북대) 역

"모든 억압들을 전복하라!"

20세기 혁명적 생디칼리즘의 성서

이 책에서 조르주 소렐은 제도화된 개량 사회주의에 반기를 들고 프랑스 특유의 노동운동노선인 혁명적 생디칼리즘을 제시한다.

446면 | 18,000원

도덕과 입법의 원리서설

제러미 벤담 지음 | 고정식(연세대) 역

"벤담 공리주의 사상의 원천"

최대 다수의 최대 행복은 삶의 궁극적 목적이다

저자는 다양한 사례와 사상의 논거를 통해 공리주의의 개념과 합당성을 제시한다. 인류의 철학사, 사상사 속 공리주의의 의미를 돌아보게 하는 역작. 528면 | 30,000원

리바이어던 ①②

교회국가 및 시민국가의 재료와 형태 및 권력

토머스 홉스 지음 | 진석용(대전대) 역

"만인의 만인에 대한 투쟁에서 어떻게 벗어날 것인가"

현 세계질서에서도 시의성을 잃지 않는 불멸의 고전

이 책은 어떻게 정치질서와 평화를 구축할 것인가를 체계적으로 이론화한 고전 중의 고전이다. 또한 근대 정치 '과학'의 출발점이기도 하다.

480~520면 내외 | 각권 28,000원

충족이유율의 네 겹의 뿌리에 관하여

2011년 대한민국학술원 우수학술도서

아르투어 쇼펜하우어 지음 | 김미영(홍익대) 역

"쇼펜하우어 철학의 핵심!"

인식 주체의 선천적 능력에 대한 쇼펜하우어 철학의 핵심작품

저자는 '원인'과 '인식 이유'를 구별하지 않아 생긴 철학적 혼란을 비판하고, 칸트를 비판적으로 계승하여 생성, 인식, 존재, 행위라는 충족이유율의 네 겹의 뿌리를 치밀하게 논증한다. 224면 | 15,000원

향연

단테 지음 | 김운찬(대구가톨릭대) 역

"단테 저술의 시작!"

단테를 이해하기 위한 첫번째 작품

단테 불후의 명작인《신곡》,《속어론》,《제정론》의 원전.
단테의 저술에서 이론적 논의를 띤 최초의 작품이자, 정치활동과 철학 연구에 대한 성찰을 고스란히 담고 있다. 432면 | 25,000원

형이상학①②

아리스토텔레스 지음 | 조대호(연세대) 역

"존재에 관한 여러 각도의 사색"

"왜"라는 물음에서 인간과 전체 세계가 보인다.

전문화되고 파편화된 연구와 정보취득에 몰두하는 우리에게 인간, 자연, 세계를 아우르는 통합적 사유의 길을 제시하는 아리스토텔레스의 역작. 각권 464면 | 각권 28,000원

라오콘 – 미술과 문학의 경계에 관하여

2009년 대한민국학술원 우수학술도서

고트홀드 에프라임 레싱 지음 | 윤도중(숭실대) 역

"미술과 문학은 저마다의 길이 있다"

근대 미학 담론을 연 기념비적 예술론

라오콘과 그 아들들을 소재로 하는 고대 조각상을 놓고 '미술과 문학의 경계'를 논한 저서. 근대 미학 담론의 시작으로 간주되며 또한 문학이 미술보다 가능성이 더 많은 예술임을 밝힌 근대 문학비평의 고전.

280면 | 14,000원

추의 미학

2009년 대한민국학술원 우수학술도서

카를 로젠크란츠 지음 | 조경식(한남대 강사) 역

"추는 미를, 미는 추를 필요로 한다"

추를 미학의 영역에 포함시킨 획기적 미학서

낭만적 헤겔주의자인 저자는 미학에 추를 포함시켜 "미학의 완성"을 추구한다. 이 책은 추의 개념을 미로부터 끌어내고, 그것이 어떻게 코믹으로 전이되어 다시 미로 회귀하는지를 실제의 사례를 통해 보여준다.

464면 | 28,000원

에로스와 문명

프로이트 이론의 철학적 연구

헤르베르트 마르쿠제 지음 | 김인환(前 고려대) 역

이 책은 '억압 없는 문명'의 가능성을 제시하면서 헤겔, 맑스, 프로이트 사유의 연속선상에서 심리학, 철학, 인류학, 신화해석학, 문화해석학을 아우르는 광범위한 성찰을 시도한다. 379면 | 15,000원

레프 톨스토이 ①②

빅토르 쉬클롭스키 지음 | 이강은(경북대) 역

"사실전달과 시적 운율이 결합된 '매력적인 사상 소설'"

톨스토이의 내면과 문학세계를 복원한 전기 문학의 걸작!

이 책은 톨스토이의 전기이면서 동시에 그의 내적 발전과 창작에 대한 이야기이고, 세계와 연관된 그의 문학에 대한 이야기이며 그리고 전반적으로 예술이론에 대한 이야기이다.

480~680면 내외 | 1권 25,000원, 2권 30,000원

서양과학의 기원들

철학 · 종교 · 제도적 맥락에서 본 유럽의 과학전통 BC 600~AD 1450

데이비드 C. 린드버그 지음 | 이종흡(경남대) 역

"대중용 과학사의 모범"

쉽고 명쾌하게 읽는 서양 전통 과학사!

서양 전통 과학사에서 교과서로 자리 잡은 스테디셀러. 고대 및 중세 과학사를 쉽고 명쾌하게 정리하여 과학의 대중화를 이끈 과학사 책의 모범이다 704면 | 38,000원

일상의 악덕

쥬디스 슈클라 지음 | 사공일(부경대) 역

"악은 우리의 일상이자 부분이다"

우리의 삶과 성격을 반추하기 위한 악덕의 일상성 고찰

우리 일상의 악덕인 잔혹성 · 위선 · 속물근성 · 배신 · 인간혐오에 대해 논의하는 책. 저자는 일상의 악덕과 더불어 살아가는 방법 대신, 우리의 삶과 성격을 반추할 수 있는 기회를 제공할 수 있기를 바랄 뿐이다.

416면 | 25,000원

Tel:031)955-4601
www.nanam.net 나남 nanam